민족정신 근대사를 바꾸다

민족정신 근대사를 바꾸다

초판 1쇄 인쇄   2014년 10월 15일
초판 1쇄 발행   2014년 10월 22일

지은이   임 태 식
펴낸이   손 형 국
펴낸곳   (주)북랩
편집인   선일영   편집   이소현, 김아름, 이탄석
디자인   이현수, 신혜림, 김루리, 추윤정   제작   박기성, 황동현, 구성우
마케팅   김회란, 이희정
출판등록 2004. 12. 1(제2012-000051호)
주소   서울시 금천구 가산디지털 1로 168, 우림라이온스밸리 B동 B113, 114호
홈페이지   www.book.co.kr
전화번호   (02)2026-5777   팩스   (02)2026-5747

ISBN   979-11-5585-369-6 03910(종이책)   979-11-5585-370-2 05910(전자책)

이 도서의 국립중앙도서관 출판예정도서목록(CIP)은 서지정보유통지원시스템 홈페이지(http://seoji.nl.go.kr)와
국가자료공동목록시스템(http://www.nl.go.kr/kolisnet)에서 이용하실 수 있습니다.
(CIP제어번호 : CIP2014029243)

민족정신
근대사를 바꾸다

1801-1920년 까지

임태식 지음

근대민족정신 계발은 일제의 한반도 침략에 의한
식민사관을 무력화시키면서 대한민국의 뿌리를 찾고
민족사관을 정립하였다

북랩 **book** Lab

이 책에는 2가지 특징이 있다.

1) 대한민국의 뿌리를 찾다.

글쓴이의 민족정신 개발은 가장 부끄러웠던 근대사에 반전을 가져오며 대한민국의 뿌리를 찾고 민족사관을 정립하면서 3마리의 토끼를 한 번에 잡고 있다.

2) 동아시아의 국제 정세에서 일본은 우리 고유 영토인 독도에 문제를 제기하며 역겨운 행동을 하고 있다. 한편 중국 또한 동북공정이란 이름 아래 고구려 및 발해의 역사를 중국역사에 편입하려 하는가 하면 제주 남쪽에 암초로 돼있는 섬 이어도까지 넘보고 있다. 지정학적으로 대륙의 입구에 위치한 우리 민족의 대응책은 일본에 대해선 근대사의 실체를 보여주고 민족사관의 입장에서 당당해야 한다. 중국과의 관계에선 동아시아의 사회적 가치기준인 의義 개념이 한국으로 옮겨왔다는 긍지를 가져야 할 것이다.

1945년 세계 제2차 대전이 끝나자, 국제 사회는 이념적 대립에 의해 자유진영과 공산진영으로 나뉜다.

자유진영은 민주주의와 자본주의를 축으로 하여 미국을 비롯한 서유럽 국가들과 그동안 왕조 체제로 제국주의자들에 의해 피압박 민족으로 있던 약소국가들이 해방을 맞아 자유진영에 속한 국가들이다.

또한 공산진영은 공산주의를 기반으로 한 독재체제로써 소련을 위시하여 동구 여러 나라와 북한, 동남아 일부 및 쿠바 등을 들 수 있다.

자유진영의 신생 독립국가들의 민주주의에 대한 의식이 확립되지 않은 상태에서 국민에 의한 정치가 쉽지 않았다. 이에 각 나라 혁명세력들은 자기 나라의 문화와 관습, 종교, 의식 등에 맞춰 나름대로의 민주주의를 선택하였다.

선진국인 프랑스의 드골이즘, 신생국 이스라엘의 시온이즘, 이집트의 낫셀이즘, 인도네시아의 교도 민주주의, 중국의 삼민주의 등 각 나라마다 자신의 나라에 맞춰 민주주의를 계발하고 나섰다.

이에 대한민국도 제1공화국이 독재로 무너지고 제2공화국 또한 혼란을 이유로 5·16 군사정변에 의해 무너진다. 5·16 군사정변은 활기차게 경제건설에 매진하나 제3공화국을 주도하면서 경제적인 자립을 추구하고 있었다.

여기서 제3공화국의 헌법은 3권 분립에 의해 제정된 헌법으로 민주주의 틀을 잘 갖춘 헌법이었다.

이때 우리나라도 세계적인 고유문화에 맞는 민주주의를 계발하는 시기에 동참하게 된다.

일명 민족적 민주주의라는 용어를 사용했으나 잠시였고 1971년 3선 개헌과 함께 유신체제로 변질되었다.

이 유신체제가 세계 신흥국가들이 앞에서 추구하였던 나름대로의 민주국가였으나 유신체제는 대만과 같은 총통체제로 북한의 공산체제와 유사한 독재체제였다.

그러나 1979년 10월 26일 사태로 유신체제가 무너지면서 민주화의 봄을 맞는 듯했으나 1980년 제5공화국, 전두환 정권의 독재체제가 다시 등장하였다. 7년의 임기를 끝내자, 1987년 대한민국은 국민들의 열정에 의해 민주화의 길을 걷는다. 이 나라의 경제는 5·16 군사정변, 제3공화국, 유신체제와 5공의 독재정권을 거치면서 약 26년간 경제성장이 있었다. 그 결과, 독재정권을 유지하는데 필요조건이었던 정경유착과 같은 사회적 부조리와 함께 경제적인 발전을 가져온 것 또한 사실이었다.

북한의 공산진영은 경제적 평등을 외치면서 1975년까지는 공산 정권을 유지할 수 있는 명분을 갖추었으나 자본주의 발달에 의해 1975년 이후 뒤처지기 시작했다. 1992년에는 소련의 연방체제와 동구권이 무너지고 공산진영이 해체되기에 이른다. 북한 또한 나락으로 빠져들었다. 여기에 비해 한국은 독재체재 아래 경제적 기반을 닦은 기업들은 1987년 민주화 이후 왕성하게 세계시장으로 진출하며 경제적 번영의 기반을 다졌다.

국내적으로 민주주의 또한 정권교체에 의한 보편적 민주주의가 실현되었다.

당시 한국은 경제적 번영과 정치적 민주주의를 달성한 후 1992년 공산주의 체제가 무너지자, 이념적으로 자본주의와 공산주의를 떠나 "우리는 누구인가", "우리의 정신은 무엇인가"에 대해 자문하기 시작했다. 역사학자들 또한 1960년대 들어 근대사에 있어 식민사관 극복을 외치며 조선과 대한제국에서 자본주의 맹아론을 찾고 있으나 지금까지 뚜렷한 답을 찾지 못하고 있다.

대한민국의 뿌리, 민족정신과 민족사관은 이 나라 인문학과 역사학의 난제에 속하였다.

이 글쓴이 또한 1960년대 말부터 사상과 이념에 관심을 갖고 끊임없이 추적하고 있었다. 고유 민족주의에 대한 관심은 30년이 넘어도 관심이었지 더 이상 진전이 없었다.

글쓴이의 십대 때 좌우명은 의義였다. 의義는 옳은 것(행위)이었다. 위와 같은 신념은 나이가 들어서도 변하지 않았다. 1+1=2라는 등식으로 평생 끼니 걱정을 해야 했다.

어느 날 사마천의 사기를 읽고 지금으로 말하면 종교적인 체험을 겪었다. 그 후 산으로 들어간 곳이 지금의 시골이었다.

10여 년이 지나자, 사마천의 말이 떠올랐다. 2000년 전 사마천은 열전을 기록하면서 의義에 대해 말하고 있다. 선인善人은 산으로 들어가 굶어 죽는

데 악인惡人은 몇 대에 걸쳐 잘살고 있음을 보고, "하늘의 도道는 어디 있는가." 하는 구절에 동의하는 답을 구하나, 별 의미가 없었다. 이후 10여 년의 세월이 또 지났다.

가정 사정에 의해 작은 도시로 나왔을 때 나이를 먹어 늙어 있었고, 나의 마지막 남은 자존심까지 내려놓아야 했다.

고통이었다. 자신을 돌아보기 시작했다. 무엇이 잘못되었는가. 왜, 무엇 때문에, "의義는 자신에게 무엇을 의미하는가."를 되묻는다. 그래, 나는 수십 년 동안 의義라는 나무를 심었지만 무성한 잎과 풍성한 열매가 맺힌 것이 아니었다. 인간은 죽어 뼈대와 영혼만 남기듯, 앙상한 가지 속에 깃든 정신을 보고 답을 얻은 후, 이를 승화시켜 조선 500년을 유지시킨 민족정신[義]과 비교하면서 근대민족정신을 계발하게 되었다.

그러나 그것이 전부가 아니었다. 중세(조선)와 근대를 계승, 발전시켜주는 고리를 찾기 위해 자신에게 밀려오는 고통과 절박감 속에서 자신과의 처절한 투쟁을 통해 혼신의 힘을 쏟는다. 약 3년의 세월이 지나자, 어느 날 환상을 보게 된다.

역사상 위대한 인물들이 자신에게 닥친 역경을 장엄하게 헤치며 나오는 모습과 함께 그 뒤에 희미하게 지난날 읽었던 『퇴계집』과 같은 책속에서 성誠과 경敬의 구절이 떠오름을 보고 깨닫고 답을 얻는다.

답을 얻자 나는 이 나라의 근대사로 달려갔고 필요한 곳을 찾으면서, 근대사를 다시 쓰게 됐다. 근대사 120년을 서술하면서 느낀 것은 많은 자료가 부족하였다.

외척 안동 김 씨와 풍양 조 씨 등 세도정치 시기 약 63년간은 암흑시대로 국제 정세도 조용하였기에 자료가 부족하여 한국 천주 교회사를 많이 참작하였다.

서재필의 독립협회는 서재필의 기념 사업회에서 발간한 서재필에 관련

책자를 참고하였다. 또한 을사늑약과 의병항쟁 및 독립항전 등은 독립운동 사를 많이 활용하였다.

자료의 부족, 나의 주관적 생각 및 기타 등으로 다시 한 번 내용은 정리되고 보완되어야 한다고 본다.

그러나 역사적 흐름과 근대사 120년을 체계화시킨 틀은 확고하다. 변경하지 않을 것이다.

다시 말해 글쓴이가 정립한 '근대민족정신[義]'은 학문적인 연구로는 답이 나올 수 없는 글쓴이의 체험과 체득을 통해 깨닫고 고통과 절박감속에서 근대민족정신을 계발하였다.

이는 역사의 창조이며 글쓴이의 인생을 통한 독창적 창작이다. 어떠한 경우에도 근대민족정신 계발 없이 대한민국의 뿌리는 존재할 수 없다는 사실이다.

대한민국의 뿌리를 찾다.

1800년대 이 나라 근대사는 조선의 쇠망시기와 맞물리면서 많은 허점을 보인 부끄러운 역사로 기록되었다.

민족정신 계발은 일제의 한반도침략에 의한 식민사관을 무력화시켜 지금까지 끊기고 단절되었던 역사가 복원되면서 대한민국의 뿌리를 찾고 민족사관을 정립하였다.

암흑시대, 절망의 시기를 살아가던 선각자들과 민중은 새로운 세상, 민중(국민)이 주인이 되는 국가 건설을 위한 기반을 다지기 시작했다. 그것은 대한민국의 뿌리가 될 수 있었다.

이제 글쓴이는 근대사의 왜곡된 부분을 바로 잡으면서 근대사[1801-1920], 120년간의 역사가 선각자들의 희생을 통해 주체성 있는 민중의 역사로 서술됨을 볼 수 있다. 이 글을 쓰면서 늦게나마 우리 민족은 축복받은 민족이란 생각을 갖는다. 민족의 자존감과 자긍심을 위해서도 근대사는 다시 기록되어야 했다.

글쓴이 또한 자신을 돌아볼 때 그 기나긴 세월 이념에 갇혀 지루하고도 고달픈 삶을 살았다.

그러나 지금 생각하면 이 모두가 하나님이 나에게 준 소명이었구나 하는 생각을 하게 된다.

뒷날 젊은이들에게 말하고 싶은 것은 넘어지든, 주저앉든 항상 자신이 처한 현실에서 최선을 다하는 자세를 권하고 싶다.

돌아가신 어머님과 키워주신 누님에게 감사드리며, 그동안 기다려준 나의 아내 정은, 아들 임백에게 고맙게 생각한다.

차례

역사에서

■

    역사는 지난날에 대한 기록이다.

    우리의 근대사에 있어 19-20세기 조선왕조는 국제 정세의 흐름도 모르는 채 이념에 매몰돼 있었다. 외세의 침입이 있자, 조선의 성리학은 현실에 적응하지 못하고 무기력하게 흔들리기 시작했다.

    정체성이나 주체성도 찾을 수 없이 나약하고 무능해졌다.

    강대국에 시달려야 했다. 결국 조선은 몰락하게 되었고, 근대사는 왜곡되었다. 그렇다면 어디가 왜곡되었는가. 글쓴이가 민족정신[의義 정신]을 개발한 후 이를 우리의 근대사에 대입하려 찾았을 때 직감적으로 와 닿는 곳이 있었다.

    1905년 일제에 의해 강압적인 방법으로 을사늑약이 체결되었을 당시 분명, 여기에는 저항하는 민족정신이 발현되어야 했다. 그러나 우리 역사는 민족정신이란 표현을 사용하지 못하고 그대로 의병항쟁과 애국계몽운동으로 기록하고 있다. 왜 그랬을까. 의병항쟁과 애국계몽운동은 사상적으로 서로 결합할 수 없는 대립된 사상임이 확인되었지만 여기에 민족정신이란 구체적인 답을 구할 수 없어 사실 그대로 적고 있다고 볼 수 있다.

    글쓴이가 찾은 곳이 이 곳이었다.

    고대, 중세 때 유교에 있어 사회규범의 가치 기준인 의義는 삼강오륜三綱五倫을 근본으로 하고 있으며 의義 개념을 곧을 의義로 표현하고 있다. 그러나 위와 같은 사상이 약 2500년이 지나 농경사회에서 산업사회로 변하자 삼강오륜은 사회규범으로 가치를 상실하게 된다.

한편 글쓴이는 오늘날 한국은 비록 법치국가지만 사회규범에 대한 필요성을 느꼈고 근본을 인권人權에 두었다. 또한 가치기준을 옛날의 곧을 의義가 아닌 옳을 의義로 보고 있다.

1896년 독립협회는 독립, 민권[인권], 자강[물질] 등의 정강을 발표하였다. 당시 선각자들은 이를 근대국가 이념으로 받아드렸고, 이를 다시 민족사상으로 정착시킨 후 민족정신으로 승화 시키고 있음을 볼 수 있었다.

이에 글쓴이는 독립협회의 정강인 독립, 민권[인권], 자강[물질]에서 인권과 물질을 근본으로 한 근대민족정신의 원형을 찾을 수 있었으며 이를 의義정신이란 의미를 부여하였다.

고대 및 중세의 민족정신인 의義정신이 '곧을 義'로 윤리, 도덕에 치우치면서 부정적인 반면 근대민족정신으로 표현되는 의義정신은 '옳을 義'로 국민의 삶의 질을 추구하며 긍정의 의미를 내포하고 있다.

같은 의義 정신이나 시대의 변천을 거치면서 구체적 행위는 상반된 의미를 갖는다.

그러나 우리 민족에게는 이를 계승, 발전시켜주는 끈이 있다. 그것은 바로 성誠과 경敬의 자세이다.

당시 대한제국엔 두 갈래의 민족정신인 의義 정신이 존재하였다.

첫째: 우리의 민족정신으로 선비정신인 의義 정신은 부정적 이미지를 갖고 의병항쟁을 저항으로 본 반면

둘째: 애국계몽운동인 의義 정신은 긍정적인 의미를 내포하고 극복의 의지가 함축된 극일항전으로 보고 있는 것이다.

선비정신인 의義 정신은 일제에 저항하며 나아가다 조선의 멸망과 마지막 선비와 관료들, 그리고 고종의 죽음을 통해 소멸되며 근대국가이념인 인권과 물질을 민족정신으로 한 의義 정신에 1919년 3·1운동 후 흡수된다.

이로써 근대민족정신은 3·1운동 후 상해 임시정부를 수립하였고 조선의

의義 정신을 계승 발전시키고 있었다.

지금까지 왕조의 역사에서 민중의 역사는 가능한가?

글쓴이는 독립협회의 정강인 민권[인권]과 자강[물질]에 민족정신인 의義 정신의 의미를 부여하자, 여기가 근대민족정신의 원형이 되는 것이었다. 이 제 독립협회를 정점으로 지난 100년을 올려 보았을 때, 조선의 역사에서 무 엇이 생각났을까?

처음 떠오른 것이 헤겔의 자유의지였다. 그러나 조선에선 인권(신분제 혁파)이었다.

이를 바탕으로 1800년대의 역사도 왕조 체제를 떠나 인권을 바탕으로 한 민중의 역사가 가능함을 발견하게 되었다.

근대사에서 민중은 천주교에 의한 천주님아래 모든 인간은 평등하다는 신앙심을 갖고 얼마나 많은 세월 동안 무언의 투쟁을 하였던가. 수많은 천 주교인들의 순교가 머릿속을 스치며 다시 동학의 인내천人乃天 사상으로 이 어졌다.

이후 개화파가 형성되어 젊은 사대부들에 의한 갑신정변과 개신교의 수 용 등으로 활로를 찾게 된다. 뒤이어 동학민중혁명이 일어나 신분제가 혁파 되고 이 나라 민중이 100여 년 추구해온 인간의 평등이 이루어진 시기로 귀 결됨을 볼 수 있었다. 이와 같은 흐름을 쫓아 서술하다보니 조선의 근대사 가 긍정적인 면으로 부각되기 시작했다. 지금까지 조선왕조의 근대사를 민 중의 역사로 구성할 수 있는 근거로,

1) 세기의 대 변혁기였다.
2) 천주교의 도입.
3) 각 시대 선각자들의 열정적 역할.
4) 이념의 변화.

5) 행동의 변혁.

6) 근대국가 이념과 민족정신의 형성시기.

7) 대한민국의 뿌리 찾기.

8) 결론 등을 들 수 있다.

위의 사실을 다시 정리한 역사의 변천 과정을 보면

1) 세기의 대 변혁기였다

(1) 삼국시대

단군 고조선 후 여러 대를 거처 신라, 고구려, 백제의 건국으로 약 700년 가까이 3국이 정립하여 한반도에 찬란한 문화의 꽃을 피웠다. 그러나 시대의 변천은 신라에 의해 통일되고 옛 고구려 땅은 고구려의 장수 대조영과 유민들에 의해 발해를 건국하게 된다.

(2) 고려의 건국

신라는 국교를 불교로 하였으나 1000여 년이 흐르면서 왕족과 귀족을 위한 경전과 교리 중심의 귀족 불교가 왕족과 귀족들의 타락과 부패로 이어져 새로운 사조의 불성이 태동하기 시작하였다.

민중들에 의한 각자 깨우침을 통해 불성을 갖게 되는 사조는 고려시대의 건국이념으로 정착하게 되었다.

(3) 조선의 건국

고려 말기 불교의 지나친 정치 참여와 퇴폐행위 및 호족들의 토지 소유에 대한 탐욕과 왕족 내부의 분열등 사회적 모순이 심화되고 있었다. 당시 동아시아엔 유교를 한 단계 발전시킨 성리학이 널리 퍼져 있었다.

고려의 충선왕은 원의 수도에 머물며 [만권당]을 세웠다. 이곳에서 고려와 원의 유학자들이 서로 접촉하게 되고 고려의 지식인 안향, 이제현, 정도전, 권근 등이 성리학을 받아들였다.

이들이 고려에 돌아온 후 관리로 채용되면서 새로운 정치세력을 형성하였다. 고려사회의 왕족 및 호족들의 부패와 무능이 탐욕으로 변질되어 사회를 혼란케 하자, 새로운 이념을 가진 성리학자들과 이성계 중심의 무인 세력에 의해 조선이 건국되었다.

(4) 찬란했던 유교 문화

조선은 성리학을 국가 이념으로 받아들였다. 세종과 같은 성군聖君과 이퇴계, 이율곡 등 학자들에 의해 중세 성리학의 꽃을 피웠으나 학문적 한계에 도달하자 임진왜란과 병자호란 이후 더 이상 발전하지 못하고 경직화되었다.

영조, 정조에 의해 조선 중흥의 역사를 창출하려 했다. 그러나 정조의 죽음으로 조선은 서서히 몰락의 길을 걷는다.

(5) 근대 국민 국가 건립운동

조선 성리학은 단일 사상으로 약 400여 년을 유지하였지만 민중의 삶은 황폐화되었다. 이에 선각자들이 천주교를 도입하자 민중들은 이를 믿으면서 무언의 인권투쟁이 전개되었다. 이는 동학을 거쳐 개신교의 수용과 독립협회의 창설로 이어졌고 근대 국민 국가 건립운동이 일어나게 된다. 이어 3·1운동 후 대한민국 임시정부가 수립됨을 볼 수 있다.

2) 천주교의 도입
(1) 역사의 주체성

한 나라가 사회적 부패와 혼탁으로 타락의 길을 걸으면 여지없이 외부에서 새로운 사조의 사상이 전개되었다.

당시 사회가 더 이상 발전이 없자, 남인학자들에 의한 천주교의 도입이었다. 그들은 처음엔 학문적 입장에서 연구한 서적이었다. 조선의 성리학이 400년이 넘어도 한 발자국의 변화도 없이 타락과 부패가 만연되는 시기 천주님 아래 모든 인간의 평등은 이들 학자들에게 신선한 충격을 주었다. 피 지배계급인 민중들에겐 기쁜 소식이었다. 정약종이 민중을 향해 더욱 쉽게 알아 볼 수 있도록 『주교요지』를 저술하였다.

정약종의 『주교요지』 저술은,

(ㄱ) 그동안 지배계급에 착취의 대상이었던 민중이 글을 읽을 줄 알고

(ㄴ) 천주님 아래 "모든 인간은 평등하다"는 생각을 갖게 되자

(ㄷ) 피 지배계급인 민중은 지배계급과 대등한 위치에 있게 되었다.

결과적으로 역사의 전면에 등장하여 서술되면서 역사는 어리석은 왕이나 소수권력의 기록이 아니며 그 시대를 살아온 민중이 되어야 했다.

그 당시 민중들 속엔 시대정신에 사명감을 갖고 기득권층과 과감하게 맞서 시대를 이끌어 가는 인물들이 있었다.

이들에 의해 역사는 부정적 인식에서 긍정적 의식으로 전환될 수 있었다. 시대적 대 변혁기엔 지는 해와 뜨는 해의 역사를 재조명하여 민족의 슬기를 찾아야 할 것이다.

근대사 120년의 역사를 서술함에 약 100년간 일관된 역사의 흐름은 인권이었다. 조선 왕조의 최대 병폐였던 신분제 혁파에 대한 민중들의 끈질긴 투쟁을 우리는 근대사를 통해 볼 수 있다.

3) 각 시대 선각자들의 열정적 역할(시대의 선각자들)

(1) 이승훈, 이벽, 권일신, 정약종 등

남인 학자들의 학문적 연구에서 시작된 천주교의 도입은 동양의 학문에

선 접하지 못했던 사상이었다. 인류를 넘어 창조주에 의한 천지 창조였다. 이와 같은 창조주 즉 천주님 아래 모든 인간은 평등하다는 신앙은 이들의 마음을 사로잡았다.

특히 정약종은 『주교요지』를 저술하여 민중들에게 글을 읽혔고 인간의 평등을 강조하며 지배계급과 대등한 위치에 서게 하였다.

(2) 홍경래와 주위 인물들

정조가 죽자 조선은 외척들의 손에 놀아나기 시작했다. 정순왕후의 천주교인 탄압과 안동 김 씨 등 외척들의 왕권 농락 및 평소 평안도민의 지역 차별 등에 분개하여 왕권에 도전하며 민중봉기를 일으켰다. 10여 년에 걸친 준비에도 불구하고 민중봉기 4개월 만에 무너진다. 외척들의 절대 권력시절인 암흑시기, 천주교인들의 저항과 홍경래의 왕권에 대한 도전은 민중이 살아있음을 보여주고 있다.

(3) 정하상, 유진길

정약종의 아들로 신유박해 때 7살이었다. 갖은 고난과 시련을 견디며 아버지의 뒤를 이어 천주교인들을 이끌 정도로 열정적이었다. 그의 끊임없는 천주신앙에 대한 갈망은 북경과의 거리도 멀다 않고 다녔다. 그의 노력에 의해 조선에 1931년 조선교구가 설치되었다.

조선에서 천주교의 정착은 기존 성리학과 대립하며 민중의 의식 변화를 가져왔다. 당시 정하상을 도운 유진길 역시 의인이었다.

(4) 동학의 최제우

당시 지배계급들의 사회적 병폐와 모순 속에 피지배계급인 민중들의 가난과 질병 등에 고통 받는 삶을 직접 체험한다. 또한 조선 민중들이 천주교의 신앙에 심취함을 보자, 최제우 역시 민족 고유의 종교를 찾아 민중의 빈

곤과 질병을 치유하려 했다. 그 자신 고난과 시련을 겪으며 깨닫고 민족 종교인 동학을 창건하였다. 동학의 창건은 당시 모순된 사회 현실에서 민중들이 추구할 수 있는 최선의 방법이었다. 결국 천주교나 동학 모두 인간의 평등함을 내세워 기존 질서에 도전하고 있다.

(5) 최시형

동학의 2대 교주로 민중들의 삶에 직접 뛰어들어 고통과 고난을 같이하며 지배계급들의 민중에 대한 탄압과 수탈에 대항하였고 잘못된 사회의 병폐에 도전하였다. 동학의 '인내천' 사상은 사람이 곧 하늘이다 하여 인간의 평등함을 강조하고 있다. 민중과 함께하는 삶을 살며 동학을 이끌어 마침내 동학민중혁명을 통해 조선의 몰락을 가져왔고 이는 곧 신분제 혁파를 의미하였다.

(6) 오경석, 유대치, 박규수

오경석은 역관으로 국제 정세에 밝았고 서구세력의 청국 침략을 보았다. 조선도 언젠가는 이들의 침략에 대비하기 위해서도 그의 친구 유대치와 조선의 개화를 추구하였고 중인 신분인 자신은 박규수와 함께 양반 자제를 모아 개화사상을 가르쳤다. 그러나 현실적으로 조선의 문호개방에 심적인 충격을 받게 된다.

(7) 김옥균, 박영효, 홍영식, 서광범, 서재필 등

이 땅에 태어난 사대부 자제인 젊은이들이었다. 조선은 500년이 되자 조선 자체가 낡고 녹슬어 있었다. 살얼음판과 같은 국제 정세에서 조선은 살쾡이의 먹잇감이 되어 있었다. 조선의 지배계층은 힘이 있을 땐 민중을 짓누르고 힘이 쇠약해지자 청국에 의지하는 비열함을 보였다. 조선의 신분제 혁파와 부국강병을 위해 뛰었으나 기댈 언덕이 없었다. 비록 정변은 실패했으나 주역의 한사람인 서재필에 의해 그들의 뜻이 이루어졌으니 그 얼마나 영광인가.

(8) 전봉준, 손화중, 김개남

1894년 동학민중혁명은 전봉준, 손화중, 김개남 등이 함께 주도하였다. 500년이 되자 조선의 왕조나 체제가 낡고 녹이 슬어 가동되지 못했다. 민중의 삶이 문호개방에 더욱 고통스러웠다. 마침내 전라도 삼례에서 동학민중혁명의 봉화가 불붙기 시작했다. 조선 500년 역사에서 약 20만 명의 민중이 참석했다. 힘없는 정부와 전주 화약을 맺으며 폐정12개항의 개혁안을 제시하고 민중을 위한 집강소가 설치되었다. 100여 년에 걸친 민중에 의한 인권[인간의 평등]의 승리였다. 민중이 국가의 주체가 될 수 있는 권리였다.

(9) 서재필

근대사에서 가장 훌륭한 인물로 평가할 수 있겠다.

갑신정변에서 실패한 후 미국으로 떠났다. 고국에 돌아온 그는 독립협회를 조직하고 이 나라에 근대국가 이념을 제시하고 정착시켰다. 이를 활용하여 정신으로 승화시키는 계기를 가져왔다.

근대 조선의 역사 변천 과정에서 1801-1920년까지 과정을 살펴보면 근대사가 허수아비 왕과 척족 및 극소수의 탐욕스런 권력자들의 행위가 역사로 서술되면서 이 땅에 사는 후세 사람들에게 엄청난 상처를 주고 있다는 사실이다.

글쓴이는 이제 이 나라의 민족정신[의義 정신]을 계발하여 당시 사회체제에 대입했을 때,

(1) 100여년에 걸친 민중들의 신분제 혁파[인간의 평등과 자유]는 왕조체제에 대한 도전으로 나타났고

(2) 이는 근대국가 이념으로 발전하였으며 민족정신을 형성하였다.

또한 나라가 일제의 손아귀에 들어가자 극일항전을 통해 광복의 그 날까지 최후의 1인까지 극복의 의지를 불태우는 민중들을 볼 수 있었다. 이로써 이 나라의 근대사가 민중에 의한 주체적 역사임을 증명하고 있다.

4) 이념의 변화

1780년대 선각자들에 의한 천주교의 도입은 조선사회의 엄격한 신분제 사회에서 큰 변화를 초래한다.

정약종의 『주교요지』의 저술은 민중들이 글을 읽을 수 있게 되었으며 창조주 하느님을 통해 모든 인간은 평등함을 깨닫게 된다. 정부에 의해 신유박해를 받고 지하로 잠적하나 약 20년 후 정약종의 아들 정하상에 의해 천주교가 인도되면서 1831년 조선교구가 설치되었고 천주교가 조선에 정착된다. 조선에서 천주교의 정착은 기존 성리학과 대치되면서 조선사회 내부에 이념의 변화를 가져왔다.

당시 정약용의 『목민심서』와 『경세유표』가 저술되고 최한기의 『기학』과 『인정』이 또한 저술되었다. 1860년 동학이 창건되고 개화세력이 태동하기 시작하였다.

조선사회의 문호개방과 사대부 자제들에 의한 갑신정변은 조선의 독립, 인간의 평등, 국가의 자립 등이 강조되나 실패하고 개신교가 수용된다.

동학민중혁명은 조선의 몰락을 가져왔고 신분제 또한 소멸되면서 이념 변화의 정착지가 되었다.

5) 행동의 변혁

1800년대 조선사회에선 역사에 기록될만한 민중봉기가 5번 있었다. 또한 번은 사대부 자제들에 의한 정변이 있었다.

위와 같은 사건은 그 앞전에 민중의 삶에 큰 충격을 준 사건이 있었다. 이를 통해 민중봉기가 일어났다.

(1) 1811년 평안도민의 민중봉기

창조주 아래 모든 인간은 평등하다는 천주교의 신앙은 신유박해를 불러오고 이를 목격한 홍경래는 10여 년의 각고 끝에 평안도에서 민중봉기를 일으켰다. 약 4개월 동안 버티다 무너졌다.

(2) 1862년 임술 민중봉기

1860년 국제 정세는 서구의 영·불 연합함대에 의해 거대 청국의 수도 북경이 함락되고 영·불에 항복하는 사건이 벌어졌다. 여기에 국내에선 천주교와 동학에 의해 모든 인간은 평등하다는 사회 분위기가 확산되자 1862년 임술년 진주민중봉기를 계기로 전국적인 민중봉기가 있었다.

(3) 1869 - 1871년 잠룡들의 활동

1869년 3월 민회행과 그들의 일행에 의한 광양 민중봉기가 있었고, 1871년 3월 이필제와 동학에 의한 영해 민중봉기가 있었다. 이들의 뜻은 웅대했으나 기반이 없자 쉽게 무너졌다.

(4) 1882년 임오군민봉기

고종의 집권과 함께 일본에 대한 문호개방은 민중에겐 기대 반, 불안 반이었다. 물질적 기초 없이 자급자족하던 조선사회엔 의식주에 대한 고통이 따랐고 이는 생존과 직결되었다. 그 여파는 구식 군대에 월급도 제대로 주지 못하자, 임오군민봉기가 일어났다. 정치적으로 대원군에 이용되나 민 씨 정권이 전복되는 결과를 가져왔다.

(5) 1884년 갑신정변

지배계급의 젊은 자제들에 의한 정변으로 근대사에 중요한 위치를 차지한다. 근 100여 년 이상 신앙을 통한 공동체 생활 속에서 인간의 평등을, 현실 정치의 과제로 끌어 올렸다. 동시에 국가의 부국강병을 꾀했다. 비록 정변은 실패하나 정변의 주역의 한 사람인 서재필에 의해 근대 이념이 정착되었다.

(6) 1894년 동학민중혁명

동학민중혁명은 '척왜양'과 '반봉권'을 내세웠다. 그러나 민중혁명이 획득할 수 있었던 것은 100여 년에 걸친

(ㄱ) 민중의 이념과 행동의 변혁에 대한 귀결점이다.

(ㄴ) 지배계급과 피지배계급이 만나고 끝나는 점이다.

(ㄷ) 정부와 민중과의 분리 상태에서 종결점이다.

(ㄹ) 집권층으로부터 집강소의 설치가 허용되었다. 여기서 인권 즉, 인간의 평등은 조선 500년 역사에서 민중이 얻은 투쟁의 결과였다.

(ㅁ) 왕조 체제가 붕괴되고 근대 국민 국가 이념이 실현되는 시기였다.

(ㅂ) 인권의 승리 시기였다.

6) 근대국가 이념과 민족정신 형성 시기

1896년 서재필에 의해 독립협회가 창립되었다. 독립협회는 갑신정변의 주역이었던 서재필이 망명 후 미국으로 건너갔다. 홀홀단신 홀로서기를 통해 10년 이상 미국생활을 마치고 고국에 돌아와서 조직한 단체였다.

독립협회는 독립, 민권[인권], 자강 등 정강을 제시하고 있으나 결과적으로 근대 국민 국가 이념을 의미하였다.

독립협회에서 제시한 독립, 민권[인권], 자강물질은

(1) 천주교의 도입과, 동학의 창건, 동학민중혁명을 통해 100여 년 만에

신분제가 혁파되었고 인간의 기본권인 인간의 평등과 자유를 가져온 역사적 과정

(2) 고종의 문호 개방이후 근대 이념에 관심을 가진 개화파 인물들

(3) 개신교의 수용으로 근대 학문을 배운 개혁파 인물 등

앞의 역사적 사건들과 함께

(4) 서재필 자신 또한 갑신정변 때 14개 강령 중

   (ㄱ) 청국으로부터 대원군의 조속한 귀국과 조공을 폐지할 것

   (ㄴ) 문벌 폐지와 인민 평등권을 제시하고

   (ㄷ) 정치제도의 개혁 등을 요구하고 있는 것 등 지난날의 경험과 미국에서 선진 문화에 대한 체험을 통해 체득 후 돌아와 제 한 정강이었다.

위의 여건을 통해 볼 때 독립협회의 정강은 하루아침에 이루어진 것이 아님을 알 수 있다.

1896년 12월 독립협회는 독립협회보 취지문을 통해 독립정신의 계발을 촉구하고 나섰다.

여기서 독립이란 어원은 그 자체가 민족, 영토, 주권의 3대 요소가 현존할 때 가능한 표현으로 독립정신의 촉구는 그 이전에 근대민족정신이 어떤 형태든 형성되어 있음을 증명하고 있다.

당시 상황에서 《독립신문》과 독립협회는 민중을 위한 인권 계몽에 필사적이었다. 또한 정부와 사법의 분리를 강력히 주장하고 민중의 인권을 통한 홀로서기, 즉 자강을 강조하고 있다. 이는 선각자들에 의해 근대 국민 국가 이념이 민족사상으로 정착되고 민족정신으로 승화됨을 볼 수 있었다.

이와 같은 경우 근대민족정신의 형성은 대략 1985년 개신교의 수용으로 학교와 병원이 설립 후부터 1905년 을사늑약 전까지 약 20년으로 보아야 한다.

1905년 일제에 의해 을사늑약의 체결은 민족의 주권이 빼앗기는 상황에서 어느 누구도 민족정신이란 표현을 사용하지 못하고 있다.

그것은 선비정신과 근대민족정신이 서로 상충되기 때문이었다. 그러나 분명 어떤 형태로든 민족정신은 발현되었던 것이다.

7) 대한민국 뿌리를 찾다

(1) 1898년 고종에 의해 독립협회가 해체되었지만 협회 회원들의 민주헌정에 대한 열의는 계속 이어지고 있었다.

1904년 6월 일제의 황무지 개척권 요구에 대항하여 7월 보안회가 조직되어 격렬히 저항하자, 일제는 황무지 개척권을 포기하게 된다. 이를 계기로 정치적 협회들이 조직되게 되는데 1905년 5월 독립협회 회원들이었던 이준, 윤효정 등에 의해 헌정연구회가 결성되었다. 1905년 11월 을사늑약이 체결되자 이에 저항하면서 일제에 의해 해체되나 1906년 3월 윤효정, 장지연, 심의성 등에 의해 자강회가 조직되고 을사늑약에 대항하여 민족의식[민족정신] 고취를 촉구하고 있다.

자강회가 해체되자 1907년 안창호에 의해 신민회가 결성된다. 그 후 일본 정부는 무단통치에 앞서 남한대토벌작전을 통해 의병항쟁을 거의 소탕한 다음 1911년 총독 암살 음모를 씌어 헌병 경찰병력을 동원하여 계몽세력을 대대적으로 숙청하였다. 일명 105인 사건이었다.

이에 계몽세력은 국경을 넘어 중국으로 건너가 1915년 왕조지지 세력과 신한혁명당을 결성하나 1915년 유인석이 죽고 1917년 이상설이 죽자, 복벽주의와 결별을 선언하고 즉시 1917년 대동단결을 선언한다. 이들은 인민주권에 대한 강력한 의지를 피력하고 헌법 제정에 의한 근대 국민 국가 설립을 촉구하였다.

1918년 1월 미국 윌슨 대통령의 민족 자결주의에 힘입어 1918년 11월 대동단결 선언의 인사들이 모여 신한청년당을 결성한 후 민족의 독립을 위해 국내, 연해주, 동경, 미주 등으로 독립투사를 파견하였다.

1919년 이에 고무된 동경유학생들의 독립을 위한 열정이 2·8독립선언을 가져왔다. 이어 국내에서 3·1독립운동은 전국적인 무저항운동으로 일어나 세계를 깜짝 놀라게 했다. 위에서 본 바와 같이 3·1운동은 독립협회가 그 원형이 되어야 하며 독립협회가 제시한 '인권'과 '자강(물질)' 중 인권(신분제 혁파)의 기원은 100여 년 거슬러 올라간 천주교 도입 시기를 기원으로 삼아야 한다.

(2) 역사적 사실 증명

현재 우리 헌법 전문에 "3·1운동으로 건립 된 대한민국 임시정부의 법통"에서 밝혔지만 3·1독립운동은 임시정부의 뿌리가 될 수 없다.

그 뿌리는 3·1독립선언 당시 태화관에 참석하여 독립선언에 참가한 33인의 사상과 이념에서 찾아야 할 것이다.

3·1독립선언 당시 독립선언에 참가한 33인의 명단을 보면

기독교(개신교) 16명, 천도교(동학) 15명, 불교 2명 등이다.

이들 단체의 뿌리는

1885년 - 개신교 수용,

천도교는 1860년 동학 창건에 뿌리를 두고 있으며

동학은 1780년대 초 서학(천주교)의 영향을 받는다.

위의 사실은 임시정부의 뿌리가 약 140년 이상 거슬러 올라가야 됨을 의미한다.

앞의 사건에서 보듯 글쓴이가 계발한 '민족정신'을 통한 대한민국의 뿌리와 3·1독립선언 당시 참석자들의 사상과 이념의 뿌리와 일치함을 볼 수 있다.

결과적으로 임시정부의 법통을 이은 대한민국의 뿌리는 1780년대 천주교의 도입 시기로, 더 정확히는 1777년 겨울이 되어야 한다.

8) 결론

(1) 위에서 제시한 근대민족정신[의義 정신]은 글쓴이의 체험과 체득 및 깨달음을 통해 얻은 결과로 학문적인 연구로는 전혀 답이 나올 수 없는 역사의 창조라고 말하고 싶다. 근대민족정신을 우리의 역사에 대입했을 때 설자리는 1905년 을사늑약 직후였다. 또한 그 원형은 독립협회로 이어졌다. 독립협회에서 올려다 본 과거 100년의 근대사가 굴절되어 있음을 확인하고 인권(신분제 혁파)을 통해 민중의 역사로 재탄생 할 수 있음을 확인할 수 있었다.

지금까지의 근대사가 왕조중심의 역사로 비열하고 굴욕적이었다면 근대민족정신은 민중이 주체가 된 민중의 역사로 서술되어도 하등의 하자가 없음을 확인할 수 있었다.

이제 120년간의 근대사를 주체성 있는 역사로 바꾸어 놓았다.

(2) 우리의 근대민족정신[의義 정신]은 100여 년의 굴절된 역사를 바로잡는 기틀을 만들었기에 민족정신으로 가치가 있고 이후 20년 동안 민족정신은 극일항전을 통한 극복의 의지를 제시하면서 광복의 그 날까지 일제에 맞서 항전하는 독립투사들을 볼 수 있었다.

이는 옛 고구려의 장군 대조영과 고구려의 유민들의 대당 결사항전을 통한 발해의 건국과 같은 민족정신을 의미하는 것이었다.

(3) 오늘날 대한민국의 눈부신 발전에 힘입어 대한민국은 있고 한민족은 없다 하나 이제 대한민국과 한민족 사이 징검다리가 놓이면서 다시 한 번 한 민족으로 도약할 수 있는 계기가 되었다.

(4) 민중이 근대사의 주체가 되는 역사의 창조는 민족의 자존감과 자긍심

을 갖는 긍정을 의미하였다.

(5) 조선 500년간의 민족정신을 계승하고 있다.

(6) 서재필에 대한 비난

글쓴이는 서재필이야말로 근대사에서 가장 위대한 인물이라 평가하고 싶다. 팔이 안으로 굽는다고 그의 비난에 대해 몇 자 적는다.

서재필은 갑신정변의 주역으로 5적중의 한사람이었다. 10여 년이 지나 고국에 돌아왔을 때 국내 정세는 한 마디로 언제 어떻게 될지 모를 목숨이 위태로운 시절이었다.

왕조 중심체제에서도 서재필을 평가함에 본질도 아닌 아주 사소한 일로 저 끝 지류에 불과한 행동을 비난함은 지나치다고 본다.

사마천의 사기史記나 성경을 읽어본 사람은 결코 그를 비난하지 않을 것 이다. 왕조의 역사를 떠나 민중의 역사에선 하나 문제될 것이 없었다.

민족정신(義의 개념)

■

1. 공, 맹의 충효忠孝 사상과 묵가墨家의 사상

(1) 공자, 맹자에 의해 형성된 유교의 충효사상과

(2) 묵자에 의한 겸애사상이 있다.

위와 같은 큰 흐름 중 유교는 우주의 원리인 하늘과 땅을 주재로 인간의 삶을 조명하면서 공자는 인仁을 내세운 반면 맹자는 의義를 제시하고 인로 人路라 하여 사람이 가야 할 길로 정당하고 떳떳한 도리를 의미하고 있다. 이를 계기로 한 나라가 중국을 통일한 후 국교로 공자의 유교를 채택하자 동 아시아의 사회 질서는 유교를 국가 이념으로 삼게 된다. 이후 남송의 주 회가 우주의 이치와 인간의 성性을 결합하고 고대의 경전을 사서삼경으로 발전시켜 주자학인 성리학을 창시하였다. 성리학은 인륜의 근본으로 삼강 오륜을 제시하였고 이를 천륜 혹은 진리로 생각할 만큼 철저했다.

여기에 비해 고대 묵가의 사상인 겸애는 서로 사랑하고 이利로움을 주자는 의미를 갖고 있다. 묵가도 사회 체제의 기준을 의義에 두었지만 그 의미는 백성들을 이롭게 하는 것이었다.

그들은 물자를 아끼고 절약하면서 실생활을 중시하였다. 또한 백성들을 이롭게 하는 것을 최선의 방법으로 생각하고 적의 침입을 예상하여 물자를 절약하고 궁성을 튼튼히 방어하였고 외적의 침입을 차단, 사전 예방을 최우선 목적으로 하였다. 그러나 위에서와 같이 유교가 동아시아의 국교 및 사회질서 체제가 되면서 묵가墨家의 사상은 빛을 보지 못했다.

2. 중세, 조선시대

조선은 유교를 한 단계 발전시킨 성리학을 건국이념으로 하여 활기 찬 이상향의 국가를 꿈꿨다. 또한 역사상 유래 없는 성군인 세종대왕을 맞아 한글 창제와 6진 개척 및 과학 문명의 발전을 가져왔다.

중종 때 정암 조광조는 도덕국가의 실현하기 위해 노력했으나 좌절되었다. 조선의 근간인 선비들은 성리학의 이기理氣설에 심오한 철학적 사색과 이론을 제시하면서 찬란한 문화를 형성하였다.

이들에게 의義는 맹자에 의해 인로人路라 하여 사람이 걸어야 할 길로 정당하고 떳떳한 도리를 의미하며, 이는 사회규범인 동시 행위규범의 기준이며 근본으로 삼강오륜을 제시하고 있다.

의리義理행위 역시 사람으로서 당연히 해야 할 바른 도리로 삼강오륜에 대한 실천이었고 이를 충효사상 또는 의리義理정신으로 선비정신을 의미하였다.

위와 같은 충효사상은 중세 동아시아의 보편적인 사상이었으며 조선의 사회규범으로 그 기준과 근본은 의義 개념이었다. 조선의 선비들은 義개념을 사회규범의 기준을 넘어 성誠과 경敬의 자세를 통해 근본義에 접근하면서 의리義理정신을 의義 정신, 즉 조선의 선비정신 나아가 민족정신으로 승화시키는 강인한 모습을 보였다.

한편 성리학의 근본인 삼강오륜은 엄격한 사회적 질서를 요구하였고 이같은 질서가 사회에 적용되면서 士, 農, 工, 商, 및 천민 등으로 지배계급과 피지배계급으로 나뉘었다. 위와 같은 질서는 선비들의 기득권을 유지하고 사회체제를 지탱하는 근간이 되었다.

선비들의 참신했던 의義 정신은 수백 년 시대의 변천을 거치면서 사회적 병폐와 모순을 가져오면서, 조선 내부에서도 변화의 물결이 일기 시작하였다. 그것은 바로 의義 정신 자체가 위계질서에 의한 사회규범의 정신으로 변질되자 신분제는 민중에 의해 혁파의 대상이었다. 양반들은 필사적으로 저지하려고 했다.

신분제 자체가 무너짐은 국가 이념 자체가 무너짐이었다.

또한 시대의 변천은 국가에 물질의 필요성을 제기했지만 실학이 생성되어 싹이 트려할 때 잘라버리고 거부했다.

이들은 과학(물질)의 진흥이나 발전을 허용하지 않았다.

자신들의 기득권이 무너지는 것을 감내하지 못했기 때문이다.

그들은 세기의 대 변혁기, 변화의 물결이 사회, 국가 전체를 뒤덮어도 나라가 망하기 일보 직전에도 자신들이 갖고 있는 이념에 변화를 보이지 않았다, 그들은 물질을 도외시하면서 무기력해졌다.

그러나 되돌아보면 유교의 의義 정신인 즉 충효사상은 국가[임금]와 사회 체제를 유지하는데 필요했지 국제사회에서 벌어지는 약육강식에 의한 적자생존의 환경에는 별로 도움이 되지 못했다. 시대의 변화에 준비 없이 기존 이념만 고수하다가 국가가 절단나자, 민족은 그 얼마나 큰 고통을 겪어야 했던가. 많은 개혁인사들이 유교의 이념을 유지하면서 새로운 시대에 적응하려 노력했지만 답을 찾지 못했다. 그것은 유교의 근본인 삼강오륜이 하늘과 땅의 차이인 다름에서 비롯됐기 때문이었다. 위와 같은 사회규범은 "기독교(천주교, 개신교)의 하나님에 의한 창조론과 동학의 사람이 곧 하늘이다."라는 인내천人乃天 사상에 밀려 유교문화의 쇠퇴로 이어졌다.

이제 남은 것은 공자의 인仁과 맹자의 의義사상이다.

여기서 의義개념은 시대의 변화에 상관없이 한 사회체제의 기준이고 근본이 되는 것으로 근대(20세기)에 들어와선 인권과 물질을 근본으로 하고 있음을 볼 수 있다.

3. 근대민족정신 계발

조선의 선비정신이었던 의義 정신은 시대의 변천에 변화 없이 400여 년 내려오면서 사회적 모순과 병폐가 만연되자, 당시 남인 학자들에 의해 천주교가 도입된다. 이후 100여 년에 걸친 인간의 불평등에 대한 무언의 투쟁은 1894년 동학민중혁명에 의해 인권의 승리를 가져왔다.

격변의 시기였던 1895년 12월, 위의 역사적 사건을 실천에 옮기고자 서재필이 고국에 돌아왔다.

그는 1884년 갑신정변(인간의 평등과 부국의 꿈) 후 약 10년 만에 고국에 돌아와서 민중들에게 자신이 돌아 온 목적을 '인민 계몽'과 '풍습 교정'에 있음을 역설하고 있다. 그는 위와 같은 목표를 실천하기 위해 《독립신문》을 창간하고 독립협회를 설립하면서 정강으로 '독립', '민권(인권)', '자강'을 내세웠다.

서재필이 내세운 '독립', '민권(인권)', '자강(물질)'은 1884년 갑신정변 당시 그들의 정견이었던 14개 조항

(1) 대원군의 조속한 귀국

(2) 문벌 폐지와 인민의 평등

(3) 국가제도의 변혁(물질) 등과 같은 내용을 정강으로 제시하고 있다.

독립협회의 정강 중에 '독립'의 표어는 국가 존재 자체의 근본[영토, 주권, 민중(백성)]을 의미하고 있어 논의의 대상이 되지 않는다.

다음 인권에 관해서는,

《독립신문》을 통해 천부 인권설, 법 앞에 모든 인민의 평등함을 주장하는 것은 지난날 선각자들의 100여 년에 걸친 신분제 혁파(인권) 의지가 반영된 것이다. 또한 원님과 관찰사는 인민의 종이라는 논지를 통해 인권이 인간 사회 윤리의 근본임을 밝히고 있다.

반면 제도 개혁은 산업 진흥과 과학 문명을 통한 인민 생활의 개선과 국가 부흥에 대한 역설이었다.

당시 상황에서 독립협회의 정강은 '인권'과 '자강(물질)'을 기본으로 제시했지만 이의 실현을 위해 《독립신문》은 정부와 재판(사법)의 분리, 나아가 의회 설립 등 3권 분립에 의한 민주 정체의 정착을 위해 민중 의식의 변혁을 추구하였다.

결과적으로 독립협회의 정강인 '민권(인권)'과 '자강(물질)'은 형식상 독립협회의 이름을 빌렸지 실질적으로는 근대국가 이념을 의미하였다. 여기서 '물질'은 그 옛날 묵자墨子의 義, 즉 모든 백성에게 利로움을 주는 것과 근, 현대에 있어서도 인간의 삶의 질에 도움이 되는 '인간의 행위'를 의미한다.

국가 자체가 인간 생활의 가장 기본적인 문제를 추구하는 것은 '옳은 행위' 즉 근본을 의미하기에 의義라 할 수 있다.

이 같은 義 개념은 근대국가 이념인 '인권'과 '자강(물질)'을 근본으로 하는 사회의 기본 가치 규범으로 정착하게 된다.

이를 우리 민족은 성誠과 경敬의 자세를 통해 근대민족정신으로 승화시키면서 義 개념은 정신으로 승화되어 근대민족정신이 되는 것이다.

4. 의義 개념의 비교

	근대	중세(조선)
국가 형태	민주정체	절대왕정
개념(근본)	인권, 물질	삼강오륜(충, 효)
주체	개인, 국가	개인
기준	옳을 義	곧을 義
행위	합리적, 정당한 행위 [긍정적]	곧고 바른 행위 [부정적]
인간의 삶	삶의 질 향상	충, 효[윤리중시]

(1) 국가 형태: 근대에선 3권 분립에 의한 민주정체인데 반해 조선은 1인 지배하의 절대왕정이었다.

(2) 사회규범의 근본을 근대는 인권과 물질을, 조선시대에는 삼강오륜에 의한 충효사상을 근본으로 하고 있다.

(3) 근대는 행위의 주체가 개인 혹은 국가인 반면 조선은 개인[선비]이었다.

(4) 사회규범의 기준은 근대는 옳을 義로 합리적이고 정당한 행위로 긍정적인 반면 조선시대는 곧을 義로 바르고 곧음으로 부정적인 의미를 갖고 있다.

(5) 인간의 삶에 있어 근대는 삶의 질 향상에 둔 반면 조선은 도덕 국가를 꿈꿨다.

지금까지 동양 및 조선[고대와 중세]에선 의義개념을 곧을 의義로 해석하여 그 근본을 삼강오륜에 두고 충효사상, 즉 의義 정신이라 하였다. 이를 誠과 敬의 자세를 통해 20세기[근대]에는 의義의 개념의 근본을 인권과 물질에 두고 옳을 의義로 해석한 후 이의 실천을 의義정신이라 부르고 있다. 또한 행위로는 합리적이고 정당한 행위를 의미며 여기엔 '극복의 의지'가 상존하고 있다.

1단계, 근대국가 이념인 인권과 물질을 근본으로 한 의義 개념은 誠과 敬의 자세를 통해 민족정신으로 승화되며 인권과 물질의 상관관계는 '극복의 의지'로 조화를 이룬다.

이는 고대, 중세 의義 정신이 계란으로 바위를 치는 형식이라면 근대는 해머로 바위를 깨는 '극복의 의지'를 담고 있다.

2단계, 현대 의義 정신은 광복 후 민족이 영토와 주권을 회복하면서 성誠과 경敬에 의해 새로운 인권, 기본, 원칙, 신뢰와 베풂으로 승화되면서 민족정신을 형성한다.

따라서 현대 우리의 민족정신은 인권과 물질을 근본으로 하고 있으며 이의 실현을 의義 정신이라 하였다.

여기엔 인권과 물질의 상반된 활동을 극복의 의지를 통해 조화를 이루며 발전시켜 민중의 삶을 풍요롭게 하는데 그 목적이 있다. 조선의 의義 정신이 부정적인 반면 근대민족 정신인 의義 정신은 긍정적인 면을 갖고 있다.

당시 조선의 의義 정신은 3·1운동을 거쳐 자연스럽게 소멸되면서 근대민족정신에 흡수된다. 반면 근대민족정신인 의義 정신은 극복의 의지를 통해 일제의 침략에 맞서 국민 모두 일치단결하여 최후의 1인까지 대한민국을 위한 광복의 그 날까지 도전하는 정신을 의미하였다.

5. 현대 민족정신(의義 정신)

개인이 인권[자유와 평등]의 바탕위에 풍요로운 삶을 누리는 것.

인권과 물질을 근본으로 하는 우리 사회[자유민주주의+자본주의]에서 대전제가 있다.

(1) 국가다. 국가(조선)가 바로 서지 못할 때 오는 국민의 삶, 광복 후 6·25 전쟁 등을 떠올리지 않을 수 없다.

(2) 인간의 기본권인 인권은 분명 존중되어야 한다.

(3) 물질 또한 합리적이고 정당한 방법[행위]에 의해 부富를 추구했을 때 이는 보호되어야 한다.

(4) 현대 민족정신은 한 사람의 전유물이 아니므로 계속 논의의 대상이 된다.

1) 인권에 대해

현대 민족정신 또한 그 근본을 인권과 물질에 두면서 이를 논할 때 사회적 가치의 기준도 함께 제시되고 있다.

인권은 만능이 아니다.

지난 왕조에서 식민지를 거쳐 독재까지 약 200년 동안 투쟁을 통해 우리가 이룬 것이 있다면 그것은 인권이었다.

오늘날 모든 인간은 태어날 때부터, 법 앞에 평등하다는 개인의 기본권이 보장되지 않는 시절, 국민은 강력한 투쟁을 통해 1987년 정치 민주화를 이루며 인권을 구현하였다.

세월이 흐르자 진보주의자들은 더욱더 개인의 자유를 극대화한 인권을 요구하고 있다. 인권의 보편성에 대한 지나친 요구가 사회 질서의 저변을 흩어 놓는다면 우리 문화의 필요성이 대두될 것이고 그러면 인권 또한 만능이 아니라는 사실이다. 인권이 할 수 있는 한계는 합리적이고 정당한 방법에 의한 윤리와 도덕의 준수에 있다.

오늘날 인권은 그 옛날의 투쟁적인 인권과 다르다. 물질이 풍요로운 사회에서 인권은 물질에 예속되기 쉽다. 그러나 지금까지도 예속되어 왔다. 인권 자체가 독립된 위치를 지켜야 한다. 물질에 인권이 예속되지 않고 자기 위치를 지킬 때 좀 더 자유스런 사회가 될 것이다.

2) 물질에 대해

과학문명과 물질의 발달은 인간의 생활을 윤택하게 하였다. 인간 개인의 권리를 창출하였고 삶의 질을 높여 그 어느 시대보다 세계인구가 문명화되고 있다. 그만큼 과학 문명과 물질은 인간에게 이로움을 주는 반면 부작용도 낳고 있다. 그러나 여기서 물질은 협의狹義로 해석하면 재물[금전, 상품]로 표현할 수 있으며 광의廣義의 해석은 재물[금전, 상품]과 상품을 생산[기술, 노동력]하고 취급하는 기업 등을 들 수 있다.

농경사회인 조선사회는 윤리, 도덕을 내세워 물질을 멀리했다. 그런 이유로 조선시대에는 물질의 개념이 없었다. 이같이 500년의 세월을 보내자 많은 사회적 모순과 병폐가 나타났고 민중 모두가 가난하였다. 물질적 기초가 없자 외세의 침략에 속수무책이었다.

1896년 독립협회가 설립되면서 근대사상[인권+물질]에 의한 이념의 정립을 가져왔다. 그러나 갈 길은 고통과 수난의 시대를 거쳐 역경을 헤쳐 나가는데 약 150년이 걸렸다. 물질의 생산은 인간의 의식주와 좀 더 나은 삶의 질을 위한 인간의 근본적 욕구였다.

인권이 신장되자 자본주의 사회에서 국민은 삶의 질을 위해 경제활동에 집중하게 되나 물질의 주체는 기업이다. 기업은 기업이 담당할 역할이 있다. 그러나 첫 단추가 잘못 끼워졌다.

개발 독재시대 정부정책에 따라 정치적 흐름에 순응하고 협조한 기업에 특혜가 주어졌고 몇몇 대기업을 키우면서 급속한 경제적 성장을 가져왔다. 또한 정치권력이 비정상일 때 기업 또한 이를 모방하여 산업과 금융을 한 덩어리로 만들어 대기업으로 성장하였다.

기업이 국가 경제에 미치는 영향은 막중하다. 그러나 기업도 사람이 경영하게 되자 자본주의 사회에서 경제의 막중한 역할이 곧 물질만능의 의식으로 변질되면서 대기업[재벌]들은 무소불위의 권력을 행사하게 되었다.

기업이 권력화 되자, 기업[물질]은 본래의 모습을 드러내기 시작했다. 물질[자본]이 한 곳으로 집중되어 팽창할 때 세포 분열하듯 기하급수적이다. 이익이 나는 것이면 무엇이든지 삼키기 시작했다. 큰 것, 작은 것 구분하지 않았다. 절대다수 국민의 생활 활동 범위가 위축되기 시작했다.

권력화 된 기업은 기업에 손을 대면 나라 경제가 휘청된다고 위협했다. 급하게 먹은 물이 목에 걸린다고 개발 독재시대 경제 성장의 부작용이었다. 대기업의 성장에는 국민의 노동력 착취가 있었다. 이는 국민들 사이 소득의 격차를 가져왔고 사회양극화를 심화시켰다.

역사는 증명한다. 권력과 재물[물질]은 한곳에 오래 모여 있거나 머물러 있으면 정치는 부패하고 독재로 흐른다. 물질 또한 거대 덩어리는 권력을 행사하게 되고 필히 썩고 부패한다.

썩고 부패하지 않기 위해 권력과 물질은 나뉘어야 한다. 우리는 정권 교체를 통해 권력의 나눔을 정치민주화라 했고 거대 기업의 경제력 집중 즉 산업과 금융의 분리를 경제 민주화라 부르고 있다. 늦었지만 이를 만회하는 길은 어느 선진국과 같이 중소기업과 중견기업을 키워 대기업과 서로 상생할 수 있는 풍토를 만들어야 한다.

3) 인권과 물질의 관계

인권은 조선조에서 볼 수 있듯이 양반사회에서 양반들을 위한 권리였고 기득권이었다. 자급자족시대 물질은 농업생산이 주를 이루었고 농민이나 천민에 의해 농사가 지어졌다. 양반들은 우월적 지위를 누리기 위해서도 물질적인 면을 확대하지 않았다. 물질과 배움이 앞서면 양반 자신들의 지위가 흔들렸다. 양반들의 기득권은 시대의 흐름도 거슬리며 조선이 망하는 그 날까지 유지되었다. 인간 탐욕의 속성을 보여주고 있었다.

조선사회에서 이루지 못한 인권과 물질이 자유 민주주의와 자본주의 사회를 통해 조화를 이루며 발전하고 있다.

자본주의 사회에서의 물질은 재물[금전, 상품] 노동력, 기술 등과 이를 다루는 기업 등으로 표현할 수 있다. 여기서 물질의 생산과 유통은 인권과 상관관계를 유지하면서 기업과의 관계를 서술하고 있다.

그러나 민주사회에서도 독재는 계속돼 국민이 자신의 권리를 찾기 위해 정부에 대항했을 때 기업은 권력과 유착되어 그들의 부를 축적하기 시작했다. 기업은 독재정권의 정책에 파도를 타듯 협력하며 부富를 축적하고 일부는 정권 유지비로 바쳤다. 독재정권 아래 기업의 부富는 노동자의 인권이 무시된 노동력의 착취에 의해 부富가 축적되었다는 사실이다.

개발독재 시대 노동자의 인권은 태어나면서 당연한 권리로 받아들여졌고 경제적 성장을 위해서는 무시해도 되는 인간 권리로 의식주 해결이 더 시급한 문제였다. 기업은 이 시기를 아주 잘 활용했다. 인권이 무시된 노동자의 삶은 고달팠다.

국민에겐 별보기 운동을 강요했고, 매일 12시간이상 노동력을 착취한 후 노동자들에게 지급한 것은 저임금에 가난의 대물림이었다. 개발 독재시대엔 잘 살기 위해서, 경제가 어느 정도 자리를 잡자, 이제는 국민 각자의 삶의 질을 위해 금전[물질]이 필요했고 이를 위한 장시간의 노동력, 즉 개발시대 12시간 이상의 노동력이 그대로 통용되고 있었다.

경제 건설을 위한 노력이 수십 년 지나자 기업은 대기업으로 성장했고 국민은 삶의 질은 나아졌으나 별로 가진 것이 없었다.

그러나 독재정권이 무너지자 기업도 뛰고 노동자도 뛰었다. 국제환경이 상승작용을 했다. 수십 년이 지난 지금도 노동자의 삶은 개선되지 않았다. 기업에 의한 별보기 운동의 삶은 아직도 이어지고 있다. 그런데 국내에 정치적 민주화가 자리 잡으면서 거대 경제 집단 또한 몸집을 불려 세력을 얻자 권력화 되었다. 이익이 나는 곳이면 물, 불을 가리지 않았고 국민을 위협했다. 이에 국민의 반감을 사기 시작했고 국민은 요구했다. 경제도 정치와 같이 민주화되어야 한다고 외치기 시작했다.

정치의 민주화는 인권을 바탕으로 한 정권교체를 의미한다.

오늘날 자유 민주주의 체제는 어느 한 개인의 권력 독점을 용인하지 않는다. 그것은 역사에서도 본 바와 같이 국민의 삶과 직결되면서 많은 문제점을 갖고 있기 때문이다.

21세기 자본주의사회에서 경제민주화는 기업[재벌]의 왕조건설을 방지하는데 목적이 있다. 다시 말해 기업은 물적 자본과 권력화를 통해 현대판 왕조를 건설할 수 있다.

　정치가 한 개인의 장기 집권을 거부함과 같이 경제 또한 재벌의 왕조화는 국민의 삶에 걸림돌이 되는 것이다. 오늘날 민주주의 국가에서 왕조 체제를 볼 수 없는 대신 그 역할을 자본주의 시대엔 기업[자본가]이 대신 왕조의 역할을 담당하고 있다.

　근대 조선왕조 때 일인 지배하의 권력과 재물이 모두 한 사람 몫이었다. 국민 모두의 삶이 즐거웠던가. 탄압과 수탈뿐이었다. 오늘날 거대 기업집단은 권력과 재물을 한곳으로 모으고 있다. 조선 왕조와 무엇이 다른가. 민주주의에 의한 자본주의 사회는 기업 왕조를 키우는 곳이 아니다. 경제 민주화에서 산업과 금융자본의 분리는 기업을 옥죄거나 망하게 하는 것이 아니다. 정치가 개인의 장기 집권을 방지하기 위한 정치 민주화 듯, 기업이 권력화 될 때 왕조 건설이 가능해진다. 경제 민주화는 이를 방지함에 있다.

　이제 경제 민주화는 재벌의 순환 금지와 함께 노동계 또한 강경 투쟁에서 벗어나야 한다.

　귀족노조 역시 경제 성장에 기댄 노조의 권력화를 의미한다. 노조는 근로자의 삶과 복지를 위해 인간적인 삶을 위한 근로시간의 지킴이 기본이 되어야 할 것이다.

　결국 21세기 자유 민주국가에서 기업의 혁신적 역할은 선진국 수준으로 이동해야 한다. 선진국 수준은 기업과 근로자의 상생에 있다.

　이는 근로자가 경영에 참여 기업의 투명성과 함께 기업과 근로자의 하나 됨에서 찾아야 할 것이다.

　우리의 유교문화에서는 나눔이나 분배, 베풂 등이 부족하였다. 기업 입장에서는 근로자의 경영 참여 또한 나의 것을 빼앗기는 의미로 해석할 수 있으나 이의 해소를 위해 많은 시간이 필요할 것이다.

　또 다른 방법이 있다면 사회적 기업 및 협동조합 등을 들 수 있다.

이에 선진화되기가 어려운 것이다.

위와 같은 사회적 분위기가 하루아침에 이루어지겠는가.

우리의 입장에선 자본주의 사회가 존재하는 한 시간을 갖고 계속 추구해야 할 것이다.

4) 극복의 의지 [긍정의 힘], [긍정과 부정]

조선의 역사에서 선비정신인 의義 정신은 충효사상을 의미하였다.

충효사상인 의義 정신이 조선 초에는 참신하고 신선했으나 단일사상으로 400년을 내려오자 사회적 모순과 병폐가 나타났다.

국가의 위급 시 충忠을 위한 행동은 선비 자신의 의義를 나타냄이요, 국가의 위기를 끝까지 극복하겠다는 의지가 없었다. 국가가 어떻게 되든 상관없었다. 계란으로 바위를 치는 형국으로 부정적 이미지를 갖고 있다.

이와 같은 사회적 현상을 극복하기 위해 선각자들에 의해 서구 사상이 받아들여졌고 창조주 하나님을 찾게 된다.

선각자들과 민중들은 왕조의 탄압에 죽음도 두려워하지 않았다.

무언의 저항은 100여 년이 흘러 결국 조선에서 신분제를 혁파하고 서재필에 의해 독립협회가 제시된다.

우리 민족의 100여 년에 걸친 투쟁 자체가 극복의 의지를 의미하고 있다.

일제강점기에 민족의 극일항전은 비록 왕조의 어리석음으로 나라를 잃었으나 민중의 힘으로 광복의 그 날까지 최후의 1인까지, 이는 그 옛날 고구려의 장군 대조영과 그 유민들의 대당 결사항전이 발해의 건국을 가져왔듯이 극복의 의지를 통한 대한민국 건국에 있었다.

반면 근, 현대의 의義 정신은 인권과 물질을 근본으로 하여 국민의 삶을 최우선으로 하고 있다. 국가의 위급 시 발휘되었던 극복의 의지는 현대에서 추구하는 상반된 관계인 인권과 물질의 문제에도 적용되며 필요하다면 서로 조화를 이루면서 긍정의 힘을 발휘하게 한다.

"극복의 의지는 할 수 있다.", "이길 수 있다.", "넘을 수 있다.", "제어할 수 있다." 등으로 표현할 수 있다. 인간에게 밀려오는 고통과 시련, 고난과 역경을 헤쳐 나갈 굳은 의지와 도전정신 그리고 탐욕 등을 제어할 수 있는 개념으로 대단한 저력과 힘을 갖고 있다.

인권이라 함은 인간의 기본권 즉 자유와 평등을 통한 인간 자신의 어디에도 구애받지 않는 자유로운 활동을 의미한다고 볼 수 있다.

물질적 풍요는 인류의 2000년 이상 역사에서 오늘날과 같이 물질이 넘쳐나는 자유스러운 시대는 없었던 것 같다.

극복의 의지는 물질이 이익이 있는 곳이면 어디든 사방으로 뛸 때 이를 순기능 방향으로 제어할 힘 또한 갖고 있다.

인간과 물질이 이익을 위해 마구잡이식으로 움직인다면 인간 사회는 혼돈의 시대를 겪게 되며 이런 사회를 바로 잡기위해 질서가 필요하게 되고 이를 진정시킬 힘이 극복의 의지엔 있는 것이다.

인간 또한 인권을 내걸며 사회의 질서에, 사회의 순기능에, 국가의 정책에 도전한다. 지금까지 민족 고유의 풍속과 배치되지 않고 사회 질서가 유지되는 범위 내에서 인권 자체가 만능은 아니다.

사회 질서를 파괴하면서까지 인권이 보호되어서는 안 된다.

인권과 물질에는 순기능과 역기능 모두 그 활동에 한계가 있다.

여기서 '극복의 의지'를 다른 말로 인용하면 '타협과 공권력'을 말한다. 현대에 와서 문제가 되는 것은 정부 정책에 의한 개인의 재산권, 환경 훼손 등의 문제다.

국가의 존재는 국민의 삶의 질 향상에 있고 개인의 노력이 국가의 복지를 대신하지 못한다.

이와 같은 이유로 국익을 위해 타협이 필요하며 조선시대 선비들의 살신성인의 자세는 현대 사회에서는 바람직하지 않다.

협상이 되지 않을 때 정부의 공권력은 합법성을 인정받게 된다.

극복의 의지는 계란으로 바위를 치는 무모함이 아니라 해머로 바위를 깨뜨리는 강인한 힘이 내포되어 있다. 그것은 긍정의 힘이다.

5) 성誠, 경敬의 자세

여기서 성誠과 경敬의 자세는 우리 민족에게는 중요한 의미를 갖고 있다.

조선은 선비정신인 충효사상[삼강오륜]을 의義 정신이라 하였다.

이와 별개로 근대민족정신[인권과 물질] 또한 의義 정신이라 한다면 서로 상충되는 사상이 된다. 이를 계승, 발전 시켜주는 것이 성誠과 경敬의 자세인 것이다. 다시 말해 500년 조선의 의義 정신[삼강오륜]이 근대 의義 정신[인권과 물질]과 이어질 수 있는 것은 바로 성誠, 경敬의 자세로 가능한 것이다.

옛 선비들은 수신제가修身齊家에서 성誠, 경敬의 자세는 어떠했는가.

"경이직내敬以直內, 의이방외義以方外; 경으로써 속을 곧게 하고 의義로써 밖을 바르게 한다." 의義에 대해 어떤 생각을 갖고 또 어떤 행동을 하였을까. 이들의 수신修身은 마음은 대나무 같이 곧고 행동은 오륜을 근본으로 삼았다. 의義라 함은 충忠과 효孝를 의미하나 진심으로 오직 바른길로 행함을 의미하였다.

이와 같은 성誠, 경敬의 자세는 조선 선비로서 중세 자급자족시대에 손과 발에 흙을 묻히지 않고 살던 선비들의 이상적인 자세였다.

성리학은 물질에 대해서도 엄격했다. 선비가 물질에 눈독을 들이면 그것은 올 곧은 선비가 될 수 없었다. 여기서 성리학은 선비와 물질과의 관계를 설정했다.

물질을 보는 기본은 견리사의見利思義라 하여 이익, 물질, 금전 등을 보거든 의義를 생각하라. 넓은 의미에서 사회규범 원리로 작용하였으나, 여기서 의義는 충忠, 효孝가 아니라 옳음을 의미하는 것으로 파악될 수 있다. 이利와 의義가 조화 되는 상태에서 벗어나서는 안 된다는 윤리 표시이다. 인간의 삶속에 물질은 필요충분조건이었다.

세월이 흐르자 선비정신은 마음은 곧고 행동은 바르다 함이 내외가 같이 대나무와 같은 성격으로 변질되면서

(1) 너무 융통성이 없고

(2) 뜻만 키웠지, 속 빈 강정과 같았다.

양반 중심의 체제에서 선비들은 모든 백성들의 삶에서 파생되는 다양한 문제를 의義라는 시각으로 보았기 때문이다. 그들은 오륜이란 기준에서 벗어난 행동은 불효이며 나쁜 이미지의 자식으로 낙인찍고 다음엔 상대하지 않았다. 그들은 대화가 아닌 묵비권을 행사하며 잘못된 행동을 질책했다.

또한 선비인 양반 자신들의 기득권은 노비들을 상품과 같이 취급하며 전혀 스스로 땀 흘려 일하지 않았다. 이들의 평소 생활상이었다. 이들의 최대 목표는 벼슬길에 나가 관리가 되어 자신의 이름을 역사 앞에 청백리로 기록됨을 최고의 가문의 영광으로 생각했다.

세월은 이들의 높은 뜻과 수양을 통해 이룬 학문을 변질시키며 파당을 이뤄 학연, 지연, 혈연 등으로 이어지게 된다. 이들에 벼슬길은 권력을 장악하는 일이었다. 이들은 정권을 잡기위해 극한투쟁도 불사하고 끊임없는 음모와 모략을 동원했다. 한 시대 임금의 외척으로 혹은 권력과 물질을 탐하는 탐관오리로 변질되어 백성을 탄압하고 수탈하였다.

현대에 와서도 물질적 풍요는 인간 삶의 전부를 의미할 정도다. 금전 만능시대에 살며 자신의 재능 또한 물질적 욕구의 충족 대상으로 활용하고 있다. 금전이 죽은 사람도 살리고 금전에 의해 목숨도 잃은 경우가 허다하다. 한편 물질적 풍요와 향락은 인권을 노예화시켜 스스로 인권을 짓밟는다.

이렇듯 사회의 모든 현상이 인권과 물질의 각기 다른 기본을 침범하며 생활하고 있다. 여기서 우리가 지켜야 할 것이 물질을 추구하되 인권을 위한 필요조건이다. 각 개인의 인격이 존중받으며 물질적 풍요를 추구할 때 이 사회 또한 이상적인 선진 사회라 말 할 수 있다.

오늘날 인권과 물질을 근본에 두고 성誠, 경敬에 의한 자세는 무엇을 의미하나?

명상, 묵상, 기도하는 모습보다 더욱 진지한 자세를 일컫는다. 최상의 목표는 고요함과 평온함에 있다. 고요함과 평온함의 공간은 무한히 넓어 모든 것을 포용하고 수용할 수 있고 자신을 되돌아 볼 수 있는 기회를 갖는 것이다.

또한 의義 자체가 옳은 행위[합리적이고 정당한 행위]로 옛날과 같은 곧은 행위가 아닌 기본, 원칙, 신뢰 등을 말하고 있다. 물질 또한 합리적이고 정당한 방법[행위]으로 이를 취득할 때 이를 의義로 보고 있는 것이다.

결과적으로 여기서 찾아야 할 답은 자신의 변화와 함께 인권 및 기본 [신뢰, 원칙]과 베풂에 있다. 이의 자세는 사회 지도층에 요구하는 것이며 일반 국민에게는 단지 긍정으로 답할 수 있겠다.

제1장

여명: 지는 해[망국의 길]와
떠오르는 해[고난의 길]

1. 조선, 농경시대, 성리학, 왕조 체제

　조선은 선비[양반]를 지배계급으로 하는 귀족사회였다.

　그들은 성리학을 이념으로 우주의 이치와 인간의 성정性情을 논하며 사회규범으로 삼강오륜을 제시하고 명분을 중히 여겼다. 선비[양반]들은 자기의 수양을 통해 인仁을 목표로 도덕정치를 꿈꾸며 스스로 군자라 호칭하였다. 반면 백성은 소인이었다. 위와 같은 도덕정치는 조선 초기 신선함을 주었고 동시에 그 세력이 왕성하였으며 이들을 사림士林이라 불렀다.

　중종 때 사림의 한 사람인 조광조에 의해 도덕정치를 꿈꿨으나 실패했다. 성리학은 약 150년을 넘어 퇴계와 율곡에 와서 이론적인 체계를 세우며 만개하였다.

　그러나 그들이 죽자, 성리학은 하강선을 그었고 학연, 지연, 혈연을 통해 분화되기 시작하였다.

　1575년[선조18년] 심의겸이 이조정랑에 김효원이 추천된 것을 반대했다. 심의겸을 편든 사림은 서인, 김효원을 편든 사림은 동인으로 나뉘었다.

　또다시 서인 정철의 죄를 논하면서 동인은 남인과 북인으로 갈렸다. 북인은 광해군을 옹립했다. 광해군은 영창대군을 죽이고 인목대비를 폐비로 몰아 서궁에 유폐시키자 인조반정이 일어났다. 서인이 정권을 잡게 되었다.

1636년 병자호란은 서인을 공신파와 사림파로 분리시켰고 사림파는 공신파를 공격하였다. 송시열이 등용되고 봉림대군이 왕위에 올라 효종이 되었다. 효종은 송시열의 도움을 받아 북벌을 준비하나 명분일 뿐 현실성이 없었다.

효종이 갑작스럽게 죽자, 시대가 바뀌면서 사림은 성리학을 통해 생활 규범을 제시하고 실생활에 적용하였다 현종 때 이르러 예송논쟁이 2번씩이나 일어났다. 이때 서인은 노론과 소론으로 갈렸다. 남인이 정권에 도전하면서 노론 대 남인, 소론으로 대립하였다.

숙종 때는 임금의 행동 여하에 따라 엎치락뒤치락하며 정권이 바뀌자, 많은 인재들이 권력 투쟁에 희생되었다. 1674년[숙종원년] 갑인환국 시기엔 남인이, 1680년[숙종6년] 경신환국 시기엔 서인이, 1689년[숙종15년] 기사환국 시기엔 남인이, 1694년[숙종20년] 갑술환국 시기엔 서인이 왕의 변심에 따라 권력에 기용된다.

숙종이 죽고 경종이 즉위하자, 1721-1722년 신임옥사를 통해 소론이 노론을 일망타진하였다. 앞에서 본 바와 같이 조선은 임진왜란과 병자호란을 거치면서 왕권은 나약해지고 양반[선비]들의 시대가 되자, 약 150년에 걸쳐 권력투쟁이 벌어졌다. 현실정치에 몸을 담으면서 그들의 도덕정치는 파벌과 규범에 얽매였다. 행동은 겉치레인 형식을 강조하며 경직되어 자유롭지 못하고 외곳으로 치우쳤다.

실제 양반들의 사회는

(1) 이념에 따른 명분은 속빈 강정이었다.

(2) 백성들이 일하지 않는 양반들을 먹여 살려야 한다는 것 자체가 애초부터 잘못되었다.

(3) 물질을 도외시한 정치는 허구에 불과했다.

그러나 명운이 걸려있었기에 처절했다. 한번 사화士禍에 많은 인재들이 목숨을 잃었다. 조선 정계의 인재 폭이 좁아졌다. 학파 또한 노론 대 남인, 소론으로 갈려 있었다.

무수리의 아들로 태어난 영조는 붕당정치의 폐해를 누구보다 실감했다. 그는 왕위에 오르자, 왕권을 강화하고 탕평책을 실시하여 붕당정치를 완화시켰다. 또한 산업진흥과 백성의 생활 안정을 위해 균역법을 시행하고 개혁을 실시했다.

정조 또한 규장각을 설치하고 문예부흥을 일으켜 개혁 정책을 실시하였다.

영, 정조 시대는 세종 이후 약 300년 만에 조선의 중흥을 위해 노력하였다. 실학이 융성했던 시기였다.

실학의 선구자는 1614년『지봉유설』을 쓴 이수광을 지목하였다.

1608년 김육의 건의에 의해 대동법이 실시되고 100년에 걸쳐 1708년 전국에 확대되었다.

실학은 그동안 정쟁에서 밀려나 있던 남인계 학자들에 의해 연구되고 개발되었다. 이들 실학자들에게는 4기류가 있었다.

(1) 전통적으로 국학을 연구하는 실학자들로 성호 이익 계열의 안정복, 유득공, 신후담 등 역사 연구가들이다. 유득공은 발해사를 우리 역사에 편입시켰다. 지리학으론 이중환과 김정호 등과 김정희의 실사구시를 들 수 있다.

(2) 중농학파로 토지제도 개혁에 의한 농업 정책으로 이익, 유형원, 정약용 등을 들 수 있다. 이들은 농사를 짓는 농민들을 위한 토지개혁을 추구하였다.

(3) 중상학파로 상공업의 진흥과 무역을 통해 현실적으로 백성들의 번영

을 원했다. 조선에 앞서있던 청의 문물을 받아들여 생산력을 높이고 상품유통의 원활을 꾀했다.

(4) 선진문물 이외 윤리와 종교도 수용하여 조선의 근본적인 개혁을 원했다. 남인 계열의 성호학파로 정약용, 이가환, 이승훈, 권철신 등을 들 수 있다.

조선의 경제정책에는 전정田政, 군정軍政 및 환곡 등 삼정이 있었다.

전정田政; 토지에 부과하는 각종 조세(삼수미, 대동미, 전세) 및 부세.

군정軍政; 군역[육체적 노역]과 군역세(노역세)

환곡還穀; 춘궁기 농민에게 빌려주는 진휼미를 의미하였다.

삼정은 임진왜란과 병자호란을 거치며 대동법 이외엔 큰 변화가 없었다. 영, 정조 때 균역법을 실시하여 군역세를 1필로 정했다. 세도정치 기간 동안 왕은 어리고 어리석어 소수 벌열 가문이 집권하였다. 그러나 그들 집권 자체가 타락과 부패의 온상이 되자 삼정이 변질되기 시작했다.

수령, 아전, 서리, 토호들이 중간에서 착취한 후 모자라는 부분은 농민에게 전가했다. 비리와 부정이 쌓이고 쌓였다.

1801년 신유박해는 조선에 천주교의 도입을 알렸다. 1811년 평안도 민중봉기 후 척족세력의 입맛에 따른 박해가 잇따랐고 1831년 천주교의 조선교구 설치와 1839년 기해박해는 천주교의 정착을 의미하였다. 이는 천주교를 통해 "하느님 아래 모든 인간은 평등하다." 는 의식을 조선 민중에게 심어주게 되었다.

그 후 약 20년 동안 천주교 신앙에 의해 꾸준히 진행되어온 하느님 아래 모든 인간의 평등사상은 1860년 동학의 창건과 영, 불 연합국에 의해 청의 북경이 함락되자 전국적으로 휘몰아쳤다. 1862년 전국적 임술 민중봉기가 일어났고, 1869-1871년 광양만과 영해 민중봉기가 있었다. 1882년 임오 군민봉기는 민 씨 정권을 무너뜨렸다. 1884년 젊은 사대부들에 의한 갑신정변을 거쳐 1894년 동학민중혁명은 조선을 몰락시켰다.

2. 공노비 혁파

조선은 성리학을 지배이념으로 하는 양반 사회로 지배계급과 피지배계급으로 나뉘었다. 이들 지배계급은 수신과 치국을 전제로 농경사회에서 피지배계급을 다스리고 교화하는데 그 목적을 가지고 있었다. 이와 같은 지배계급과 피지배계급의 관계는 엄격한 신분 관계로 나타났다. 사士, 농農, 공工, 상商으로 분리할 수 있으며 이들 이외 천민으로 노비가 존재했다.

노비는 삼국시대 전쟁에 의해 포로로 잡혀 해당국가에 예속되었고 인간이 아닌 상품과 같은 존재로 살아가는 사람을 의미하였다.

고려시대에는 전쟁 포로와 죄지은 자들을 모두 포함하여 노비로 만들었으나 조선시대에는 대체로 죄지은 자들로 구성되었다. 조선시대 또한 지배계층[양반, 사대부]은 자신들의 존재를 확인하는 수단으로 노비를 활용하여 농사를 지으며 손과 발에 흙을 묻히지 않고 자급자족할 수 있었다.

이 같은 기득권을 위해 인신매매법인 노비세전법奴婢世傳法을 적용하였다. 노비들의 자식들은 자자손손 노비가 되게끔 신분법을 작성하여 성종 때 경국대전經國大典을 제정하였다.

조선시대 노비는 소유권이 국가기관이냐, 개인이냐 하는 소속에 따라 공노비와 사노비로 나누워졌다. 사노비는 양반사대부의 집에 머물며 잡역에 종사하는 가내노비[솔거노비]와 독자적인 가정을 영위하며 노동력을 받치는 외거노비[농노] 등으로 나눌 수 있다. 이에 비해 공노비는 각 궁궐과 중앙 관청 및 읍, 면, 역등 기관에 소속되어 있었다. 위에 소속된 공노비는 거경노비와 외거노비로 나누어지며 외거노비는 선상노비와 납공노비로 구분되었다.

선상노비는 관청에 노동력을 제공하는 대신 납공노비는 현물을 납부하는 제도였다.

조선시대 후기 선상노비에 많은 문제점이 노출되며 폐단이 많아지자 대부분이 납공노비로 예속되었다. 조선시대 노비들이 관청에 바치는 현물을 보면 남자 종은 면포 1필과 저화 20장, 여자종인 경우 면포 1필과 저화 10장을 바치도록 되어 있다. 저화 20장은 면포 1필에 해당되었다. 이로써 남자종은 일 년에 면포 2필, 여자종은 면포 1필 반을 받쳤다.

위와 같은 노비는 각 소속 관청에 노동력이나 현물을 받쳤고 국가 방위에 대한 의무는 양인[농민]들에게만 해당되었다.

조선사회가 충忠과 효孝를 지배이념으로 했듯이 양반 사대부들도 군신과 부자관계를 엄히 구분하고, 이러한 의식은 노비와의 관계에서도 주종관계를 형성하였다. 어떠한 경우라도 주인에게 복종하게끔 노비들의 행위에 엄격한 규율을 제정하여 사회 질서를 유지하는데 이용했다.

그러나 임진왜란[1592, 선조 25]과 병자호란 [1636, 인조 14]을 거치면서 국토방위를 위해 외적과 싸우는데 양반 및 평민뿐 아니라 노비들도 필요했다. 양반과 평민은 의병으로, 노비들은 속오군을 편성하여 전공을 세우면 신분 상승의 기회가 주어졌다. 그들 중엔 면천되어 양인이 되는 경우가 많았다.

한편 전쟁으로 전국에 많은 농지가 황폐화되었다. 국가의 재정확충이 시급했다. 국가에 양곡을 받치면 면천이 될 수 있는 납속이 실시되었다.

1667년[현종8] 5월 현종은 노비들의 노역에 대한 대가로 받는 현물이 과중하다는 여론이 많았다. 노비가 받치는 면포를 각각 반씩 감해 남자노비는 1필 반을 여자노비는 1필로 정하였다.

이로 인해 노비들의 사회적 지위가 향상되자, 양인들의 노비에 대한 인식이 달라졌다. 혼인 관계가 이루어지고 사대부들 또한 노비관계 등 사회적 신분 관계에 많은 변화를 가져오며 노비종모법이 실시되었다.

현종 때는 농토가 황폐한 가운데 천재지변에 의한 지진과 기근 및 홍수가 심했다. 1670년 8월에는 백성들의 진휼을 위해 납속을 실시하게 되었다. 재정적인 부(富)를 지녔던 노비들은 또다시 신분상의 면천을 받게 되었다.

이로서 엄격한 신분 사회였던 조선의 사회 제도가 물질에 의해 약화되며 퇴색화되어갔다.

숙종 때는 환국으로 인해 서인과 남인 사이에 노비종모법에 대해 상반된 입장을 견지하며 정권이 교체할 때마다 노비종모법은 바뀌었다.

서인 집권 때에는 노비종모법을 시행한 반면 남인이 집권했을 경우 노비종모법이 강화되었다. 영조 때에 들어와 노비 정책에 변화를 가져왔다. 영조는 자신이 무수리의 아들로 서얼에 대해서는 관대했다. 그들을 벼슬에 임명하는 한편 노비 문제도 진전된 자세를 보였다. 1731년[영조7년] 1월부터 노비종모법을 시행하여 어머니의 역에 따라 양인이 되게 하였다.

1750년[영조26년] 균역법을 실시했다. 평소 평민[농민] 등이 군역 즉 병역 의무로 국가에 노동력대신 바치던 면포 2필[면포 1필=무명 옷감 12미터]이 과중하다는 여론이 숙종 때부터 있었다. 이때 평민이 국가에 바치던 면포 2필을 반감시켜 면포 1필로 과세하기 시작했다. 평민[농민]의 세 부담을 줄여주었다.

1755년[영조31년]에는 노비들이 국가에 바치는 면포를 반 필씩 감해주기에 이르렀다. 이로써 남자종은 면포 1필을 여자종은 반 필을 바치게끔 되었다.

1774년[영조50년] 영조는 윤음을 발표하여 여자종이 받치는 면포 반 필을 혁파해 버리고 남자종에게만 면포 한필을 부과하였다.

이로써 1750년 균역법 실시 이후 군역대신 일반 평민[농민]에게 부과하던 양역세[면포 1필]와 국가에서 남자종에게 부과하던 세가 같아졌다. 사회적으로 평민과 같이 생활하는데 불편이 없게 되었다. 정조 때에는 정치적 안정 위에 민생에 역점을 두고 문화를 발전시켰다. 신분상 많은 제약을 받았던 서얼과 공노비들에게도 자신의 능력을 발휘할 기회를 갖게 되었다. 이 시기 사회적으로 양반 계층의 벼슬에 대한 선호도가 높아 일하지 않는 자가 많았다. 반면 중인 이하 평민들은 토지의 개량과 수공업, 광업 등에 종사하며 재산을 축적하였다. 일부 몰락해가는 양반계층과 경제적 차이를 벌리며 조선의 엄격했던 신분제가 와해되어 가고 있었다.

정치적으로 노론 벽파는 이름뿐인 공노비의 혁파를 남인 시파는 공노비의 존속을 주장하였다.

여기서 주목할 문제가 있다.

남인들의 정책이다. 현종 때 남인은 백성들의 진휼을 명목으로, 납속을 통해 공노비의 면천을 주장하였다. 반면 숙종 때 서인의 노비종모법에 반대해 양인 여자의 소생이라도 다시 천민이 되는 정책을 정권이 바뀔 때마다 추진했다. 영, 정조 시대 서인 노론 벽파는 공노비 혁파를 주장한 반면 남인은 존속을 계속 주장하고 있다.

영, 정조 시대 탕평책으로 정치적 안정을 찾은 가운데 실학자들에 의해 다양한 정책들이 제시되었다. 농업, 수공업, 광업 등 사회 전반에 걸쳐 활발한 경제 활동이 이루어졌다. 정치에 참여한 남인들이 신분제도에 미련을 갖고 시대에 뒤떨어진 주장을 하고 있었다. 결국 서인에 의해 핍박을 받는 결과를 가져왔다. 그러나 일부 남인들은 정권에서 멀어지면서 시대를 앞서가는 변화에 앞장섰다.

1801년[순조1년] 순조의 윤음에 의한 공노비 혁파는 신분상 귀하고 천함과 높고 낮음이 없어져 노비에게 신분 상승의 기회도 주어졌다. 그러나 공노비의 혁파는 균역법에 따라 평민과 조세 부담에 차이가 없었다. 군역을 위해서도 그들이 양인이 되는 것이 국가에 절대 필요했다. 사노비는 양반

사대부들의 재산이었다. 양반들은 그들의 노역을 통해 밭에 흙을 묻히지 않았다. 조선의 개혁을 위해 거칠게 몰아친 대원군도 사노비엔 일절 말이 없었다. 시대마다 선각자들에 의해 인간의 평등은 지배계급과 100여 년 걸친 처절한 투쟁을 통해 이루어짐을 볼 수 있다.

3. 천주교의 전래와 박해

영, 정조 시기에는 조선 중기 문예부흥 시대로 백성들의 생활에 괄목할 만한 변화를 가져왔다. 사회 문화 전반에 활력이 넘쳤다. 서양의 학문 또한 청국에 사신으로 간 인사들에 의해 국내에 들어왔다. 국내 남인에 속하는 소장학자들은 북경을 통해 들어온 서적들을 보고 서양의 발달된 문물에 흥미를 갖게 되었다. 1777년 겨울 소장파 학자 권철신, 정약전과 몇몇 학자들은 조용하고 한적한 장소로 경기도 천진암을 찾았다. 서양 학문에 대해 좀 더 깊이 연구하기 위해 토론을 시작할 즈음, 이곳에 느닷없이 이벽이라는 청년이 밤늦게 헐레벌떡 찾아왔다. 이벽은 당시 무관의 아들로 태어나 8척의 키에 힘이 장사였다. 무술을 연마하여 무관으로 출세하기를 부모는 원했다. 그러나 끝내 고집을 부려 거부하면서, 아버지로부터 고집스럽다는 의미로 벽이라는 별명이 주어졌다.

여기서 이들은 청국으로부터 들어온 한문으로 쓰여 진 서양의 인문서적 중 철학, 수학, 종교에 관한 서적을 읽고 약 10여 일간 숙식을 하며 토론하였다. 그중 종교 서적을 탐독하며 하느님의 존재와 섭리에 따른 천지창조와 영혼의 불변성, 하느님에 의한 선과 악 등을 검토했다. 검토 후 자신들이 겪고 있는 현실과 비교했다.

1783년 이벽은 그의 친구 이승훈의 아버지가 서장관으로 북경에 가게 되었다. 그는 이승훈에게 북경에 가면 천주당을 찾아 서양인 학자에게 천주신앙에 대해 깊이 알아보고 가능하면 절차도 상세히 묻고 서적도 가져올 것을 부탁했다. 이승훈은 1783년 북경에 도착하자 천주교당을 찾아 교리를 배우고 세례를 받았다.

이벽은 이승훈이 가져온 천주교 서적을 읽고 정약전, 양용 형제에게 복음을 전했다. 이때 이가환은 이벽과 3일 동안 천주교에 관해 논쟁을 벌이지만 입교하지는 않았다. 그러나 이벽은 권철신과 권일신에게 찾아가 천주교를 전파한 후 그들을 입교시켰다.

훗날 경기도 양평 고을이 천주교의 요람이 될 정도였다. 여기서 북경 교당에서 세례를 받고 온 이승훈이 이벽과 권일신에게 성사를 주었다. 이로서 이들 3인이 천주교의 주역이 되어 천주교를 개척하게 된다. 또한 권일신은 자기의 제자 이존창에게 세례를 주었다. 그는 천주교인이 된 다음 자기의 고향인 충청도 내포평야 접경에 있는 천안군 여사울에 가서 천주교를 전파하였다.

권일신은 유항검을 입교시켰다. 그는 전주고을 초남에 사는 사람이었다. 같은 시기 전라도 진산에 사는 윤지충도 김범우를 통해 천주교인이 되었다.

세월이 흐르면서 유교는 조선사회에 많은 사회적 모순과 병폐를 가져왔다. 이런 시기에 천주교가 도입되자 민중 사이에 널리 퍼지기 시작했다. 이승훈, 권일신, 정약전, 약용형제는 천주당의 조직에 대한 필요성을 절감하며 자신들 스스로 직책을 만들었다.

권일신이 주교로 임명되고 나머지 교인은 신부가 되어 자신의 임지로가 설교와 세례를 주고 고해성사와 견지성사를 주었다. 이런 행위는 천주교 자체가 조선인 스스로 선택하였기에 가능하였다. 이로 인해 많은 교인들이 참여하여 큰 성과를 얻을 수 있었다.

그러나 이 같은 행위가 1789년 교리에 어긋남을 천주교 서적을 탐구하면서 알게 되었다. 이에 북경 주교에 문의한 후 한양에 신부를 보내줄 것을 간절히 요청하였다. 이 시기 천주교인 중 뛰어난 사람이 한사람 있었다. 정약용의 형 정약종이었다. 그는 처음부터 천주교에 참여하지 않았다. 스스로 생각하고 연구하였다.

천주교가 시대의 사회적 폐단을 변혁시킬 수 있는 종교가 될 수 있는가를 주의 깊게 관찰하고, 4, 5년 뒤 남인 계열의 학자들과 합류하였다. 그가 천주교인이 되자, 그의 곧은 성격과 학문에 대한 열정은 조선 천주교인들을 위해 보다 쉽게 배울 수 있는『주교요지』와『성교전서』라는 천주교 책자 2권을 한글로 번역하여 저술하였다.

그로 인해 천주교는 조선에서 박해를 받으면서도 굳세게 들풀과 같이 엎어졌다가는 살아나는 역할을 담당하게 된다. 그의 아들 정하상에 이르러 천주교는 조선 교구를 설치하는 영광을 얻으며 정착하게 되었다.

"『주요교지』내용"은 천주교에 대해 비유법을 들어 조선 백성들에게 쉽게 접할 수 있게 조선말로 저술하였다. 시대의 흐름에 주체성을 갖고 참여하고 있다. 주교요지는 상하 두 편으로 되어 있고 모두 43과로 이루어 졌다. 상편 1-14과는 천주의 존재와 천지창조에 대해 설명하고 있으며 15-27과까지는 지금까지 조선사회에서 이루어 졌던 민속 신앙 및 불교 등에 대한 관습을 비판하고, 28과 이후는 천주교의 천당과 지옥에 대해 적고 있다. 하편 33-43과에서는 성서에 쓰여 진 내용을 간략하게 정리하였다.

1791년 전라도 진산에 사는 윤지충은 김범우를 통해 세례를 받았다. 윤지충은 정약전과는 사촌 간이었다. 그는 세례를 받고『천주실의』를 통해 그 믿음이 신실해져 교리에 따라 생활하기 시작했다. 그러던 중 어머니가 돌아가셨는데 나라의 풍속에 따라 제사는 지내지 않고 신주단지를 불 살러 버렸다.

이를 본 주위 사람들에 의해 소문이 퍼지면서 윤지충과 그의 사촌 권상연은 관아에 체포된 후 신문을 받기 시작했다. 그는 교리에 따라 나무로 만든 신주에 절하고 제사지내는 행위를 할 수 없다고 하였다. 그의 말은 당시 사회에 큰 파장을 일으켜 이들을 참수하라는 여론이 빗발치나 정조는 사뭇 망설였다. 이들을 풍속에 따라 죽일 경우 새 종교를 믿는 사람을 계속 죽이게 되는 악순환을 경계하였다. 그러나 여론에 밀려 참형에 처하면서 모든 읍내와 촌락에 이들의 죽음을 알렸다.

이는 결국 새로운 종교인 천주교의 실체와 복음 전파를 사회에 알리는 계기가 되었다. 이를 신해박해라 하였다. 암흑과 같은 조선에서 천주교는 자생적으로 일어났다. 이들의 신앙행위를 청취한 북경 주재 천주교 주교는 조선에 신부를 보낼 것을 결정하였다.

그리고 1795년 중국인 주문모신부를 조선에 입국시켰다. 주문모 신부의 입국은 조선 천주교인에게는 영광이었다. 조선 조정의 감시가 심하여 매우 조심스럽게 자신의 모습도 변장하며 관헌의 눈을 피했다. 그가 한양에 와서 몇 년 동안 활동하는 데는 열성적인 천주교인 강완숙 신자가 있었다.

그녀는 자신의 불행한 처지를 신앙을 통해 극복하려 했다. 그녀는 천주님에 대한 신실한 믿음을 갖고 하느님의 사랑이 늘 충만함을 몸소 체험하였다. 이의 실천으로 조선 교인들이 학수고대했던 주문모 신부의 활동을 보좌하는 것을 자신의 사명으로 생각한 듯하였다.

그녀의 신부를 위한 노력은 자신의 목숨을 내걸고 보호할 정도로 철저했다. 그를 자신의 집 장작 광속에 몇 달간 숨기며 가족도 모르게 숙식을 제공했다. 신부 또한 매우 조심스럽게 행동하며 교리를 전파하고 신심을 북돋아 주었다.

주문모 신부는 그녀에게 성세를 주고 여자를 가르치는 여회장의 직책을 맡겼다. 강완숙 교인은 교인들에게 열성적이었다. 감옥에 잡혀간 교인들을 위해 면회를 다니며 삶의 의욕을 북돋았다. 주문모 신부는 교리를 전파하면서 모범적인 생활을 통해 성직을 수행하였다. 그는 쉬운 용어로 책자를 저술하여 낡은 폐습을 버리고 신앙에 충실할 것을 권했다.

이의 실천으로 명도회를 천주교 교리를 가르치는 모임으로 만들었다. 정약종은 이 명도회 회장으로 임명됐다. 또한 그는 장소와 집회를 주관하는 지도자를 임명하고 남녀가 떨어져 참석하도록 절도 있게 조정하였다. 조선 천주교의 발전은 매우 진전되었다. 여기의 주인공은 주문모 신부와 강완숙 신자의 열성적인 노력의 결과였다.

주신부가 오기 전에는 조선의 천주교인이 약 4,000명이었으나 몇 년 후 그 숫자는 1만 명에 이르렀다. 주문모 신부는 조심스러웠다. 정약종, 홍익만이 지방을 왕래하며 천주교인들만 접촉하였다. 또한 왕의 서제 이인의 아내와 그의 며느리를 위로하는 뜻에서 강완숙 신자는 위험을 무릅쓰고 주문모신부와 접촉하여 그들에게 성사를 받게 하였다. 그 후 그들은 명도회에 입교했다. 그들은 신부를 집에 모셔 들이는 것이 기뻤다.

주문모 신부는 자기를 인도하여 데려온 여주고을 윤유일, 전라도 전주에 사는 유항검의 집에도 얼마간 머물렀다. 고산, 염포, 공주, 온양 등 고을과 내포에도 갔었다는 것도 알려져 있다. 예산, 금정, 충주, 청양, 청주, 공주 등도 다녔다. 이 당시 천주교인들의 의식은 천주교는 모든 사람을 위해 만들어진 것이라고 생각했다.

천지를 창조한 것은 하느님으로 창조 후 하느님 아래 부부와 가족이 있고 임금과 신하가 있게 되었다. 공자, 맹자, 부처 및 임금과 신하도 천지창조 후에 태어났다. 천주는 하늘과 땅의 참 임금이시고 만물을 주재하고 보존하는 분이며 부모에 대한 효도와 임금에 대한 충성의 참 근원이었다. 십계의 4계에 적혀있다. 반면 지방의 수령들은 임금을 섬기지 않고 부모도 공경치 않아 인륜을 어겼다고 보았다.

정조가 갑자기 죽자, 1801년[순조1] 정순왕후 김 씨의 수렴청정이 시작되었다. 그녀는 노론 벽파의 권력 장악을 위해 남인 시파들이 많이 참여하고 있는 천주교에 대해 탄압을 주도했으며 이를 신유박해라 한다.

1월 1일 새 윤음을 발표했다. 일체의 근본을 배척하여 부모도 국왕도 모르고 금수와 같은 행동을 하니, 강물에 뛰어드는 어린이와 같다. 이들에게 인륜의 길을 가르칠 것이며 듣지 아니하는 자는 오가작통법을 시행하여 사학邪學을 뿌리 뽑으라고 지시했다. 이에 남인의 대표적 학자인 이가환, 정약종, 이승훈, 홍낙민, 권철신, 정약전 등이 체포되면서 남인은 정계에서 퇴출되었다.

그러나 이들 중 정약종은 『주교요지』라는 천주교 서적을 조선말로 저술하여 글을 모르는 사람에게 도움을 주었고 『성교전서』라는 책의 저술에도 종사하였다

그의 이러한 노력은 민중 즉 남녀노소 불문하고 글을 깨우치면서 신앙을 통해 평등사상을 습득하기 시작했다.

이로써 피지배계급이었던 민중이 지배계급과 대등한 위치에 서게 되었다.

천주교인들에 대한 박해는 전국적으로 이루어져 여주고을에서, 충청도 내포지방의 홍주에서, 경주고을에서 순교자들이 나타났다. 주문모 신부는 천주교인에 대한 전국적 박해가 자기로 인해 더욱 심하게 됐다고 생각하였다. 중국으로 돌아가기 위해 의주까지 갔다 다시 서울로 돌아와 의금부에 자수하였다.

그러나 조정에서는 용서란 없었다. 주문모 신부와 천주교인 및 이에 관련된 왕족까지도 죽임을 받았다. 위와 같은 천주교인들에 대한 대대적인 숙청 속에서도 강완숙 신자는 옥안에서 열렬히 활동하였다. 옥에 갇혀 있는 동료들과 함께 옥안을 기도의 처소로 바꾸어 놓았다. 그 외 황해도 평산, 김제 등에서도 순교자가 나타났으며 그 후 황사영의 금서사건이 일어났다. 약 1년 만에 박해는 끝났다. 순교자가 100명이 넘었고 귀양 간 자가 400명이 됐다.

1815년 대구와 원주에서 순교자가 나타났다. 청송에서 경주, 안동 등에

도 을해박해가 있었으니, 이때 강원도와 경상도에도 뿌리가 내려졌다.

1827년 정해박해 때는 무주, 익산, 고산에서 순교자가 나타났다.

이때는 기근도 심하고 사찰도 심해 지방 깊숙한 곳으로 숨어들어갔다. 끈질긴 신앙에 대한 생명력은 이어지고 정하상과, 유진길의 계속적인 북경 왕래를 통해 1831년 조선 교구가 설치되었다.

『한국 천주 교회사』, 2000년, 안응렬 · 최석우 옮김.

4. 지배계급의 탐학과 부패

정조의 갑작스런 죽음으로 11살의 순조가 왕위를 계승하였다. 대왕대비 [영조계비] 정순왕후 김 씨가 수렴청정을 하게 되었다. 그녀는 영조가 66세 때 15살의 나이로 시집왔다. 이는 조선시대 유교문화의 모순을 극명하게 반영한 일이었다.

그녀의 일은 영조를 대신해 권력을 장악하는 일이었다. 영조 말년 장헌세자가 대리 청정을 했다. 그는 노론 세력을 견제하기 위해 소론을 지지했다. 장헌세자가 소론을 지지했고 노론은 불안과 위협을 느꼈다. 정순왕후를 통해 음해와 참소를 하기 시작했다. 이로 인해 세자가 뒤주 속에서 죽었다. 이 사건을 임오화변이라 하였다.

정조는 즉위 후 아버지 사도세자의 일을 처리했다. 이때 노론 벽파의 중심인물인 정순왕후에겐 죄를 묻지 않고 살려줬다.

정조가 죽자, 그녀는 그동안 참고 기다렸다는 듯이 권력의 화신으로 변했다. 우선 권력이 벽파 중심으로 변했다.

남인은 평소 실학과 천주교에 관심을 가졌다. 그들을 척사 차원에서 사학邪學으로 지정하고 탄압하기 시작했다. 전국적으로 천주교인을 색출하기 위해 오가작통법을 시행했다. 다섯 집 가운데 한 집이라도 천주교인이 나오면

네 집도 죄를 받았다.

약 1년 동안 정치계는 남인의 씨를 말렸다. 전국적으로 천주교인에 대해 이 잡듯 탄압과 처형을 반복하며 박해를 가했다.

이때 정조의 이복동생 은언군의 부인 송 씨와 며느리 신 씨도 처형됐다. 정순왕후는 사학邪學이란 이름으로 남인 시파를 무자비하게 탄압하고 정당성을 부여했다. 그러나 이 시기 전국적으로 창덕궁의 선정전 등 각처에서 대형 화재가 발생했다.

수백 년 내려온 궁궐 등이 불에 타면서 민심이 동요했다.

그녀는 이를 우연으로 보지 않고 자신의 치세와 관련지었다.

자신에게 쏟아지는 비난을 모면하려 한발 물러섰다.

수렴청정을 거둔다는 하교를 내렸다. 이때 순조의 국구가 된 김조순은 풍양 조 씨, 조만득과 반남 박 씨 박종경의 도움을 얻어 정순왕후를 내치고 권력을 장악했다.

1년 후 정순왕후가 죽자 노론 벽파와 함께 그녀의 친, 인척 모두 권력에서 쫓겨나 죽임을 당하고 한 시대를 마감했다. 순조는 어리고 병약했다. 김조순은 거칠게 없었다. 정순왕후가 정적인 남인을 천주교인으로 몰아 처형했으니 고마웠다.

이를 기회로 소수 문벌 가문인 외척 안동 김 씨와 풍양 조 씨, 반남 박 씨 등이 권력을 잡고 왕권을 농락했다. 이들에 의한 세도정치는 역사에 암흑기를 만들었다. 이 시기 천주교인을 탄압하고 처형했다. 이들은 공포정치를 통해 민중을 착취했다. 기울어가는 고목이 떠오르는 민중을 짓밟으니 당시는 물론 훗날 약 60여 년간 민중의 고통과 고난은 형용할 수 없었다. 이들 소수 벌열가문의 죄악은 역사가 기억할 것이다.

순조의 장인으로 국구가 된 외척 김조순은 왕의 주위에 자기 세력으로 철옹성을 쌓았다.

조정의 관직 3정승 6판서 가운데 김조순 국구, 우의정 [김달순], 이조판서 [김문순], 형조판서[김의순], 병조판서[김이익], 예조판서[김이도], 이조참의 [김명순]등 김 씨 일족을 요직에 앉혔다. 어리고 유약한 왕을 허수아비로 만들고 권력을 장악했다. 국사에 대한 정책 결정은 어전회의가 아니었다. 외척 일족과 이들에 협조한 몇몇 가문이 권력을 장악하고 있는 비변사였다. 비변사는 중앙과 지방의 중요관직인 행정과 국방의 인사권을 장악하고 권력의 핵심기구로 역할을 했다.

순조가 성년이 되었지만 왕의 권한을 행사할 수 없었다.

이들은 신하된 자로 왕의 보필에 관심이 없었다.

안동 김 씨 김조순은

(1) 조정의 관직 3정승 6판서에 자기 가문의 인물 6명을 임했다.

(2) 모든 국가 정책을 이들의 모임인 비변사에서 결정했다.

(3) 이들은 재물을 싸들고 오는 신향 및 토호들을 지방 말단 조직까지 앉혀 백성들을 감시했다.

(4) 조선의 주인인 왕은 궁에 갇혀있고, 안동 김 씨, 객[손님]이 하는 일을 보고만 있어야 했다.

(5) 더구나 평안도의 민중봉기는 이들 비변사 모임을 더욱 견고하게 만들었다.

(6) 이는 왕은 물론이고 조선 자체를 무시한 외척들의 왕조와 같았다.

순조27년 세자[익종]으로 하여금 대리청정을 시켰다.

외척 안동 김 씨를 견제할 목적으로 풍양 조 씨 조만영의 딸로 세자 비를 정했다. 세자는 대리 청정 4년 만에 죽고 순조가 친정에 임했다. 순조가 재위 34년 만에 죽으니 익종의 아들 헌종이 왕위에 올랐다.

헌종 즉위 5년 후 1839년 조인영[조만영의 동생]과 조병현은 이조와 형조 판서가 되었다.

성격이 잔인한 조인영과 탐욕스러운 조병현은 안동 김 씨와 권력투쟁을 벌였다. 그 빌미로 1839년 위정척사를 내세워 천주교를 탄압했다. 약 3년간 전국적으로 잡혀와 배교치 않는 자를 모두 처형했다. 그 수가 수천 명이나 되었다. 또 한 번 천주교인은 이 땅에 죽음으로 평등과 자유라는 씨를 뿌리고 있었다.

이를 기해박해라 하였다. 조 씨 일가는 안동 김 씨 세력을 따돌리고 정권을 잡았다. 풍양 조 씨, 조인영과 조병현은 잔인하고 비열했다.

권력의 탐욕은 천주교인 수천 명을 처형하고 왕의 처소를 염탐한 후 왕을 무력하게 만들었다.

당시 천주교 최양업 신부의 편지를 보면 헌종에 대해 평하고 있다. 임금은 방자한 욕정에 빠져 자기의 이기적인 기분밖엔 몰랐다. 그가 할 수 있는 일이란 놀이와 방탕밖엔 없었다.

허황된 낭비로 국고를 탕진하고 관직과 공직을 팔고 측근에 지극히 비열한 무뢰한을 두었다. 아주 가벼운 비난의 말이나 겸손한 간언도 귀양이나 사약, 교수형 등으로 벌하였다고 적고 있다. [한국 천주교회사]

헌종이 재위 15년 만에 죽고 자식이 없었다.

1850년 대왕대비 순원왕후 김 씨[순조의 비]는 영조의 자손으로 강화도에 살고 있는 전계군의 셋째아들 덕완군에게 왕위를 계승시켰다. 이가 제25대 철종이며 나이는 19세였다. 순원왕후[순조의 비]는 자신의 친척인 김문근의 딸로 철종의 비를 삼았다. 이로 인해 풍양 조 씨 세력은 완전히 몰락하였다. 조병현은 철종 즉위 후 안동 김 씨들에 의해 임자도로 유배되었다가 끝내 죽임을 당했다. 조정은 안동 김 씨 세력의 독무대가 됐다.

이들의 정계세력을 보면

국구[김문근], 영의정[김좌근, 김재근] 이조판서[김수근], 승지[김병필], 좌찬성[김병익], 대제학[김병학], 훈련대장[김병국], 승지[남병철], 김조순 외손 등이지만 그 외에도 다수가 정계에 포진하였다. 김 씨들의 권세는 하늘을 찌를 듯 그들로부터 시작됐다. 누구 한사람 견제할 세력이 없으니 마음껏 권세를 누리고 탐욕을 즐겼다.

외척 안동 김 씨 세력은 수십 년 권력을 누리면서 한 가지 배운 것이 있었다. 임금이 똑똑하면 안 되었다. 그들에겐 국가도 백성도 없었다. 조선이란 국가를 이용하여 자기 배만 채우면 됐다.

철종에 대한 당시 신부님의 편지를 보자.

강화도 산골 나무꾼으로 철부지를 데려왔으니 권위가 없는 것은 당연하였다. 대신들의 불화는 임금의 권위도 어쩔 수 없었다. 서로 함정을 파고 임금을 해치려는 배신적인 음모를 꾸몄다. 조선의 법이 이런 죄악을 다스릴 능력이 없었다.

백성들은 말할 수 없이 불행했다. 온갖 가렴주구에 짓눌려 있으며 관리들과 원님, 양반들도 누구의 사정도 보지 않았다. [한국 천주 교회사]

철종 또한 정사를 보면서 놀라운 무능을 보였다. 선왕보다 낭비와 방탕이 심했다. 정계 권신인 음모재[안동 김 씨]들은 공공 수입을 뻔뻔스럽게 횡령하고 끊임없는 증세로 그들의 배를 채웠다. 찍어 눌리고 파산을 한 일반 민중은 군주를 강도나 거머리로 밖에 보지 않고 바로 이 시기에 일어나리라고 이 나라 『정감록』이 예고한 변화를 원했다. [다블뤼 신부의 전갈 서한, 한국 천주교회사]

안동 김 씨 일족은 철없는 억지 임금[철종]을 앉혀 놓았다. 허수아비 같은 존재였다. 뇌물만 가져오면 가격에 따라 자리를 팔아 치웠다. 집 주위가 뇌물 짐으로 끈이지 않았다.

시대가 바뀌어 1860년경 국제 정세가 조선을 덮치려하고 1862년 전국적인 임술 민중봉기가 일어났다. 이제야 그들은 떨기 시작했다. 겁도 먹었다. 대원군은 이들에게 재물만 뺏고 살려줬다. 그러나 겁을 먹을 일이 또 있다.

역사였다.

살아 못된 행동에 대한 보상은 즐겁겠지만 그들의 탐욕이 조선 멸망의 단초를 제공하였다.

근대사의 중요한 시기였다. 이들의 약 63년에 걸친 역사의 노략질은 후손들에 영향을 줘 고통과 고난의 모진 삶을 살아야했다. 역사는 이들을 준엄하게 심판하고 있다.

이들의 삶이 어찌 역사의 주역이 될 수 있겠는가.

63년간의 암흑시기, 이 사회는 타락과 부패로 얼룩져 있었다. 이에 이 시대를 살아가는 선각자들은 시대정신과 주체성, 사명감을 갖고 사회적 모순과 병폐로 가득 찬 성리학에 맞서 인간의 평등을 외치는 천주교를 도입한 후 자신을 희생하며 세도정치에 맞섰다.

이들로 인해 지배계급과 피지배계급인 민중을 분리, 역사는 이들을 대등한 위치에 놓고 서술하면서 부정적인 측면에서 긍정적인 역사를 서술하고 있다.

역사는 이 시대 인간 탐욕의 군상들을 보며 말하고 있다.

권력과 재물은 한곳에 모여 정체되면 부패하고 썩는다는 진리였다.

물과 같이 흘러야 했다.

5. 평안도민의 민중봉기 [홍경래와 주위 인물들]

1811년 12월 18일 평안도 관서 지방에서 홍경래에 의해 민중봉기가 일어났다. 근대에 들어와 보기 드문 민중봉기였다.

격문 내용은

(1) 평서 대원수가 격문을 띄운다.

(2) 공사노비 천민들은 들으라.

(3) 간신배가 국권을 멋대로 장악하고 있다.

(4) 부정부패를 숙청할 것이며

(5) 백성을 토탄에서 구하겠다.

조선 정부에 선전포고를 하고 있다. 지배계급에 끌려만 다녔던 무기력한 사회에 대한 도전이었다. 공사노비 천민들은 들이라는 모든 인간의 평등을 의미하였다. 그러나 10여 년 전 신분사회를 혁파할 선각자들의 지배계급에 대한 투쟁 활동이 있었다. 이 시대 민중들이 외척의 권세에 당당히 도전하는 형세를 볼 수 있다.

서북 지역은 고려시대 도참설에 의해, 조선 시대에는 지역이 산지로 형성되어 곡식을 생산하기 힘들었다. 이에 엄격한 신분제 사회였던 조선은 기득권층의 전통적인 관념 하에 평안도민에 대한 푸대접은 지속되었다.

정치적으로 소외된 평양도민들은 지역을 기반으로 한 향촌 문화를 발전시켰다.

19세기 영, 정조 시대에는 청국을 통해 새로운 문물을 받아들였다. 농업과 상공업을 진흥시키고 무역을 권장하여 백성들을 위한 새로운 번영의 시대를 구가했다. 서북 지방은 산지로 둘러싸여 대륙으로 통하는 유일한 통로이며 요충지였다.

번영의 시대 서북민들은 청국과 무역의 통로에서 살며 유교 문화의 영향을 덜 받았다. 그들은 집안에 앉아 양반 사대부들이 하듯 벼슬에 뜻을 두지 않고 자유로운 가운데 상공업에 종사하며 많은 재산을 모았다.

이러한 시대를 배경으로 1770년경, 홍경래는 평안도 용강에서 태어났다. 그의 가계는 주위 친척들이 평민인 점으로 보아 전답도 별로 없는 빈한한 가정이었다. 그러나 그는 키는 작지만 다부진 체격에 힘은 장사였다. 무술 솜씨 또한 비상한 재주를 갖고 있어 고을 인근에선 그를 능가할 자가 없었다.

그도 젊어서는 관직을 갖기 위해 자신의 외숙에게 유교 경전도 습득했다.

그 뒤 절에 들어가 스님에게 정감록 및 풍수지리에 대해 배웠다.

1798년[정조 22년] 28세 때 평양에서 치른 향시에 합격한 후 한양에 올라와 과거에 응시했으나 낙방하였다.

왜 낙방했는지 그는 도대체 이해가 안됐다. 지역적인 차별 아니면 쌍놈에 대한 차별 등 자신의 생각을 정리하기 위해 집을 나와 풍수로 남의 묏자리를 봐주고 전국을 방랑하기 시작했다.

어느 날 갑자기 나라 임금인 정조[1800년]가 죽었다. 어린 순조가 왕위에 오르자, 노론 벽파는 정순왕후를 앞세워 눈의 가시인 남인 시파를 정계에서 몰아내기 위해 천주교를 탄압하기 시작했다. 사학邪學이란 이름으로 오가작통법을 시행하며 전국을 쥐 잡듯 뒤져 배교치 않는 자는 즉시 처형하였다.

홍경래는 젊은 나이에 전국을 유랑하며 이들의 죽음을 보았다. 노론 벽파는 권력을 장악하자, 하루아침에 세상을 변화시키고 있었다. 지배계급의 탄압과 수탈은 일반 백성들의 삶을 힘들게 했다. 어렵고 고통스러울 때 인간이 찾는 것은 절대자였다.

백성들은 천주교를 통해 하느님 아래 모든 인간은 평등하고 현세가 전부가 아니며 천국이 있다는 것을 믿고 있었다. 정순왕후는 그러한 믿음이 잘못이라고 백성들을 무참히 처형했다.

그러나 그들의 현재 모습은 너무나 평화로웠다. 천주교인들에 대한 탄압과 처형은 또 다른 백성들에겐 경제적 수탈의 시작이었다,

위와 같은 사건을 보며 홍경래는 이 시대 자신이 할 일이 무엇인지를 찾게 되었다.

1년 후 정순왕후가 죽자, 왕실은 외척 김조순과 그 일당들의 세상이 되었다. 그들은 어린 임금을 겹겹이 둘러싸고 탐욕에 대한 노략질을 일삼았다. 지배계층의 부패가 도를 넘자, 지방 아전까지도 자신의 이익을 챙기기 시작했다. 백성들을 못살게 쥐어짜듯 수탈하는 것을 보고 나라에 대한 불길한

예감을 갖게 되었다. 마음속에 불타오르는 욕망을 억제하며 찾아간 곳이 가산의 청용사였다. 여기서 우군 측을 만난다. 우군 측도 풍수[지관]로 생활하는 사람으로 홍경래와 같은 업종에 종사하는 사람을 만나자 반갑고 기뻤다. 그들은 자신의 처지와 세상 돌아가는 이야기를 하며 상대의 의중을 꿰뚫고는 서로 의기투합하게 되었다.

그들은 동지 규합에 나섰다. 맨 먼저 가산의 이희저를 지목하였다. 그는 청국과 무역 및 상공업의 통로였던 역의 노비였다. 주위 사람들로부터 장사하는 요령을 터득하여 재산을 모았다. 가산에서는 부호소리를 들으며 살고 있었다.

그러나 이희저도 조선사회의 지역과 신분 차별에 더 이상 미련이 없었다. 몇 년 전 공노비 혁파에 따라 금전을 지불하고 평민이 되었다. 내심 불만이 많은 자로서 그에 접근하는 우군 측의 꾀에 넘어가 이희저 또한 의기투합하였다. 이로써 자금줄을 확보한 이들은 더욱더 박차를 가해 동지를 규합했다.

이제 홍경래는 조선사회에서 그 유래를 찾을 수 없는 민중봉기를 통해 신분제 혁파를 외쳤다 외척 김조순 일당의 세도정치는 이미 부패하고 타락했고 이에 맞서 도전하는 피지배계급인 민중의 저항 세력으로 조직을 정비하고 있었다.

평안도민의 민중봉기는 서북 지역의 향반 출신인 곽산의 김창시와 태천의 김사용 등이 참여하고 있었다. 이 사실은 조선사회가 인륜을 강조하면서도 지역과 신분에 대해 철저한 차별의식을 갖고 지배계층의 부패 등 사회적 모순이 점점 두터워지고 쌓여가는 시절임을 말해주고 있었다. 다음은 봉기군의 선봉장이었던 곽산 출신의 홍총각과 개천 출신의 북군 선봉장 이제초였다. 이렇듯 이들은 가산의 다복동에 근거지를 마련하였다. 평양, 한양 및 의주 등을 왕래하며 필요한 인원들을 포섭한 후 각자 자기 지역에서 활동하며 봉기하는 날 각 지역에서 합류하기로 했다. 또한 군사로 쓸 사람들을 모집함에 농민, 상인, 향임 등 이 당시 역노비에서 풀려난 백성과 사노비에서 도망쳐온 사람 등 여러 분야의 출신이 모이기 시작했다.

군사들을 훈련시키기 위해 이들은 용천의 바닷가 근처에 있는 신도와 추도 등에서 훈련을 시작했고 군자금을 위해 위폐를 만드는가 하면 염전도 설치하여 자금 확보에 나섰다.

그들은 운산 촉대봉에서 금광을 캔다는 소문을 퍼뜨려 농민, 노동자, 노비 등 다양한 사람들이 모여 들자, 이들에게 훈련을 시키고 봉기할 준비를 진행하였다. 봉기를 위한 준비가 끝날 무렵에는 그동안 평안도 각 지역에 흩어졌던 동지들과 주위의 향반 및 부호들의 협조가 이어지면서 군수 물자와 자금 등이 모이기 시작했다.

8-9년에 걸친 긴 시간동안 준비한 거사 계획이 마지막 단계에 오면서 착착 진행되었다.

이들은 조선시대 그 어느 저항 세력보다도 조직적이고 대담했다. 또한 이들은 짧은 노래를 만들었다. 일사횡관一士橫冠에 귀신탈의鬼神脫衣라 십정가일척十定加一尺이면 소구유양족小丘有兩足이라. 위와 같은 동요는 홍경래가 거사 직전 서북면 일대에 김창시를 시켜 퍼뜨린 동요였다. 임신년에 기병한다는 의미였다.

이들은 동요를 통해 민심을 한껏 선동하였다. 소문은 꼬리에 꼬리를 물자 지방 토호들에게 시달리던 민중들이 동요하기 시작하며 술렁였다.

봉기군의 지도부는 다복동에 모여 회의를 시작하고 거사일을 12월 20일로 결정했다. 이에 앞서 봉기군은 수십 명씩 별동대를 조직하였다. 자신들이 맡은 지역인 황해도, 평안도로 내려갔다.

어둠을 타 각 관아에 불을 지르고 소란스러울 때 평양을 점령한다는 계획이었다. 그러나 대동관 밑에 묻어둔 화약이 물에 젖어 폭발 날짜가 변경되어 16일에 터졌다. 숨어 있던 별동대들이 철수하자, 각 고을 현감들이 군사를 이끌고 추격하였다.

봉기군은 20일에 잡혔던 거사일을 18일로 앞당겨 출병하였다. 18일 저녁 무렵, 다복동의 연병장엔 기치, 창검과 함께 수천의 병력이 대오를 정비해 단상을 주시하고 있었다. 이때 도원수 홍경래는 단상에 올라 출병에 따른 의식을 거행하며 김창시가 쓴 격문을 선포하였다.

격문의 내용은 상공업자, 농민, 천민 등 모든 민중에게 고하노라. 수백 년 동안 내려온 서북지방의 차별을 타파할 것과 외척 김조순과 박종경 일당들이 무능하고 부패하였다. 민생을 토탄에 빠지게 하니 하늘도 노여워 재앙을 내렸다. 천재지변에 의해 매년 흉년이 드는데도 지배계급인 외척들이 탐욕에 젖어 방관만 하고 있다. 백성들은 굶주려 초근목피로 생활이 어려워 전국을 누비는 상황이 되었다.

이에 세상을 구할 정진인이 나타났다. 가는 곳마다 백성들은 적극 호응하기 바란다는 내용의 격문을 마친 후 깃발을 높이 들고 봉기군의 승리를 다짐하는 횃불 의식을 가졌다.

봉기군은 두 패로 나누었다. 홍경래가 진두지휘하는 남진군은 가산에 들이닥쳤다. 내응 세력에 의해 쉽게 점령한 후, 군수 정시를 꿇어앉히고 항복할 것을 권하나 끝내 듣지 않자 홍총각의 칼에 희생되었다.

이때 북진군도 곽산을 거쳐 선천에 이르러 부사 김익순의 항복을 받고 이후 계속 진격하여 철산과 용천에 이르렀다.

이때 남진군은 가산과 박천을 점령한 후 지도부 사이에 의견이 엇갈렸다. 영변 혹은 안주 공격을 놓고 다투다 내분이 일어났다.

홍경래가 다치는 불상사가 일어나자, 일단 진격을 멈추고 21일 다복동으로 회군하였다. 26일 남진군은 다시 박천에 집결한 후 28일에는 안주 공격을 위해 송림에 진을 쳤다.

이때 관군도 대오를 정비했다. 송림으로 진출하여 봉기군을 맞아 전투를 벌였다. 봉기군은 반나절 만에 밀리기 시작하자, 그들은 정주성으로 들어가 장기전을 구상하게 되었다. 북진군 역시 의주 공격을 위해 나섰으나 남진군의 패배 소식을 접한 뒤 관군의 사기에 눌려 의주 공격이 실패한 후 그들 또한 정주성으로 입성하였다.

1812년 1월3일 관군은 정주성을 완전 포위했다. 지방의 의병까지 합세한 후 2-3월경까지 몇 차례 봉기군과 전투가 있었으나 큰 피해는 없었다.

정주성에 있는 봉기군도 몇 개월이 지나자 식량 사정이 다급했다. 관군역시 조정의 독촉에 서둘러 작전을 개시했다.

얼었던 땅이 녹으면서 관군은 성 밑에 땅을 파 폭약을 설치하고 동문과 북문을 동시에 파 들어가기 시작했다.

북문에 화약을 설치하는 데 성공한 관군은 4월 19일 새벽 폭약이 터지며 북문이 무너지자, 곧 바로 성내로 진격하여 봉기군을 진압하였다. 성은 함락되고 그동안 봉기군을 지휘했던 홍경래는 탈출을 시도하다 총에 맞아 죽었다. 그 외 김창시, 홍총각, 이희저 등 모두 잡혀 죽음을 당했다.

이로써 홍경래를 위시한 지도급의 민중 저항은 끝을 맺었다. 이것은 민중봉기의 첫 단계에 불과했다.

[새옹의 변]

세기의 대변혁기인 1800년대 초 조선의 민중은 백성들의 올가미였던 신분제에 저항했다. 선각자들은 이 땅에 천주교를 도입 한 후 민중들의 마음속에 인간의 평등과 자유를 심어주었다. 뒤이어 홍경래에 의해 민중봉기가 일어나게 되었다.

이후 약 85년에 걸쳐 민중은 신분제 혁파, 즉 인권을 위한 끈질긴 투쟁을 계속한다. 1896년 결국 독립협회는 근대 이념인 인권을 바탕으로 한 민족정신을 형성하게 되었다.

6. 천주교의 정착

신유[1801]년 박해로 남인 계열의 양반 사대부들이 줄초상을 당했다. 살아남은 그들의 자식들과 인척 및 신자들은 박해를 피해 산속이나 멀리 떨어진 외딴 곳에 몸을 숨겼다. 이는 결국 조선 전 지역으로 씨를 뿌리게 됐다.

이들 중 정약종은 『천주실의』가 한문으로 번역되어 알기 어려웠다. 『주교요지』를 저술하여 조선 민중이 쉽게 알 수 있도록 한글로 저술하였다. 정약종에게는 유조이 부인과 두 명의 아들, 한 명의 딸이 있었다. 큰아들 처랑은 아버지와 함께 순교하고 작은 아들 정하상은 이때 7세였다. 아버지 순교후 어머니와 정하상은 고향인 마재로 돌아왔다. 그러나 정약용과 정약전은 강진으로 유폐되고 정약종이 순교하면서 가문이 풍비박산난 상태였다. 그들을 반기는 사람은 없었다.

다행히 전에 아버지의 도움을 받았던 한 농민의 도움으로 헛간 하나를 얻을 수 있었다. 그들은 고향에 내려왔지만 천주학쟁이란 말만 들었지 누구의 도움도 받을 수 없었다. 이들을 돕는 것 자체가 당시는 밀고의 대상이었다. 이들 가족은 한동안 냉대와 멸시로 지내야 했다.

정하상은 어려서 아버지로부터 글을 배웠으며 주문모 신부에 영세를 받았다. 살기 위해 남모를 설움도 받으며 품도 팔고 지게도 지었다. 힘겨운 일을 마다하지 않고 하자 주위 사람들로부터 성실함을 인정받게 되었다.

나이가 들자, 왜 자신이 오늘과 같은 처지에 있으며 스스로 할 수 있는 일이 무엇인가를 찾기 시작했다.

아버지는 이 나라 백성을 위해 알기 쉽게 『주교요지』를 저술하였다.

또한 많은 학자들이 천주신앙을 믿다 순교했다는 생각이 들자, 왜, 무엇 때문에 그랬을까, 의문을 갖기 시작했다.

그는 천주신앙을 배우기 위해 어머니와 하직하고 학자이며 천주교인으로 무산에서 유배생활을 하고 있는 조동진을 찾아가기로 결심했다. 정하상은 남들이 겪지 못한 일을 어린 나이에 겪었다. 어머니와 누이동생을 먹여 살려야 했던 강인한 정신력을 갖고 있었기에 천리 길도 멀지않았다.

괴나리봇짐을 짊어지고 낮에는 걷고 밤에는 느티나무나 처마 밑에서 잠을 자며 길을 재촉하여 찾아갔다.

조동진은 정하상의 방문을 반갑게 맞았다. 비록 허름하고 말랐으나 그의 눈빛만은 초롱초롱한 젊은이가 정약종의 아들이란 말을 들었다.

그는 자신이 할 수 없었던 일을 이 젊은이가 대신 이루어주길 바랐다.

열심히 그에게 한문과 천주교리를 가르쳤다. 정하상이 학자였던 조동진을 하직하고 집으로 돌아올 때는 자신감이 넘치는 청년이 되었다. 그는 외롭지만 강인한 의지를 갖고 한양으로 올라가 교우들과 접촉을 갖기 시작했다.

지금까지 조선 교회가 신유박해로 인해 지리멸렬하였다. 그들이 모여 기도할 곳은 있었다. 그러나 신부님이 없어 미사를 볼 수가 없었다.

이에 정하상은 지금까지 박해를 받고 끊겼던 북경교회와 관계를 회복하기 위해 솔선수범하여 자기가 가겠다고 나섰다.

1816년 한양교우들의 열렬한 지지를 받으며 그는 북경에 갈 준비를 시작했다. 조선이 국제관계를 알 수 있는 통로가 있다면 북경 사행사의 사절이었다. 일 년에 한 번씩 중국을 방문하는 길이지만 한번 떠나면 몇 달씩 걸렸다. 사은사 밑에 역관이 있으며 이들을 돕는 하인도 10여 명씩 이들을 수행했다. 정하상은 1816년 이들을 따라 나섰다.

그는 중차대한 임무를 띠고 있었다. 조선 교우들의 실상을 북경교회에 알리고 신부님을 모셔오는 일이었다.

어릴 때부터 그의 고된 삶은 강인한 의지를 갖게 했다.

한 번의 잘못된 실수는 자신의 생명도 내놓아야 했다. 조선 교우들을 위해 언제 이루어질지 모르는 긴 여정에서 그의 강인함은 돋보였다.

열 번 아니 그의 뜻이 이루어질 때까지 이 일을 계속하는 것이 아버지 정약종을 따른 자신의 사명감으로 생각했다.

그의 목적은 조선에 신부님을 모셔와 새로운 사상과 신앙으로 교우들의 의식을 변화시키는 일이었다. 지금까지 조선사회의 신분제 및 경제적 모순과 병폐에서 정신적으로 벗어나는 일이었다. 이것은 조선사회의 관습과 윤리에 정반대의 길을 가는 아주 위험한 신앙이었다.

조선은 상하 구별이 엄격한 사회였다. 그러나 천주신앙은 창조주 아래 모든 인간의 평등에 있었다.

정하상은 매년 북경으로 가는 사신 행차에 역관의 하인으로 따라 다니며 남의 눈을 피했다. 북경에 가선 주교를 만나 뵙고 핍박과 순교로 얼룩진 조선신자를 위해 목자를 보내줄 것을 간청했다.

정하상의 끈질긴 노력과 함께 유진길이란 역관이 북경길에 합세하였다. 정하상의 외롭고 고된 투쟁에 햇빛을 볼 수 있는 힘을 얻게 되었다.

유진길은 이름 있는 역관의 집안으로 학문에 열정을 갖고 있었다.

그는 역관으로 남보다 먼저 새로운 학문을 접할 수 있었다. 그러나 역관보다 학문에 관심을 갖고 사회의 굴절된 현상을 바로 잡을 수 있는 새로운 학문을 찾았다. 유교의 4서3경, 도가의 도덕경, 불교서적 등을 섭렵했으나 기존 사상을 대변할 뿐 별 소득이 없었다.

그 순간 그의 머리를 스치는 사건이 기억났다. 20년 전 남인 계열의 학자들에 의해 받아들여졌던 천주교에 관심이 쏠렸다. 그들은 무엇 때문에 그토록 생명까지 내놓고 순교하였던가. 권력이나 물질적 욕구도 아니었다.

그렇다면 그들이 순교를 통해 지켜야할 가치가 있다는 것이다. 그는 이

학문에 의구심을 갖고 주위 사람을 통해 수소문하며 천주교에 대한 서적을 구입했다. 여기서 그는 『천주실의』와 『주교요지』를 구해 볼 수 있었다.

참으로 근대 동양에서는 생각지 못한 천주가 만물의 창조주란 사실이었다. 그의 해설로써 집과 목수와의 사이를 자세히 설명하였다. 『주교요지』는 유진길에게 매력적인 해설서였다.

창조주이신 천주를 통해 만물이 생성하였으며 사람은 모두 천주의 자손이라는 사실이었다. 가뜩이나 현실에서 왕의 외척들에 의해 조선사회가 위축된 가운데 백성들은 수탈에 쪼들려 아우성치며 전국을 떠돌았다.

이에 모든 인간이 천주의 자손이란 의미는 그에게 신선한 충격을 주었다. 그는 천주인을 찾아 그들의 모임에 참석하게 되었다.

정하상이 북경을 몇 차례 다니자, 교인들 사이에 신부를 모셔오는 일이 중요함을 알게 되었다. 유진길 또한 정하상과 함께 북경에 가길 청했다. 유진길의 등장은 교인들에게 가뭄에 기다렸던 단비와 같았다.

그가 역관으로 북경 길에 참여하였다. 정하상은 북경에 가는 경비와 하인 노릇을 하지 않아도 되었다. 유진길을 통해 모든 것이 수월해짐을 알 수 있었다. 정하상 자신도 명망 있는 집안의 자손이었다. 지금은 빈털터리지만 아버지가 조선 백성을 위해 『주교요지』를 쓴 인물이었기에 천주교에 관해서는 자신감을 갖고 있었다.

유진길 또한 현실적으로 부富와 학문에 있어 남에게 뒤지지 않는데다 현권력층과도 연계되어 있었던 인물이었다. 이들은 북경 도착 후 주교와 신부님에게 유진길은 영세를 받았다. 또한 조선 교인들의 천주에 대한 갈망의 뜻을 전하고 조선에 신부님을 파견해 줄 것을 요청하였다.

그들은 직접 조선 교인들의 이름으로 교황께 청원 드리는 것도 하나의 방법으로 생각하였다. 교황께 조선의 실정과 신부님을 갈망하는 교인들의 뜻을 편지에 적어 보냈다.

이러한 그들의 노력이 몇 년 후 결실을 맺게 되는 계기를 만들었다. 정하상과 유진길, 조신철이 동행하면서 조선은 세기의 시대적 물결인 서양의 사상과 신앙을 정착시키는 계기가 되었다.

1827년 조선사회에 또 한 차례 핍박이 있었다. 무주, 익산, 고산에서 순교자가 나타났다. 박해에서 벗어난 천주교인들은 당시 기근도 심하고 사찰도 심했지만 끈질긴 신앙에 대한 생명력을 갖고 깊은 산속으로 숨었다. 정해박해였다.

1828년 로마 교황청 교황 그레고리 16세에 의해 조선을 북경교구로부터 독립시키기로 결정하였다. 1831년 조선 교구가 설정되었고 파리 외방전교회 소속인 갑사의 명의 주교요, 샴교구의 보좌 주교인 브르기에르 주교가 조선 교구의 주교로 임명되었다.

1835년 모방 신부가 조선에 잠입했을 때 국경 부근에서 정하상, 유진길의 도움을 받아 하수구를 통해 입국했다. 한양에 도착한 후 정하상의 집에 머물며 포교를 시작했고 미사를 보며 교인들에게 영세를 주기 시작했다. 모방 신부가 포교를 다니며 미사를 볼 때 보고 느꼈던 것을 쓴 글을 보면,

조선의 많은 초가집들이 몸을 굽히지 않고는 들어가 서 있을 수 없을 정도로 낮고 불편할 정도로 옹색하였다. 그들은 늘 박해를 당해 줄곧 숨어 살아야 했고 자주 옮겨 다닌 까닭에 거지 생활보다도 더 심한 곤궁에 빠져 있다고 적고 있다.

추운 겨울에도 입을 것이 없어 어린아이들이 벌거벗고 있었으며 산에서 뜯어온 풀뿌리와 맹물, 이것이 어떤 시기에는 교우들 중 많은 사람들의 유일한 양식이라고 적고 있다. [1권 한국 천주교회사]

그 후 샤스탕 신부가 입국하고 1837년 12월 조선교회에 앵베르주교가 입국했다.

이제 조선 교회에 앵베르주교, 모방 신부, 샤스탕 신부등 2명의 신부가

국내에서 활동하게 됐다. 이들은 각기 지역을 맡아 활동했으며 교인들의 고해 성사를 받았다. 그들은 천주의 은혜가 풍성해짐을 알 수 있었으며 1838년 말 교인 수가 9,000명에 이르렀다.

이 시기는『주교요지』를 조선말로 저술한 정약종의 아들인 정하상이 청년이 되어 전 지역에 흩어진 자제를 모아 유진길, 조신철 교우와 함께 새로운 집을 건축한지 1816-1838년까지 약 20년이 지났다.

또한 조선의 정치제도는 순조가 죽고 익종을 거쳐 헌종이 즉위했다. 1834년 왕위가 바뀌자 외척의 세력도 안동 김 씨에서 풍양 조 씨로 넘어 갔다. 헌종 즉위 당시 풍양 조 씨의 실력자는 조인영과 조병현이었다. 이들은 이조와 형조에 임명되어 인사와 재판권을 갖고 풍양 조 씨 가문의 정권 창출을 노렸다. 그동안은 안동 김 씨 김유근이 실세였다. 그는 현상 유지 정책으로 일관하며 천주교에 문단속은 하였지만 심한 박해는 하지 않았다. 1837년 김유근이 병석에 눕게 되자 풍양 조 씨는 이틈을 타 1838년 겨울 우의정 이지연을 앞세워 과감한 척사 정책을 펴며 천주교인들을 탄압하기 시작했다.

천주교인들이 잡혀와 배교하지 않을 경우 즉시 처형했다. 이들이 배교치 않고 처형[순교]을 택하자, 대왕대비 김 씨는 노하여 오가작통법을 실시하여 전국적으로 더욱더 천주교인들을 잡아들여 옥죄었다. 이때 안동 김 씨의 실세인 김유근이 죽자 김유근과 친분이 두터웠던 천주교의 정3품 당상 유진길 역관을 체포했다. 교인들 중 한 사람의 밀고자에 의해 앵베르 주교와 모방 신부, 샤스탕 신부가 잡혀와 순교했다.

정하상과 조신철도 잡혀왔다. 유진길과 함께 처형됐다. 정하상은 이때를 대비하여 상재상서를 쓰기 전 생각했다. 조선이 건국 된지 450년이 됐지만 민중의 삶은 옛 그대로 답습에 따른 사회 경제적 모순이 극에 달해 시정되지 않고 계속 누적된 상태였다.

지난날 천주교에 대한 박해가 신유박해로 끝나지 않고 또다시 그들의 자손이 신앙을 가졌다는 이유로 박해를 받는 까닭을 이해할 수 없었다.

왜 천주가 진리라고 믿을 수밖에 없었던가. 지배계층은 이런 민중의 질문에 조상운운하며 박해로 일관했다. 권력과 부富를 손아귀에 쥔 지배계층은 아쉬운 게 없자 시대의 변화와 민중의 삶엔 관심이 없었다.

오직, 민중을 수탈과 착취의 대상으로 삼았다. 정하상은 또 다시 천주교인에 대대적인 박해가 일자, 주교 및 신부님 그리고 신도들에게 무한한 책임감을 느꼈다. 이에 미리 준비한 『상재상서』를 문초 때 제출하였다.

신문 과정에서 신문관이 정하상에게 물었다.

"네가 조선 풍속을 따르지 않고 서양의 종교로 민중을 가르쳐 사회를 어지럽힘이 옳은 행위 인가." 하고 물었다. 정하상은 이에 대해 "서양의 물품을 취하여 사용하면서 천주교는 서양의 종교라 하여 배척함이 옳은 일입니까." 반문하였다. "천지 위에 계신 천주님은 볼 수 없지만 만물을 만드신 천주님을 없다고 믿지 않겠습니까." 또한 천주교를 믿는 사람은 죽일수록 없어지지 않고 점점 성할 것이라고 예언하고 있다. 위에서 보듯 질문에 대한 답변에서

(1) 천주교에 대한 확신에 찬 답변과

(2) 지배계층에 대한 대항의 뜻을 갖고 있으며

(3) 순교와 미래의 연속성을 예언하는 것을 볼 때

정하상의 『상재상서』는 당시 수많은 교인들의 희생을 통해 450년 된 조선의 고목에 서양의 신앙과 사상을 정착시켜 알리는 내용으로 보아야 할 것이다.

1839년에 일어난 기해박해는 조정의 고관 및 선비들은 물론 저 남쪽지방 옥졸 그리고 천민인 백정과 승려까지 천주교에 대한 이야기를 들을 수 있었다. 또한 그들 모두가 천주교의 주요한 교리를 약간은 알게 되었다.

그 후 선교사들이 확인한 사실은 이번 박해가 있은 뒤로 천주교인과 그 교회에 대해 멸시하지 않게 되었다는 사실이다. 일반 여론은 그때 우리의 증거자들이 그렇게 빛난 본보기를 보여준 애덕, 인내, 정결, 성실 등 모든 덕을 인정하였다고 적고 있다. [천주교회사]

앞에서 본 바와 같이 기해박해는 1840년대 천주교의 조선 정착을 의미하며 조선의 근대국가로 이행하는 데 사상과 이념을 제공하고 있다.

조선의 지배계급인 왕권파와 유림은 기득권에 의해 변화를 원하지 않았다.

반면 피지배계급은 이 시기 사상적 변화를 예고하고 있다.

의인 유진길은 역관으로 심문관인 형관刑官이 "네 집처럼 책이 많은 집도 없는데."라고 말할 정도로 해박한 지식과 풍족한 삶을 살 수 있었으나, 그는 만족하지 않았다.

(1) 국제 정세에 밝았다.

(2) 조선이 폐쇄적인 사회로 권력이 외척의 손에 있으며

(3) 수백 년간 사회 경제적으로 누적된 모순과 병폐로 인해

(4) 국가의 운명이 절박한 시기에

(5) 서양 종교인 천주교를 통해 창조주 아래 모든 인간의 평등이라는 믿음을 민중에게 심어주기 위해 각고의 노력을 함으로써 천주교를 정하상과 같이 조선에 정착시킨 인물이다.

(6) 결국 기해박해를 통해 의인의 삶을 살았다고 볼 수 있다.

●● 참고문헌

가톨릭 다이제스트. 「하늘로 가는 나그네」(상), (하). 흰물결, 2007.

고성훈 외. 「민란의 시대」. 가람기획, 2000.

금장태. 「유학사상의 이해」. 집문당, 1996.

샤를르 달레. 「한국 천주교회사」(상), (중), (하). 안응열 · 최석우 옮김. 한국교회사 연구
　　　소, 1979.

신명호. 「조선왕비 실록」. (주)위즈덤 하우스, 2007.

윤정란. 「조선왕비 오백년 사」. 이가출판사, 2008.

이성무. 「조선왕조사」. 동방미디어, 1998.

이수광. 「조선을 뒤흔든 16인의 왕후들」. 다산북스, 2011.

이원순. 「한국천주교회사」. 탐구당, 1995.

정두희. 「신앙의 역사를 찾아서」. 바오로 딸, 1999.

한국가톨릭 문화연구원. 「한국 전통사상과 천주교」. 탐구당, 1995.

한국의 역사 연구회. 「모반의 역사」. 세종서적, 2006.

황의동. 「한국의 유학사상」. 서광사, 1995.

현상윤. 「조선유학사」. 현음사, 2003.

제2장

사상의 보고

첫째, 사상의 대립

세도정치 시기, 역사의 암흑기로 보았던 1812년부터 약 50년간의 역사를 제2장에선 새롭게 정리하고 있다.

전반기 약 29년인 1840년까지 천주교의 정착에 역점을 둔 반면 후반기 약 23년은 사상의 보고로 이념의 변화와 혁명의 불씨를 지피고 있었다.

우리 민족의 선각자들이 물질적인 것에 앞서 신분제의 악습을 혁파하는 데 이념의 정립 시기가 필요했다.

1) 기존 성리학이 약 450년이 지나자, 신분제 및 외척들의 부정부패 등 사회적 모순과 병폐가 만연된 상황에서 삼정의 문란이 민중봉기로 이어지고 있었다.

2) 선각자들에 의해 천주교가 도입 된지 약 60여 년이 지나면서 창조주인 천주님 아래 모든 인간은 평등하다는 의식을 백성들이 갖게 되었다.

여기서 조선의 성리학에 의한 [신분제]와 천주교의 [인간평등사상]이 대립을 가져오며 학문 및 이념의 변화와 민중의 행동에 변혁을 가져온다.

사상과 종교의 대립은 학문적 변화를 가져왔다.

둘째, 학문의 변화

1) 다산의 경세유표와 목민심서

경세유표; 행정의 운용 제도를 논하며 법의 공정성을 강조하고 있다.

목민심서; 민본의 원리로 수령首領은 백성百姓을 위해 일해야 하며 백성 위에 군림해서는 안 된다.

2) 최한기; 『인정仁政』, 『기학氣學』

셋째, 이념의 변화와 혁명의 불씨

1) 개화파 태동 [오경석, 박규수]
2) 동학의 창건 [수운水雲 최제우]
3) 군웅 활거시대[잠룡들의 의식 형성]
4) 1862년 임술 민중봉기

1. 사상의 대립

1) 성리학, 이념의 고착

조선은 농경시대 성리학을 지배 이념으로 한 왕조 체제다. 신분 계급이 철저한 조선사회에서 성리학은 사士, 농農, 공工, 상商 중 양반 사대부를 위한 사회였다. 성리학은 사회규범으로 중요이념인 삼강오륜을 제시했고, 이를 충효忠孝사상이라 하였다. 이 충효忠孝사상을 선비정신 혹은 의義 정신이라 하였다. 조선은 양반의 기득권을 인정하였다. 그들은 평소 가정에선 수신修身에 힘썼고 과거 제도는 출세의 지름길이었다.

선비정신인 충효忠孝사상을 보면 조선의 선비들은 학문을 숭상했고 무인은 선비보다 낮춰 보았다. 그들은 전쟁이 일어났을 경우 무인과 같이 선비 스스로 의義를 추구하고 국가를 위해 희생하는 것을 두려워하지 않았다. 이런 행위를 가문의 영광으로 생각했다. 전쟁에 참가하는 자체가 의義였고 승리하면 영광이요, 싸우다 죽으면 그 자체가 살신성인의 자세였다. 그들은 죽고 사는데 연연하지 않았다.

이런 사고방식은 무인을 양성하지 않았다. 국가의 흥망에 관계없는 행동으로 외국의 침략에 속수무책이었다.

뒷감당이 되지 않아 전쟁 후 민중의 삶이 고달팠다. 위와 같은 충忠에 대한 의식엔 분명 문제가 있었다.

전쟁은 외국의 침략이 있을 때 싸워 이겨야했다. 만약 패하면 그 대가는 엄청났다. 훗날을 생각지 않는 충忠은 무인들의 충忠이 아니라 문인의 충忠이었다.

효孝는 가정에서 부모에게 효도孝道하는 것이고 수신修身은 선비의 최고의 덕목이었다. 수신修身을 위한 치국治國과 가정의 효도孝道는 부모에 대한 절차가 있었다. 아침에 일어나서부터 저녁까지 예의를 지켜 부모를 모셨다. 부모가 돌아가서 3년 상을 위해 산소 옆에 움막을 짓고 살아야했다. 그러다, 주위에 알려지면 영광이었다. 이런 사고방식은 여자 또한 부부유별로 젊어서 혼자되어도 재가하지 못했다. 선비들은 나라에 충성하고 부모에 효도하는 것을 영광으로 생각했다. 그러나 이들은 노비는 원래 모든 면에서 부족한 자로 당연시했다.

이들에게 수신修身은 의義를 추구하며 옳은 행위 즉 곧음을 상징했다. 늘 엄숙하고 경건했다. 주위에서 효도하지 않는 자는 불효자로 보고 외면하고 상대하지 않았다. 그들은 주위 사람들과 화합하지 못했다.

충忠이 국가를 지키는데 소극적이고 방어적인 반면 효孝가 자신의 가문만 생각했다면, 모든 것이 자신의 영광에 있었다. 남을 생각지 않는 부정적인 측면이 강했다.

국가의 존재가 타협이나 화합으로 이루어 질 수 없는 조건이었다. 성리학의 충효忠孝사상을 깊게 들어가 보면 신분제는 국가의 발전을 막았다. 450년 동안 백성들은 허리가 휘게 일만해야 했고 전쟁과 지배층의 수탈로 인생이 고난의 길이었다.

실제 임진왜란이 일어나자 일본은 10만 이상의 병력을 투입하였다. 육지에서 승승장구하여 약 20일 만에 한양에 도착하였다. 이 당시 조선은 의병을 모집하자, 한양에 선비들이 모여 들었다. 그들의 손엔 책이 들려 있었다. 전쟁터에 책이 왜 필요했던가? 그만큼 조선은 전쟁에 준비가 없었다.

해전에서 이순신장군의 탁월한 전략으로 연전연승하며 왜군의 침략을 승리로 이끌 수 있었다.

병자호란은 중국대륙에 대변화가 불며 유학을 숭상했던 명이 청에 의해 쫓기는 입장에 있었다. 조선 또한 유학의 이념이 문, 무 중 문이 주도한 사회에서 청과의 전쟁에 힘을 쓰지 못하고 굴욕적인 패배로 끝났다. 성리학이란 자체가 국가 이념으로 국가를 보좌하지 못했다는 사실이다. 실제 전쟁터에서 잡힌 선비는 자신의 의義를 내세워 죽여 줄 것을 원했다. 죽은 후 나라가 어찌됐든 상관없었다. 자기의 이름만 후세에 명예롭게 남기면 되었다. 이때 선비들의 사고방식이었다.

조선은 청을 향한 대안으로 북벌을 내세웠다. 충忠을 통한 북벌을 계획하나 명분뿐이었다. 실질적으로 물질적 형태인 산업의 진흥이 필요했다. 물질적 생산이 없고 전쟁으로 나라가 황폐화되었다면 이념만 갖고 의식주는 해결할 수 없었다.

그러나 왕과 지배계층은 방법이 있었다. 재정이 필요할 때 평민에게 관직을 팔고 노비에겐 재물을 납입하면 양민으로 면천시켜 주었다. 그 후 지배계층이 내세운 것이 바로 이념적인 소중화론이다. 충忠을 통해 소중화론을 내세워 체면을 살린 다음 임금이 죽자 효孝가 등장했다. 예송 문제가 권력 투쟁의 첨예한 명분이었다. 충忠의 실패를 효孝로 만회하려 했다.

권력을 누리려했던 당시 선비들의 형식적이고 맹목적인 명분론이었다. 그들에겐 백성의 생활은 문제되지 않았다. 그들이 죽을 먹든 밥을 먹든 상관하지 않았다. 백성들이 죽을 먹어도 자신들은 밥을 먹을 수 있었다. 일방적인 그들의 사고방식인 절대적 기득권은 세월이 흘러, 시대의 변화에도 아무 변화가 없었다.

나라의 사회적 모순과 병폐가 있어도 자신들의 기득권은 놓치고 싶지 않았다. 그때 뿐이었다.

젊은 나이에 정조가 갑자기 죽었다. 노론의 벽파가 권력을 잡고 세도정치가 시작 되자, 사회적 병폐는 더욱 심해졌다. 그러나 그들을 넘어설 세력이 없었다. 세도정치는 이제 늙은 고목의 밑둥치를 허물고 있었다.

이들의 눈엔 나라의 사회적 모순과 병폐가 보이지 않았다. 양반은 넘쳐났다. 일하지 않고 놀고먹었다. 양반은 먹을 것이 없어도 일을 할 수 없었다. 저자거리에서 장사하는 것이 이웃 사람의 눈에 띄면 소문이 너무 빠르게 주위에 퍼졌다. 체면이 말이 아니었다. 그것으로 양반은 끝이었다. 그들은 양반은 놓치고 싶지 않았다. 의식주 해결을 위해 남을 등치고 놀고먹었다.

이러한 사회적 병폐와 모순에 도전한 사상이 선각자들에 의해 자체적으로 받아들여진 서양의 천주교였다. 창조주이신 천주님 아래 모든 인간의 평등을 강조하며 성리학과 대립된 위치에서 선각자들에 의해 썩어가는 사회에 도전한 지 약 60년이 되었다.

2) 천주교의 인내와 끈기[김대건 신부와 최양업 신부의 활동]

천주교는 1831년 조선 교구가 설치되었다.

1939년 기해박해는 천주교의 정착을 알리는 계기가 되었다. 천주교가 자체 도입 된지 약 60년이 지났다. 천주교 도입은 처음엔 학문적 수용이었지만 구체적 내용을 파악하면서 종교인 것을 알았다. 그것도 유교에선 느끼지 못했던 신분 사회를 한 단계 뛰어넘는 신앙이었다.

"창조주인 천주님아래 모든 인간은 평등 하다."는 믿음은 당시엔 너무나 신선하고 충격적이었다.

조선사회는 수시로 천주교를 사교邪敎로 인정하고 탄압했다. 1812- 1838년까지 몇 번의 작은 박해는 계속되었지만 대대적인 박해는 없었다. 한동안 국내외적으로 암흑사회였다. 국내에서 천주교의 전파는 그들을 미워하는 자에겐 밀고를 통해 좋은 밥벌이 역할도 하였다.

교인들은 핍박과 박해에도 불구하고 천주신앙을 찾는 이유는 무엇이었을까. 그 만큼 조선사회가 각박하고 신분제에 의한 차별의식이 심했다. 이 종교를 믿는 사람들은 순진하며 세상 물정 모르고 사회적 냉대 속에 살아가던 모든 백성이었다.

천민, 백정, 무당, 노비 등 밑바닥 인생 및 여성과 과부 등 인생의 삶에서 더 이상 희망의 불빛이 보이지 않는 사람들이었다. 이들은 신부님에 의해 미사를 드릴 때 공동체 생활에서 남녀 구별은 있었지만 모든 절차가 기쁨의 연속이었다. 현실 세계에서 느끼지 못한 만족감을 얻을 수 있었다.

그것은 기도하는 모든 사람들이 "천주님 아래 모든 인간은 평등하다."는 의식을 갖고 있었다. 그들은 분명 신앙 공동체 안에서 평등과 자유 함을 느꼈다. 비록 헐벗고 굶주리며 산속 같은 곳으로 도피하여 초근목피로 연명하여도 마음의 평안과 희열을 가질 수 있었다.

천주교가 수십 년이 지나면서 핍박을 당해도 지하에서 잠행을 하며 전도되는 이유가 여기에 있었다.

기해박해 후 이들을 이끌 목자가 나타났다.

(1) 김대건 신부

조선 최초의 신부로 1821년 8월 21일 충청도 솔뫼에서 태어났다.

15세에 최양업, 최방제와 함께 청국의 마카오에 가서 신학 공부를 했다. 페레올 주교로부터 서품을 받아 사제가 되었다. 국내에 입국하여 사목 활동 중 1846년 페레올 주교의 명에 의해 서해로 나가 선교사들의 입국 경로를 개척하다 체포되어 3개월 후 새남터에서 순교하였다. 그의 사목 활동은 짧았다. 그러나 깊은 신앙심과 투철한 사제의식은 조선 최초의 신부로 발자취를 남겼다.

포청의 심문 과정에서 배교에 대해 묻는 말에 임금 위에 천주님이 계신다. 천주님을 버린다면 임금을 버리는 것과 같다하며 배교치 않았다. 감옥 안에선 사제로서 자세를 잃지 않고 기도하였다. 교우들의 모범과 희망의 상징이 되길 원했다.

(2) 최양업 신부의 활동

시대의 선각자로서 활동하였다. 1821년 충청도 홍주 다락골에서 태어났다.

1836년 최양업은 김대건, 최방제와 함께 모방 신부에 선발된 후 마카오에서 신학교육을 받았다.

1842년 7월 요동을 거쳐 조선 입국을 시도하였다. 청국이 영국과 아편전쟁에 졌다. 그 영향으로 국경이 폐쇄되어 입국에 실패했다. 해를 거듭하며 산동 반도로 내려와 배를 타고 서해안에 있는 안면도, 고군산도, 강화도 등을 둘러 봤으나 경비가 삼엄하여 입국하지 못했다.

1846년 7월 김대건 신부의 순교 소식을 듣고 다시 입국을 시도했으나 실패했다.

1849년 4월 15일 상해 마레스타 주교로부터 사제 서품을 받았다. 그의 나이 28세였다. 그는 즉시 조선으로 출발했다.

1849년 12월 초 압록강을 건너 의주를 통해 입국하였다.

김대건 신부 순교 후, 단신으로 넘어야 하는 외로움과 고통, 추위 등 모든 것이 악조건이었지만 더 이상 늦출 수가 없었다. 천주님의 전능함에 의지하며 국경을 넘어야 했다.

깊고 깊은 밤 폭풍은 휘몰아치고 혹독한 추위가 엄습하자 걸음을 내딛을 수가 없었다. 다행히 경비병이 보이지 않아 무사히 국경을 넘을 수 있었다. 이 기간이 7년 반이란 세월이 흘렀다.

그의 선교 활동은 같은 민족의 사제로서 남다른 감회를 갖고 있었다. 조선은 양반 사회였다. 양반이외 서민들의 생활은 신분적 차별에 의한 사회적 냉대와 버려진 인생들로 너무나 비참하고 가난하였다. 주위의 모든 여건이 천주신앙을 배척하였지만, 삶이 힘들고 어려울 때 인간은 지푸라기라도 잡으려 하였다. 절대자가 필요했다.

이들에게 희망을 준 것이 천주신앙이었다.

천주신앙은 내세의 천국과 함께 창조주 아래 모든 인간은 평등하다는 믿음은 이들에겐 희망의 삶이었다.

이들은 도시에서 멀리 떨어진 산간벽지에서 터 밭을 개간하고 굶주림에 지쳐 있었지만, 공동체 생활에서 오는 인간의 평등과 자유, 그리고 이따금 신부님의 방문은 이들의 신앙생활을 즐겁게 했다.

그들은 산속으로 모여 들었다. 모든 것이 새로웠다. 현실과 너무 차이가 컸지만 정신적 충만감과 평온이 그들을 쉬게 했다.

헌종이 죽고 철종이 들어서자 종교적 탄압이 완화되었다.

이때도 가난하고 순진한 사람들이 천주신앙을 갖게 됐다.

최양업신부는 전국을 걸어 다니며 교우들이 원하는 곳은 어디든 갔다. 산을 넘고 물을 건너 관헌의 눈을 피해 다녔다.

12년 동안 다녔다. 신부님이 도착하였다는 소문만 있으면 어린 양들이 참석하였다. 미사와 성체를 기뻐하고 즐거워하였다. 떠날 때는 눈물을 흘리는 양 떼들을 보며 하늘교회의 사도로써 사명감을 느꼈다. 이 시대 교우들의 열성을 보면,

(1) 사명감을 갖고

(2) 사회적 제약에 따른 관습과 문화를 탈피하려는 노력과

(3) 주위 환경에 포위돼 신앙을 유지하기 어려운 환경,

(4) 체포되면 가해질 박해에도 아랑곳 하지 않고,

(5) 어려움이나 고통, 가혹행위 등을 당연히 받아들이며,

(6) 신분상 뛰어 넘을 수 없는 한계를 넘어서야겠다는 의식,

(7) 이는 분명 현실에 대한 도전이었다.

이 모든 것을 천주 하느님이 해결해 주실 것으로 믿었으며 시대적 사명감 없이는 가능하지 않은 행위였다.

김대건 신부가 서해 선교사들의 입국 통로를 개척하다 체포되었다. 최양업 신부가 7년 반 동안 입국을 위해 갖은 고생을 다 하였다. 조선은 인간의 근본과 자연의 이치를 이념으로 한 사회였다. 지배계급의 권력은 비합리적이고 정당하지 못했다.

천하를 논하는 자들이 기득권만 유지하려 하였다.

척족권력은 이미 조선의 종말을 예고하고 있었던 것 같다.

역사적 과정에서 종교적 힘은 들풀과 같았다. 비바람이 불고 폭풍이 치면 들풀이 엎어지는 것과 같았다. 관헌의 탄압이 심하면 지하로 잠적하고 완화되면 신앙은 이웃 지역을 넘어 전국적으로 전파되었다.

신앙에 대한 믿음으로 수십 년 이어짐은 조선유학의 사회적 부조리와 병폐에 기득권이 눈을 감고 있었다. 그들이 기득권을 내려놓지 않는 한 민중은 가난과 굶주림에 허덕여야 했다. 세월이 흘러 많은 민중들의 관심 속에

신자들이 급속히 증가하였다. 선교사들은 희망적인 메시지를 담고 있다. 그러나 그것이 끝이 아니었다. 천주교 조선정착의 여정은 파란만장한 역사의 장이었다.

역사의 공백기인 약 50년은 천주교의 조선 정착을 통해 성리학과 대립의 각을 세웠다. 한편 선각자들에 의해 학문의 발전도 가져왔다.

2. 학문의 변화

1) 다산茶山 정약용丁若鏞

다산 정약용丁若鏞은 1762년[영조 38] 6월 16일 경기도 양주 마재에서 부친 정재원과 둘째부인 해남 윤 씨 사이 약전若銓, 약종若鍾, 약용若鏞 등 3형제 중 막내로 태어났다.

첫째부인 사이 약현若鉉과 딸 한 분이 있었다.

약용은 6살 때 경전을 읽기 시작했고 재주가 남달랐다.

경전을 읽고는 자신의 생각을 글로 지어 문장을 비교하였다.

그가 경서經書와 사서史書를 읽고 이를 모방하여지은 시구가 자신의 키만큼 쓸 정도로 문장에 탁월하였다.

아버지가 호조좌랑으로 발탁되어 서울로 올라가자 따라나서 서울 명례방에서 살았다. 이 동네는 남인들이 많이 모여 사는 동네였다. 이때 남인 계열인 성호의 종손 이가환을 비롯해 이승훈, 이벽 등을 만났다. 이들과 어울리며 성호 학문을 학습하게 되었다. 정약용은 23세 때 생원에 합격하고 성균관에 입학하였다. 그가 성균관에 입학하였을 때는 정조의 치세였다. 정조는 젊고 재능이 있는 젊은이를 모아 자신이 세운 규장각의 인물로 등용하였다. 28세 때는 전시 갑과에 급제한 후 종7품 벼슬로 시작하였다. 다산이 30세 때 외종형 윤지충과 권상연이 조상의 제사 지내는 것은 우상이라 하여 신주단지를 불태운 사건이 일어났다. 1792 홍문관 수찬에 제수되어 수원성 축조를 위한 기중기를 개발하여 시간과 인건비를 절약하면서 정조로부터 칭찬을 받았다.

다산이 정조의 총애를 받자, 노론 벽파에서 그를 모함하기 시작했다. 정조는 그를 곁에 두지 못하고 외지인 곡산부사에 임명하였다. 다산은 암행어사로 혹은 목민관으로 백성의 삶을 보고 많은 시詩를 남겼다. 그중 민중의 삶을 읊은 시를 보면,

집은 뚝배기 같고 서까래 얼기설기 방바닥은 차디차구나.
벽은 뚫려 햇빛이 빛이고 집안에는 쓸 물건 하나 없으니
모두 다 팔아도 칠 팔푼이요 안성맞춤 냄비 빼앗기고
3-5살에 군량미에 내라하니 조선은 누굴 위한 나라인가.
이같이 관리들의 악행이 온 천하에 가득하구나.

정약용의 위와 같은 시詩와 당시 천주교 신부들의 글을 비교할 때 민중의 생활이 어떠했는지를 짐작할 수 있을 것 같다.

이때 다산은 목민관으로 자신의 경륜을 펼칠 기회를 갖게 되었다. 백성들에게 선정을 베풀고 공公과 사私를 엄격히 구별하였다. 삼정을 처리하는데 백성들이 보아도 합리적 판단에 의해 문제를 해결하였다.

이때의 선정으로 다산은 노론 벽파의 서슬 푸른 시절인 신유박해 때 살아남을 수 있었다.

한 가지 문제가 있었다. 남인 계열의 성호학파였다.

성호 이익은 청으로부터 서양 문물의 도입을 허용했지만 윤리와 종교는 수용을 거부했다. 그러나 남인 계열의 학자들은 서양문물의 수용에 따른 다양한 종류의 책을 연구하였다.

종교도 학문으로 소개되어 연구하였다. 그들은 성리학의 충효사상 보다 한 단계 높은 우주만물의 창조주를 접하게 되었다. 학문의 연구를 멈출 수가 없었다. 이벽은 『천주실의』를 자체적으로 연구하게 되자, 천주신앙에 대해 상당한 이해와 믿음을 갖고 있었다.

당시 이승훈, 이벽, 권일신, 권철신 등이 천주신앙에 매료되어 있었다. 1784년 4월 다산이 23세 때인 성균관 유생시절이었다.

형수의 제사일로 고향에 왔을 때였다. 제사를 마치고 마재에서 배를 띄워 한강을 향해 내려오는 배 안에서 이벽의 『천주실의』에 대한 강의를 들었다.

창조주이신 천주님의 천지창조와 죽은 후 영혼이 사는 법을 듣자 황홀하고 놀라웠다. 다산 또한 관심을 갖고 『천주실의』를 빌려다 읽기 시작했다.

다산은 『천주실의』를 읽고 그 의미를 깨달았다. 처음 몇 번 그들의 모임에 참석하여 담론과 토론을 즐겼다. 그러나 다산은 『천주실의』에서 말하는 천지창조의 창조주인 천주님이 서양에만 있는 것이 아니라고 생각했다. 동양의 고대 사상에서 상제라고 일컫는 분 또한 창조주라고 믿었다.

다시 말해 서양의 임금과 부모 위에 천주님이 계신다는 한 단계 위의 수준을 동양의 경전에 나오는 상제와 연결시켰다. 서양의 종교에서 강조하는 창조주 아래 모든 인간의 평등과 자유 또한 동양사상의 경전에서 찾고 있었다.

그는 서양 종교의 우월성을 우리 경전에서 찾았다.

그 후 36세 때 곡산 부사로 나가 직접 목민관이 되어 백성들을 진휼하였다. 그들의 입장에서 생각했다. 현실에서 오는 부담 즉 조세를 최소화 시키려고 노력하였다.

그는 천주신앙에 관심을 갖고 추구했지만 심취하지는 않았다. 그 내용 일부를 우리 경전에서 찾고 백성들에게 적응시키려 했다.

다산은 28세 때 벼슬에 나아가, 1800년 40세 때까지 12년간 관직에 있었다. 정조의 죽음은 정치적으로 큰 소용돌이를 몰고 왔다. 궁궐의 어른인 정순왕후는 노론 벽파의 영구 집권을 위해 정적인 남인 시파를 걸고 넘어졌다.

국가 질서를 어지럽힌다는 이유로 천주교 신앙을 가진 남인 시파들을 숙청하며 정계에서 축출하였다.

많은 남인 학자들이 이때 죽음을 피할 수 없었다. 다산도 협의를 받고 약전과 함께 투옥되었다. 그러나 정약용 4형제 중 천주교에 심취한 사람은 정약종이었다. 그는 주위 사람들보다 늦게 참여하였으나 천주교를 깊이 연구하였다. 시대를 앞서가는 종교라고 생각했다. 민중을 위해 『주교요지』를 저술하였다. 천주교를 그의 아들 정하상과 함께 조선에 정착시킨 유일한 인물이었다.

그의 선각자적 노력으로 조선은 변화를 맞게 되었다.

다산은 이때 형 정약종의 변호로 풀려나 귀향을 가게 되고 정약종은 순교하게 되었다. 다산은 종교로써 천주교에 대해 깨닫자 그것을 성리학에 적용시키려 했다.

다산이 살았던 생애가 1836년까지 천주교가 지하에서 잠행하며 서서히 전파되는 시기였다. 다산은 실학의 집대성자로 머물렀다. 조선 성리학의 영역을 한 단계 발전시켜 변화는 가져왔지만 동양의 고전 영역에서 완전 뛰어넘을 수 없었다.

다산의 『경세유표』는 행정의 운용 제도를 논하며 법의 공정성을 강조하였다.

목민심서는 민본의 원리를 적용 하여 수령首領은 백성百姓을 위해 존재해야 하며 군림해서는 안 된다고 말하고 있다.

2) 혜강惠岡 최한기崔漢綺

혜강 최한기는 1803년 개성에서 최치현과 청주 한 씨 사이에 태어났다.

10대 이전 인척인 무관 출신 최광현의 양자로 입양돼 서울로 올라왔다. 양반층으로 생활은 넉넉한 편이었다.

세도정치 시기, 당시 서울 사정으로 보아 이름 없는 집안으로 벼슬아치 생활은 녹록치 않았다. 그가 할 수 있는 일은 학문에 열중하는 일이었다. 서책이 있는 곳은 먼 거리도 직접 가서 가격에 구애받지 않고 구입하였다. 고금의 서적을 다 구입하려 했다. 직접 북경까지는 못가도 북경을 왕래하는 사람들에게 부탁하였다. 그의 서재엔 국내 및 외국 서적을 합쳐 수천 권이 넘었다. 이들의 책들을 읽고 연구하기 시작했다.

여기에 문제가 있었다.

혜강 최한기가 현실을 얼마나 잘 파악하고 있었던가 하는 문제였다.

그는 양반의 자제로 생활은 넉넉한 편이었다. 현실을 모르거나 외면 할 수 있었다. 그러나 그는 학자가 되기를 원했다. 고금의 서적을 읽고 자신의 학문을 체계화시키려 했다.

학문하는 자가 현실을 도외시 할 수는 없었다.

앞서 살았던 실학자 홍대용, 박지원, 박제가 등이 현실을 비판하며 새로운 학문을 도입하고 사회에 적응하기 위해 노력하였다.

정약용 또한 관직에 머물렀고 비록 유배를 갔지만 국가의 현실을 직시하고 개혁을 위한 저술활동을 통해 타락한 사회 현실의 혁파를 주장하였다.

뒤에 오는 개화파의 오경석, 박규수, 동학의 창시자 최제우 등이 조선사회의 사회적 모순과 병폐에 울분하며 적극적인 사회 개혁 방안을 제시하고 있는데 비해 혜강 최한기는 현실 정치에 대해 한마디도 대안을 제시하지 않고 있다. 그의 입장에선 현실을 외면할 수밖에 없지 않았나 생각한다.

그는 조선의 성리학이 약 450년 내려오며 사회적 모순과 병폐가 만연돼 있었던 것을 알고 있었다. 그 원인을 그는 주자학에서 찾고 있었다. 주자에 의해 제기된 이기理氣설이 이理에 근본을 두면서 고대 유교의 경전이 형식화, 규격화 되었다.

국가 전체가 정치·경제적으로 신분제와 삼정 등 지배계층은 겉은 백성을 내세우면서 자신들을 위한 우민愚民정책이었다. 이와 같은 원인인 사회적 모순과 병폐를 주자학에서 찾았다.

그는 주자학과 상반된 양명학을 택했다.

이理는 기氣의 조리條理라 보고 기氣는 이理의 운용運用이다.

혜강은 기氣의 속성을 활동 운화에서 찾고 있다.

(1) 생명성[활], (2) 운동성[동], (3) 순환성[운], (4) 변화성[화]

여기서 활동 운화의 줄임말로 운화라고 부른다.

기氣의 운화에는 자연 및 인간 생활에서도 나타나기 시작하여 생성, 순환, 소멸되는 하나의 법칙이 있다고 보았다.

그는 기학氣學과 오륜 및 대학大學의 골자를 포함하여 자신의 기氣, 철학 체계를 세웠다.

이는 삼국시대 고구려, 백제, 신라가 유교를 수용하여 행정 체계를 유지하며 불교를 국교화하였던 것과 비슷한 체계였다. 그가 현실의 사회적 모순과 병폐를 지적하고 비난하였다면 당시 유교 이외의 학문을 사학邪學으로 규정하고 무자비하게 처형하는 장면을 목격했다. 그도 살아남을 수 없었을 것이다. 현실 비판이 자신에게 도움이 안 될 것임을 확인할 수 있었다. 외면하고 말하지 않았다.

혜강은 기학을 통해 38세 때인 1830년 신기통과 추측록을 저술하였다.

1840년대 혜강은 중국의 기서奇書라 할 수 있는 1844년『해국도지』1848년『영환지략』및『휘각도서』등을 서재에 갖추어 놓았다. 당시 세도가 조인영도 이 책을 갖고 있었다고 한다.

이는 중요한 의미를 갖고 있다.

『해국도지』와『영환지략』에는 유럽의 여러 나라와 미국의 정치, 경제,

사회, 역사, 지리, 풍습, 선거제도 등 다양한 내용이 서술되어 있었다. 혜강은 이 책을 깊이 연구하였다.

이는 동양의 왕조 체제엔 하나의 커다란 위협이었지만 민중에겐 변혁을 알리는 청신호였다.

위의 사실을 미루어 볼 때 선각자들은 이미 50-60년 전 시대의 변화를 감지하였다. 천주교를 통해 천주님 아래 모든 인간은 평등하다는 신앙을 믿었던 그들의 놀라운 식견이었다.

혜강 최한기의 기氣 철학은 운화의 실제성을 활용하여 유교의 "오륜五倫"과 대학의 "수신제가치국평천하修身齊家治國平天下"를 접목하였다.

그의 정치사상의 기본 골격은 유럽의 여러 국가에서 추구하고 있는 백성을 위한 정치였다. 백성을 지배하고 다스리는 우민정치가 아닌 진정 백성을 위한 정치를 의미했다.

여기서 백성을 위한 정치는 유교에서 말하는 사士, 농農, 공工, 상商 및 천민, 여성 차별 등 의미가 무용지물이었다.

신분적 차별이 전혀 없는 정치체제를 의미했다. 이를 위해 인재 선발 방법도 공평한 방법으로 인재를 선발하고 선거에 의해 선출하는 제도를 수용하고 있다.

이는 유럽 여러 나라의 제도를 도입, 수용함을 의미하고 왕권이 잘못되었을 때는 국민에 의해 다른 사람으로 추대될 수 있다고 제시하고 있다.

조선왕조 체제에선 파격적이고 혁명적인 내용으로 혜강은 현실 참여보다 자신의 저술에 의한 무궁한 발전을 꾀하고 있다.

혜강은 1857년『기학氣學』과 1860년『인정人政』의 저술을 완성하였다.

혜강 최한기는 현실을 외면한 이상적인 사회건설을 제시하고 있다. 이는 현실 정치를 뛰어넘는 사상이었다. 조선 건국이념인 성리학은 혜강에 의해 이념 자체가 무너졌다고 볼 수 있다. 국가가 발전하고 왕성한 생명력이 있다면 위와 같은 사상은 나올 수가 없었다. 혜강이 죽은 지 약 20년 후 조선은 멸망하게 된다.

다시 말해 1800년대 국내외 정세는 민중의 신분제 혁파에 있었다. 그러나 역사의 과정에서 보면, 혜강의『인정』저술로 신분제 혁파가 민중의 저항에서 왕조 및 권력층의 저항으로 변모해 가는 과정이었다.

그러나 왕권파는 그것을 알지 못했다. 알지 못한 게 아니라 모른 척 하였다. 1840년대 세도가 조인형의 서재에『해국도지』와『영환지략』이 있었다는 것을 보면 대원군도 알았을 것이다.

100년의 역사는 시대가 변하고 있음을 말해주고 있다.

3. 이념의 변화와 혁명의 불씨

1) 개화파의 태동 [오경석과 박규수]

1800년대 국제 정세는 서구 자본주의 열강들이 상품 판매와 자원 확보를 위해 동양으로 밀려오면서 제국주의자들로 변하였다.

국내 사정을 보면, 조선은 400년이란 세월이 지나자 사회적 병폐와 함께 지배계층의 타락과 부패가 심화되었다. 이에 뜻있는 선비들은 새로운 사상을 갈망하던 중 서양의 학문을 도입하면서 종교에 관심을 갖게 된다.

선각자들 자체의 천주교 도입이었다. 역사의 변천 과정에서 볼 때 선각자들은 시대의 변혁에 너무나 뛰어난 감각을 갖고 있었다. 자기희생을 통한 천주교의 도입은 백성들에게 창조주이신 천주님 아래 모든 인간은 평등하다는 믿음을 갖게 했다. 피지배계급인 백성들은 사회의 냉대 속에 공동체 생활을 통해 위와 같은 신앙을 실천하였고, 계속 저항하게 되면서 천주교는 민중의 희생을 바탕으로 이 땅에 정착하였다.

국내외적인 시대의 변혁은 한 중인 역관이 조선의 미래를 생각하게 하였

고 개화에 대한 자신의 의지를 다지는 시기였다

(ㄱ) 앞선 시대의 인물인, 천주교에 관여한 선각자들과 정약용은 실제 민중과 삶을 함께하며 그들의 고통을 해소하려 정치 사회의 개혁을 추구한 반면

(ㄴ) 최한기와 오경석 등은 조선이란 국가 차원에서 변혁을 통한 조선의 부국안민을 취하고 있다.

(1) 오경석

1831년[순조 31] 9월 21일 서울 광장동에서 오응현의 5남1녀 중 장남으로 태어났다.

그의 집안은 대대로 역관출신으로 생활은 넉넉한 편이었다.

그는 유년시절 아무 어려움 없이 학문에 열중할 수 있었다. 역관출신 집안으로 시대의 변화에 민감했고 국내외 정세를 어느 누구보다 빨리 파악할 수 있는 위치에 있었다.

그는 어려서부터 실학자 박제가의 『북학의』를 탐독하며 선진화된 청국의 문화를 글로 접할 수 있었다. 박제가의 『북학의』를 통한 조선사회의 비판은 그의 마음속에 그대로 투영됐다.

또한 김정희의 금석학과 서예에 조예가 깊었다.

16세 때인 1846년 [헌종 12년]에 역관 시험에 합격했다.

이 시대 역관은

(ㄱ) 국제 정세에 밝고 현실에 민감해야 했다.

(ㄴ) 언어 능력이 뛰어나야 했고,

(ㄷ) 권력의 실세와 관계가 좋아야 했다.

(ㄹ) 상대 지역의 많은 인사와 교분이 두터워야 했다.

(ㅁ) 역사에 투철해야 했다. 등 자격을 갖추어야 했다.

오경석은 1853년 23세 때 역관으로는 처음 청국 사은사로 참여하여 북경에 다녀오게 되었다. 그가 떠나기 전 아버지를 비롯하여 주위에 많은 역관들이 그에게 조언을 해주었다. 그가 북경에 갈 때는 꼭 고려인삼을 갖고 갔다. 청국 사람들에게 인삼은, 선물로는 너무나 귀중한 상품이었다. 여유롭게 청국의 젊은 친구들과 접촉하며 자신의 견문을 넓히기 시작했고 그들과의 대화는 유익했다.

당시 청국은 1842년 아편전쟁을 치렀고 1850년엔 홍수전에 의해 태평천국의 봉기가 일어났다. 청국에서 태평천국의 봉기는 모든 백성의 평등을 외쳤다. 전국적으로 확산되자 청국 정부는 영국에 의뢰하여 진압하였다.

이러한 시기 청국 청년들과 오경석은 서양의 세력과 청국 및 조선의 문제를 갖고 열띤 토론을 벌였다. 한편 그들과의 대화는 국제 정세를 파악하는 데 큰 도움이 되었다.

조선은 폐쇄적인 사회였다. 그들과의 대화중 조선은 하루 빨리 서구의 문물을 받아들여 변하지 않으면 미래가 없다는 확신을 갖게 했다. 또한 평생자신이 추구해야할 일이 무엇인지 생각하게 하였다.

북경 서점에 나와 있는 새로운 책들을 수집하여 조선으로 돌아온 뒤 친구 유대치에게 읽게 했다. 그에게 중국의 현황을 설명하고 곧 조선에 닥칠 서양의 침략과 통상 정책에 대항할 수 있는 방법을 먼저 터득해야 했다.

그가 청국으로부터 들여온 책 중『해국도지』와『영환지략』은 이미 1840년대 최한기의 서재에도 있었던 책들이었다.

유럽각국과 미국의 정치, 경제, 사회, 역사, 지리 및 선거제도 등 다방면에 걸쳐 서술된 책들이었다. 당시 이와 같은 다량의 새로운 서적들은 조선의 입장에선 불온서적이었으나 제지받지 않았다.

오경석이 1857-1858년 4번째 청국에 갔을 때, 영, 불에 의한 청국 침입이 있었고 청국은 1858년 영, 불 침입으로 천진조약이 체결되었다. 그러나 청국은 영, 불의 일방적인 조약 내용을 지키지 않았다. 오경석이 1860-1861년 5번째 북경에 갔을 때 영, 불 연합군의 북경 침략이 시작됐다. 청국은 쉽게 무너지며 황제가 열하로 도피하였다. 북경의 함락은 영, 불의 일방적인 내용으로 북경조약이 체결되었다.

이런 사실을 보고 오경석은 조선이 위기 상황임을 피부로 느꼈다. 또한 조선 민중에겐 큰 충격을 주었다.

오경석은 역관으로 현실을 직시할 줄 알았고 기다릴 줄도 알았다. 자신이 직접 나서서 나라의 위기를 구할 수는 없었다.

그러나 양반 귀족들의 자제를 데려다 개화사상을 교육시켜 국가의 장래를 맡기는 일이었다.

1872년 박규수가 북경에 사은사로 갈 때 오경석이 역관으로 동행하며 조국에 대해 많은 이야기를 나누게 되었다. 오경석은 조선의 위기를 타개하는 방법으로 평소 자기가 생각했던 관심사항을 주고받았다.

오경석은 조선의 개화를 위해 북촌에 있는 양반 자제들을 모아 개화사상을 교육하는 게 어떠냐고 물었을 때 박규수도 오경석의 제의에 찬성하였다.

여기서 두 사람은 서두르지 않았다.

오경석이나 박규수 역시 무리하게 일처리를 하지 않았다.

1874년 고종의 집권 후 박규수의 사랑방에 양반 자제인 김옥균, 박영교, 유길준, 박영효, 서광범 등을 모아 새로운 학문을 교육시켜 개화파로 성장시켰다.

천주교가 조선에 정착하며 끈질긴 신앙심을 갖고 지하로 전파되고 있었다.

오경석에 의한 개화파 역시 한 세대를 지나 정변을 통한 인간의 평등과 부국을 외쳤다.

동학이 최제우에 의해 창건되고 민중들의 호응을 받아 30년 후 동학민중혁명을 일으켰다.

조선은 이제 타락과 부패 속에 더 이상 견디지 못하고 막을 내리고 있었다.

(2) 박규수

1807년 10월 7일 서울 가회동에서 박종채와 처 전주 유 씨 사이에 3남 중 장남으로 태어났다.

젊은 시절 효명세자와 친근한 관계였다. 그가 죽자 박규수도 약 18년간 두문불출 은둔 생활에 들어갔다. 그는 유학자였지만 편협하지 않았다. 그의 조부가 실학자 박지원이었다.

그의 은둔 생활은 학문의 성숙기였다. 같은 시대 최한기와는 달리 가문의 배경이 있었다.

1848년[헌종 14년] 42세 때 과거에 급제하였다. 그 후 대궐의 조대비의 추천으로 벼슬길이 순조로웠다.

그는 합리적이고 현실적인 인물이었다. 1861년 열하사로 청국에 갔다가 영, 불에 의해 거대 청국이 무너지는 모습을 보았고 1866년 7월 박규수가 평양감사로 재직할 때 미국 상선 제너럴 셔먼호의 평양 침입 사건과 곧 이은 병인양요를 거치며 국제 정세의 변화와 조선의 절박한 현실을 인식하고 있었다.

1872년 박규수가 사은사로 역관 오경석과 함께 북경에 가게 되었다. 서로의 만남이었다. 그들은 대화를 통해 개화에 대한 필요성을 느꼈다. 서로 공감하게 되었고 조선의 미래를 생각하게 되었다. 그러나 박규수는 서두르지 않았다. 대원군 집권시절 자신의 정치사상을 노출시키지 않았다.

적극적으로 대원군을 도왔다. 대원군이 물러난 후 고종이 집권하자 정계의 원로로 개항을 주장하였다. 조선이 끌려가는 입장에서 문호개방은 미래를 예측할 수 없었다. 조선이 살기위해 문호개방은 필요했다.

1874년 정계 원로로 은퇴 후 박규수는 자기 집 사랑방에서 북촌의 양반 자제인 김옥균, 박영교, 홍영식, 유길준, 박영효, 서광범 등에게 개화사상을 가르쳤다.

당시 박규수나 오경석은 개항에 따른 책임론에서 자유로울 수 없었다. 그들은 정신적 충격에 의해 결국 천수를 누리지 못했다.

2) 동학의 창건

이 시대 민중[백성]의 애환을 가장 정확하게 현실적으로 파악한 인물이 바로 최제우였다.

국제 정세는 서양 세력이 1842년 청국에서 아편 전쟁을 일으키는가 하면, 국내에선 태평천국의 난이 일어났다. 또한 1860년 영, 불 함대에 의해 북경이 함락직전에 있던 시기였다. 1840-1850년대 조선에도 서양의 이양선 異樣船이 나타나 서해와 동해 주위를 탐사하기 시작하였고 러시아 또한 남하 정책이 시작되었다.

이런 시대적 상황 속에서 조선은 창업 후 약 450년간 이념과 체제에 변화가 없었다. 다행히 영, 정조 시대에 민족의 중흥을 꿈꿨으나 정조의 갑작스런 죽음으로 좌절되었다. 이념과 제도엔 탄력성이 있어야 했다. 그러나 조선은 양반의 권익을 최우선시하는 신분제를 채택했다. 사회가 지배계급인 양반과 피지배계급으로 나뉘었다.

자급 자족시대 양반은 일하지 않고 의식주 해결은 쌍놈들이 해주어야 했다. 그들이 노비였다. 이러한 시절이 수백 년이 흘렀다. 사회적 부조리와 모순이 나타났다.

수백 년 변화 없이 내려온 이념과 제도는 시대에 뒤떨어지고 낡아있었다. 여기에 소수 외척들인 벌열가문이 권력을 장악했지만 그들 또한 객[손님]이었고 현실 안주가 권력을 누리는 최선의 방법으로 변화를 원하지 않았다. 그들에 의해 왕권이 순조, 헌종, 철종 등 3대에 걸쳐 농락당했다.

역사의 암흑기로 조선이 거덜나는 시기였다. 사회적인 부조리와 부패가 혼란과 혼돈의 극치를 이루었다. 최제우 또한 위와 같은 시대상을 목격하고 나라와 민족을 구할 수 있는 방법을 찾게 되었다.

최제우崔濟愚는 1824년 10월 28일 경상도 경주에서 아버지 최옥과 어머니 한 씨 사이에 태어났다. 어릴 때 이름은 복술이었다. 제우는 훗날 어리석은 자들을 구제한다는 뜻이었다. 수운은 만물을 성장시킨다는 의미가 있다. 아버지 최옥은 한학자였다. 마을에서 좀 떨어진 곳에 용담정을 세우고 배우고자 하는 사람은 모두 받아들였다. 최제우는 아버지에게 한학을 배웠으며 13세에 혼인하고 16세에 아버지가 돌아가셨다.

최제우가 한학을 배우며 15살 되던 해 국내에선 왕권이 바뀌었다. 순조가 죽고 헌종이 즉위하자, 안동 김 씨와 풍양 조 씨 등 외척들끼리 권력 투쟁을 벌였다. 풍양 조 씨가 권력을 잡게 됐다. 그들은 정권 유지를 위해 천주교인들을 제물로 삼았다. 그동안 사회적으로 조용했던 천주교인들을 척사로 몰며 탄압과 처형을 서슴지 않았다.

최제우는 천주교인들이 체포된 후 배교치 않고 처형되는 것을 이상하게 생각했다.

천주교인들에겐 목숨보다 더 중요한 게 있구나. 그것이 무엇인가. 창조주인 하느님 아래 모든 인간의 평등과 자유 그리고 영원히 산다는 천국에 대한 믿음이었다.

그의 삶에 대한 의문이 많던 시기 아버지가 돌아가셨다.

3년 상을 치른 후 부인과 자식을 잠시 처가에 맡겼다. 1843년 20세 때 집을 떠나 활로를 찾아 나섰다. 삼남 지방을 다니며 품도 팔고 삯 일도 하며 세월을 보냈지만 눈에 뜨이는 것이 없었다. 눈에 보이는 것은 천주교인들의 핍박과 탄압이었다. 그들 속에 묻혀 공동체 생활도 하였다.

무언가 느껴지는 게 있었다. 자유롭고 편안함이었다. 모든 남녀노소가 꾸밈없이 평등하였다. 최제우는 서학의 모임에서 나와 우리 고유의 것을 찾았다.

충청도 논산에 왔을 때 지역에서 이름 있는 학자 이인규를 만나 스승으로 모시고 학문에 열중하였다.

이곳에서 몇 년간 머물며 유교, 불교, 도교에 대한 경전을 모두 섭렵하였다. 동료들과 현실 사회의 부패, 부조리 등에 토론을 갖고 유교 사회의 말기적 증상을 논하며 이념적 갈등을 겪었다. 조선의 지배세력은 50-60년에 걸쳐 천주교를 핍박하였지만 끊임없이 전파되는 생명력을 갖고 있었다.

그는 인간의 평등과 자유를 조선의 사회적 가치인 신분제와 비교하여 보았다. 오늘날 조선사회의 사회적 모순과 부패 등을 타파할 수 있는 대안은 만인의 평등에 있음을 깨닫게 되었다.

지배계급의 현실 안주는 시대의 변화에 귀를 막고 들으려 하지 않았다. '그들의 탐욕이 조선을 망치는구나.' 생각하며 오늘 이 사회를 구제할 수 있는 방법은 신앙과 사회개혁을 통한 의식 변혁이었다.

몇 년간 집을 떠나 학습한 결론이었다. 그가 집에 돌아왔을 땐 집안 형편이 너무 기울어 있었다.

그는 평소 자신의 의지를 확인하기 위해 먼저 자기 집에 있던 여종들을 해방시켰다. 여종 한 명은 며느리로 삼고 또 한 명은 양녀로 삼아 최초로 자신이 가졌던 생각을 실천에 옮겼다. 그는 의식주보다는 이 시대가 자신에게 요구하는 것이 무언가 고민하기 시작했다.

1855년 자신의 집 근처에 있는 용담정서 묵상과 기도로 시간을 보낼 때였다. 금강산 유점사에 있는 스님한테 『을묘천서』를 받고 그 내용을 음미하며 신비한 체험을 겪게 되었다. 이에 최제우는 다음해 양산군 천성산 깊은 산으로 들어갔다. 단을 쌓고 49제를 올린 후 단식기도를 하며 신의 계시 받기를 간절히 염원하였다.

이 같은 그의 염원은 단식기도 중 숙부의 죽음을 알 수 있는 신통력을 갖게 되었다. 이것이 알려지자 주위 사람들에 의해 기인으로 알려졌다.

그가 49제를 끝내고 집에 돌아와 잠시 쉬고 있을 때 땅문서 관계로 한 노파가 찾아왔다. 노파가 시끄럽게 대들자 뿌리치다, 노파가 넘어져 숨을 쉬지 않았다. 급히 달려가 노파의 얼굴을 보니 아직 생기가 있었다.

주위에 있던 갈대 잎을 꺾어 목구멍에 넣고 살살 자극하였다. 노파가 기침을 하며 살아났다. 이 소문이 저잣거리에 퍼지면서 그의 명성 또한 주위에 알려졌다.

최제우는 스스로 자신에게 신기가 있음을 알게 되자, 아버지가 지은 용담정으로 갔다.

그는 여기서 홀로 열성적인 신앙생활을 하며 한울님께 기도하던 중 어떤 형체를 알 수 없는 곳에서 상제의 음성이 들렸다.

1860년 4월 어느 날 쓰러져 있을 때, 도저히 몸을 움직일 수가 없었다. 희미한 의식 속에서 전율을 느끼며, 저 멀리 형체를 알 수 없는 곳에서 상제의 음성이 들렸다. 이에 놀라, "뉘신지요." 하고 물으니 "두려워 말고 두려워말아라. 세상 사람이 나를 상제라 부르는데 너는 상제도 몰라보는가." 하며 "너를 세상에 내어 나의 말을 전하게 할지니 의심하지 말고 의심하지 말라."

"나에게 신비한 영부가 있으니 그 이름은 선약이요, 그 형상은 태극이요, 궁궁과 같으니 나에게서 이 영부를 받아 사람들의 질병을 고치고 나의 주문을 받아 사람들을 가르쳐 나를 위하게 하라. 그러면 너 또한 장생할 것이며 온 세상을 이롭게 할 것이다."

동경대전 포덕문에서 동학은 '인내천' 즉 사람이 하늘이다. 핵심내용은 실천하는 종교였다. 최제우는 이 시대 현실을 가장 잘 파악한 사람으로 동학을 창건하며 몇 가지 특징적인 요소를 갖고 있었다.

(1) 유교, 불교, 선교 및 민간 신앙인 무속까지 포함한 종교와

(2) 천주교의 "창조주 아래 모든 인간은 평등하다." 등을 포함.

(3) 동양 고유사상 중 '인내천', 즉 한울님에 의한 평등사상을 제시하고 있다.

(4) 부적에 의한 질병 치료와

(5) 한글로 된 짧은 문구

(6) 성, 경, 신의 자세[실천을 위한 주요한 수신자세]

(7) 조직력이었다.

국내외적으로 혼돈, 혼탁의 시대 민중에게 삶의 희망을 주고 국가에 보국할 수 있는 종교로써 변혁 담당의 역할을 하고 있었다.

동학은 동양의 유, 불, 선과 토착 신앙에 천주교의 만인 평등사상을 융합한 민족사상으로 보국안민과 광제창생을 내세우고 있다.

동학의 기본 가르침은 시천주侍天主 즉 내 몸 안에 한울님을 모셨다는 뜻의 사상이 핵심으로 이는 '인내천'으로 변한다.

천주는 한울님으로 유교에선 상제上帝이고 천주교에선 '창조주'를 의미하였다.

동학은 조선사회의 가장 큰 병폐였던 반상班常, 적서, 남녀, 차별 등을 모두 혁파하였다. 또한 인간 삶의 가장 큰 장애인 질병과 고통에서 벗어나기 위해 강령 후 지기금지至氣今至 원위대강願爲大降과 시천주조화정侍天主造化定 영세불망만사지永世不忘萬事知 등 21자 주문을 정성껏 외우면 도를 깨닫고 무병장수하며 선인이 될 수 있으며 지상 낙원에 이룰 수 있다고 했다. 그는 도를 깨친 후 동학東學이라 했다.

동학東學과 서학西學의 다른 점은 "포덕문에서 운은 하나요 도는 같지만 이치는 어긋난다." 하며 동학은 동쪽에서 일어난 가르침이고 서학은 서쪽에

서 일어난 가르침을 분명히 했다.

그는 동학을 체계화하기 위해 용담가, 교훈가 등 한글 가사를 지어 민중이 쉽게 읽고 부르게 했다.

1861년 신분적 모순 속에서 억압받고 핍박받던 민중 속으로 파고들어 수많은 민중이 동학으로 모이기 시작하자 정식으로 21자 주문을 채택 암송하도록 했다. 이로 인해 경주일 때는 밤이면 동학교도들의 천주강령을 암송하는 소리가 널리 퍼지게 되었다.

최제우는 전라도 남원의 은적암에 머물며 권학가를 짓는 등, 근 1년간 포교활동을 활발하게 진행한 후 남원일대에 동학의 터전을 마련하였다.

조선의 삼남 지방이 천주교와 동학에 의해 모든 인간의 평등이 강조되며 은밀하게 퍼지기 시작했다.

1860년 청국이 영, 불 함대에 북경이 함락됐다는 소식과 1862년 진주에서 조선 역사상 유래를 찾기 힘든 민중봉기가 혁명의 불씨를 안고 일어나 삼남지방 전체를 덮게 됐다. 이를 임술년 민중봉기라 하였다.

이에 최제우는 선불리 움직이지 말 것을 최시형에게 전하며 때를 기다릴 것을 강조하였다. 그러나 대원군 집권시절 동학은 이필제와 영읍 민중봉기를 일으켰다.

3) 군웅활거 시기[잠룡들의 의식 형성]

1850년대 국제 정세는 서구의 제국주의 세력이 동양으로 밀어 닥쳤다.

그들은 조선의 앞바다에 이양선을 출현시켜 주변 지역을 측량하기 시작했다.

1860년엔 청국의 북경이 함락되었다. 국내에선 1849년 헌종이 죽자, 적통도 아닌 강화도 산속에서 살고 있던 청년 이원범을 왕위에 앉혔다. 이 사람이 곧 철종이었다.

(1) 왕으로 권위가 있을 수 없었다.

(2) 정부의 정책이 외척[안동 김 씨] 들의 가족회의에 지나지 않았다.

(3) 그만큼 그들의 세력이 지방 말단에까지 손이 뻗쳤다.

(4) 지방의 수령, 아전들의 탐학이 극심했다.

위와 같은 국내외 정세의 혼돈시대, 뜻있는 자들이 출세의 길이 막히자 국가의 변혁을 꿈꿨다.

민중들 속에 잠룡들의 의식을 형성이 이루어졌다.

당시 조선 백성들을 사상적으로 분류하면

(1) 기존의 정통 유림세력 [기득권층],

(2) 천주교를 믿는 지하 잠복 세력,

(3) 개화를 위해 뛰고 있는 개화 세력,

(4) 동학의 민중 구제 세력,

(5) 민중들 속 잠룡들의 의식 형성시기 등,

(6) 이외 민중이 존재했다.

이들 중 잠룡에 속하는 인물들은 민족의 희망사항이었던 중원 정벌까지 외치고 있었다.

이들의 직업은 대개 향반, 잔반, 서얼, 몰락 양반 및 저항 지식인이었다.

이들의 뜻은 희망적이었으나 이루어질 수 없는 실패 이유는,

(1) 백성[민중]들이 유교의 충효사상으로 뼈 속까지 철저하게 학습되어 있었다.

(2) 사회 전체의 물질적 기초가 너무 빈약했다.

(3) 조직력이 허술하였다.

(4) 지배계급에 대한 일시적, 감정적 대응이었다.

그러나 이들[잠룡]의 권위와 조직력은 하루아침에 이루어지지 않다. 50년 전 홍경래가 살았던 평안도는 주민 자체가 정부에서 그들을 천대한다고

생각했다. 이러한 조건하에 홍경래는 10여 년 자신의 뜻을 펴기 위해 주위 인물들을 포섭하였다.

그가 거사에 임했으나 약 4개월 유지했다.

그러나 현 잠룡들에겐 그와 같은 철저함은 없었다.

(1) 조직되고 흩어짐이 너무 쉽게 무너졌다.

(2) 충효의식이 강한 관군이 도착하면 곧 흩어졌다.

이는 백성들이 혁명의 행동을 용인하지 않았고,

(3) 조선이 멸망할 때까지 혁명에 의한 왕조의 변혁이 어려웠다.

1869-1871년 사이 대원군의 집권 기간에 국가 변혁의 거사가 있었다. 1869년 3월 광양 민중봉기와 1869-1871년까지 3년 동안 이필제가 주동이 되어 일으켰던 진천과 진주 및 영해 정변 등이었다. 참여했던 많은 인물들의 젊었을 때 품은 꿈이 정변 등으로 나타났다.

이때의 인물들을 보면

1869년3월 광양 민중봉기: 민회행은 광양 출신, 의술과 천문 지리에 밝음. 전창문, 강명좌, 이재문 등 병법과 지리에 능하였다.

1869 - 1871년 이필제와 동학 영해 민중봉기.

진천, 진주 민중봉기와 영해 정변에 참여한 인물들; 잠룡 이필제의 활거; 충남 홍주 태생이나 진천에서 살았음. 혁명의 뜻을 품고, 인물이 준수하였고 언변이 주위사람을 감화시킬 정도로 능숙했다.

심홍택; 공주사람으로 재력가였다. 양영렬; 의병장의 후예로 혁명에 자신감을 보였다. 정만식과 성하철은 창녕사람, 두 사람 모두 병법과 점술에 능하였다.

1871년 3월 영해 민중봉기; 정치겸과 강수, 동학교도 맹활약. 남두병과 이군협; 경전, 병법, 점술에 밝음. 그 외 정기현 ; 경기 용인사람, 뜻은 컸으나 제대로 활용하지 못하였다.

이들은 혼돈의 시대 자신의 뜻만 키웠지 상대적으로 민중을 위한 준비는 전혀 없었다. 결과는 쉽게 무너졌다.

반면 철저하게 뿌리가 준비된 가운데 조직력을 키운 사람들이 있다. 한 세대 이상 세월이 흐르자, 천주교, 개화세력, 동학 등에 민중들이 호응하는 것을 볼 수 있다.

이는 역사가 우리에게 주는 뿌리 깊은 교훈임을 알 수 있다.

다음 장에 이들의 거사 내용이 기록되었다.

4) 1862년 임술 민중봉기

세기적 대 격변기인 1800년대 조선의 지배계급[노론]인 외척들[안동 김 씨, 풍양 조 씨, 반남 박 씨은 어린 임금을 등에 없고 장기 집권을 꾀하였다.

남인 소장학자들을 천주교를 믿는다는 이유로 죄가 가벼운 자는 귀향을 보내고 배교치 않는 자는 순교하였다. 또한 벌열가문 이외의 유림들에게는 권력에 접근을 봉쇄하였다.

이에 홍경래와 그를 따르는 민중들은 분연히 일어났지만 민중봉기 4개월 만에 좌절되었다. 그 후 반세기 이상, 지배계급들은 권력을 농락하고 탐학을 즐겼다.

그들은 피지배계급인 민중의 신분제에 대한 도전에 박해와 핍박으로 천주교인들을 처형하였다. 그러나 교인들은 외척들의 박해를 당할지언정, 공동체 안에서 신앙생활은 버릴 수 없었다.

창조주 아래 만인은 평등하다는 신념을 갖고 무언의 저항을 통해 수십 년 이어지고 있었다.

수백 년 내려온 조선의 이념과 제도에 변화가 없었다.

물은 흘러야 되고 정체되면 썩는다. 그러나 외척들에 의해 이념과 제도가 더욱 경직되고 규격화되어 수십 년이 흘렀다. 지배계급의 착취가 민중이 감당할 수 있는 도度를 넘어섰다. 이에 임술년 전국적인 민중봉기가 일어났다. 여기엔 몇 가지 조건이 있었다.

(1) 국제 정세, 청국의 북경 함락이었다.

거대 청국이 서양의 세력인 영, 불 연합군으로 1개 사단 병력도 안 되는 극동 함대와 전투를 벌였다. 청국은 힘없이 당했다. 수도인 북경이 함락되고 황제가 도피하면서 영, 불연합군에 항복하였다. 1860년 북경 조약이 영, 불에 의해 일방적인 조건하에 체결되었다.

청의 북경 함락은 조선 민중에겐 청천벽력과 같은 소식이었다. 그렇게 수백 년을 철저하게 믿었던 청국이 무너지자, 조선 민중은 천하제일의 인륜 가치로 생각했던 유교문화와 힘이 기울었음을 직감했다.

이는 조선이 수십 년간 핍박으로 압제해온 천주교에 대한 탄압이 잘못 되었음을 인정하지 않을 수 없었다.

(2) 천주교와 동학의 인간은 평등하다.

천주교가 조선에 도입된 지 약 80년이 흘렀다.

조선의 천주교인들은 지배계급인 유림들의 위정척사 사상에 의해 60여 년간 수없이 많은 고통과 고난의 길을 걸었다.

천주님에 대한 놀라운 신앙의 힘은 지하의 잠적 상태에서도 끊이지 않고 이어져 왔다.

그들의 공동체 생활이 창조주인 천주님 아래 모든 인간은 평등하다는 확신을 갖게 했다. 조선에선 1860년 포도대장이 천주교에 강경 정책을 펴 천주교도들을 전국적으로 탄압하였다. 그러나 서구 세력에 의해 북경이 함락되었다는 소식은 조선 임금을 비롯한 외척 세력들에게 식은땀을 흘리게 하였다. 그들은 당시 정세아래 포도대장의 천주교인에 대한 탄압이 있자, 그의 어리석은 행동을 나무랐다. 머쓱해진 포도대장이 사임했다.

조선의 신분제 사회가 450년을 넘으면서 양반 계급들은 놀고먹었다. 먹을 것이 떨어지면 민중들을 착취의 대상으로 삼았다. 부녀자나 노비 또한 사람 취급을 받지 못했다. 사회가 혼란스러웠다. 최제우는 삶의 고달픔을 몸으로 직접 체험했다.

민중을 구제할 수 있는 방법을 찾아, 노력 끝에 동학을 창건하였다.

동학은 '인내천' 즉 사람이 곧 하늘이라는 사상으로 인간의 평등을 외치고 있었다. 이는 조선 민중의 의식변화를 의미하였다.

(3) 지배계급의 부패와 탐욕

지배계급의 약 60년간의 권좌는 조선의 낡은 이념과 제도를 혁파하지 못하고 현실에 안주하였다. 자신들은 한 세상 권력과 탐욕을 즐기며 살 수 있었을지 모르나 그들은 지배계급으로 역사에 책임을 져야했다.

조선을 말아 먹은 자 즉 노론의 소수 6개 벌열 가문이 책임을 통감해야 했다. 그들은 권력을 장악하기 위해 천주교인들을 탄압했고, 허수아비 임금을 앉혀놓고 권력을 농단했다.

청의 북경 함락은 그들을 떨게 만들었다. 위기가 닥치자 안동 김 씨 세도가들은 재물 잃는 것을 두려워했다. 조선의 비참한 현실이었다. 정권을 틀어진 권력자가 국가와 민족의 안위는 그의 눈엔 없었다. 오직 탐욕으로 모은 재물뿐이었다. 당장이라도 서양세력이 쳐들어올 것 같았다. 그들의 두려움에 떠는 모습을 민중들은 보았다. 너와 내가 상전과 종이 아니라 평등하고 자유스러운 대등한 인간이라는 사실이었다.

(4) 1859년 전국적인 전염병에 의해 약 40만 명이 목숨을 잃었다.

인명의 손실과 홍수, 기근 등 재해로 인해 민생이 토탄에 빠진 상황에서 삼정의 과중한 세금은 수령이나 양반의 등살에 못 이겨 도망친 자의 몫까지 물어야 했다. 향반, 혹은 토호까지도 세금에는 자유로울 수 없었다. 결국 진주에서 민중봉기를 시작으로 삼남 지방은 물론 전국적으로 확산되기에 이르렀다.

삼정이란,

면포; 무명 [옷감]

1척=1자를 의미. 1자=1치의 10배 =약 30.3센티미터

40척=1필의 표준임.

40×30.3=약 12미터. 한 필=12미터.

삼정의 문란

삼정은 전정, 군정, 환곡 등을 말한다.

농경 사회에서 국가 재정을 확보하는 방법으로 삼정을 운영하였다.

(1) 전정田政은 농지에 부과하는 조세로 전세[농지세], 삼수미, 대동미, 기타 부세 등으로 구성되었다. 농지의 면적, 생산량, 농지세와는 상관없이 등급이 매겼다. 한번 정해지면 양전을 통해 수정하기 힘들었다. 전세는 군현 단위로 묶어 결총제를 실시했다.

이는 국가의 일방적인 세수 제도로 홍수, 기근 등 재해와는 관계가 없었다. 군현 단위의 결총제에 의해 매년 같은 세금을 내야했다. 양전 실시는 최소 10년 이상 걸렸다.

(2) 군정軍政 또한 군역과 군역세가 있는데 평민과 천민에 부과되었다. 이 또한 군현단위로 묶어 한번 정한 군역[육체적 노동]과 군역세는 세월이 흘러도 변하지 않았다.

죽은 자와 어린이한테도 세금을 물렸다.

(3) 환곡還穀 역시 백성을 위한 진휼미였다. 시대가 변하자 진휼미를 군현 단위로 배정한 후, 의무적으로 수령케 했다. 이듬해 1할의 이자를 내야했다.

봉건사회에서 삼정 모두 불합리하고 모순 덩어리였다. 세월이 흐르자 불만이 누적되었다. 신분제와 함께 민중봉기의 원인이 됐다.

지배계급의 타락과 부패는 필연적이었다. 외척들의 탐욕을 통제할 주인[임금]이 어리석었다. 권력이 외척들의 손에 놀아나자 지방관, 군수, 부사, 현감 및 아전 등이 윗사람의 눈치를 보게 되었다. 재물이 나올 구멍인 백성을 쥐어짜기 시작했다.

국가의 세율은 1전인데 조세는 각 군 혹은 지역마다 달랐다. 엽전 5잎부터 10, 15, 20잎까지 받는 곳도 있었다. 그들은 사회가 혼란스럽자 더욱 악랄하게 세금을 거두었다. 어느 고을에선 과부들을 모아 놓고 그들이 홀로 사는 것을 나무라며 세금을 물리었다. 그러자 백성들도 복수하기 시작했다. 이에 앙심을 품고 수령의 어머니를 데려다 욕보이는 일도 있었다. 이 시기 못된 짓만 골라했던 수령들이 백성들의 복수로 인해 약40-50명이 고을을 떠났다고 천주교회사는 적고 있다.

이렇게 흥분한 군중들도 몇백 년 동안 내려온 유교의 충효사상은 지키려 했고 혁명에 의한 국가 건설은 생각지 않았다. 민중들의 의식은 조선이 몰락할 때까지 계속 이어졌다.

조선사회가 말기로 치 닫으며, 천주교와 동학의 관념적인 평등론은 사회경제적 모순과 부조리, 부패 등과 함께 상승 작용을 하면서 민중봉기로 이어졌다.

민중봉기는 목숨까지 담보로 했다. 처형될 각오로 무리지어 일어났다. 평소 민중을 착취의 대상으로 삼아 괴롭히고 수탈했던 수많은 양반들의 집이 불살라졌다. 때가 되자, 양반들은 민중을 괴롭힌 만큼 대가를 치렀다. 이는 결국 신분제 사회의 몰락을 가져왔다.

1862년 진주민들의 봉기는 경상우병사 백낙신의 강압적인 조세 수탈 방법에 대항한 민중봉기였다.

관官에서 일반 서민 및 농민에게 부과되던 각종 부세인 환곡과 군역세를 토지세로 일원화하였다. 군, 현 단위로 모든 양곡을 합산하여 총액제로 환산 후 금납화시켰다. 환곡이나 군역에서 결손 분을 호적상 가구주에게 강제 징수하려했다. 여기에 향반과 토호 및 아전들까지 백낙신의 민중에 대한 과중한 조세부담에 민중의 저항이 시작됐다.

몰락한 양반 유계춘과 교리 이명윤, 초군의 우두머리였던 이계열 등이 주동이 되었다. 초군[나무꾼]들이 주동이 되면서 머리에 흰 두건을 둘러쓰고 몽둥이와 지겟대를 들고 읍내를 다니면서 민중을 선동, 2월 14일부터 23일까지 약 일주일 동안 시위가 계속되자 진주 전 지역으로 확대되었다.

시위대가 진주읍 및 그 일대를 장악하면서 훈장 및 양반 부호들, 악질 관리들의 집을 파괴, 방화시켰고 일주일 동안 진주성에 머무르며 도결, 환곡 등을 혁파할 것을 요구하였다.

진주 민중봉기는 주위 고을로 번지기 시작하면서 경상, 충청, 전라도 등 삼남지방으로 확산되었고 전국적으로 민중의 조세 저항운동이 일어나기 시작하였다.

결국 민중은 먹고 사는 의식주 문제로 저항하게 되었다.

주인[임금]이 어리고 어리석었다. 외척 또한 객이었다.

주인이 없는데 객이 자신의 탐욕을 마음껏 즐기자 민중이 봉기했다. 너와 내가 같은 인간이며 객이었다. 지배계급에 대한 저항은 신분제 사회가 무너지는 전조였다. 또한 혁명의 불씨였다.

●● 참고문헌

가톨릭 문화연구원. 「한국전통사상과 천주교」. 탐구당, 1995.

고성훈 외. 「민란의 시대」. 가람기획, 2000.

김용섭. 「한국 근대농업사 연구」. 일조각, 1975.

김현묵. 「반역의 한국사」(하). 계백, 1995.

금장태. 「한국유교와 타종교」. 박문사. 2011.

금장태. 「다산 정약용」. (주)살림출판사, 2007.

권오영. 「최한기의 학문과 사상연구」. 집문당, 1999.

박제가. 이익성 옮김. 「북학의」. (주)을유문화사, 2011.

변태섭. 「한국사통론」. 삼영사, 2008.

샤를르 달레. 「한국 천주교회사」(상), (중), (하). 안응열·최석우 옮김. 한국교회사 연구
　　소, 1979.

신용하. 「한국근대 사회사상사 연구」. 일지사, 1987.

오갑균. 「조선후기 당쟁연구」. 삼영사, 1999.

이기백. 「한국사 신론」. (주)일조각, 2012.

이성무. 「조선시대 당쟁사」[1], [2], 동방미디어(주), 2000.

이완재. 「박규수 연구」. 집문당, 1999.

이이화. 「한국사 이야기」. 한길사, 2005.

이을호. 「다산학의 이해」. 현암사, 1977.

조경달. 「이단의 민중반란」. 역사비평사, 2008.

정민. 「다산의 재발견」. (주)휴머니스트, 2011.

한국사 연구회. 「한국 실학의 새로운 모색」. 경인문화사, 2001.

한국역사연구회. 「모반의 역사」. 세종서적(주), 2006.

황의동. 「한국의 유학사상」. 서광사, 1995.

허중권. 「바로보는 한국근현대사」. 학연문화사, 1998.

현상윤. 「조선유학사」. 현음사, 2003.

제3장

대원군의 일장춘몽

1. 대원군의 등장

세월이 흘러 주위 국제 환경이 변하기 시작했다.

서세동점 현상으로 영국은 청국에서 아편전쟁을 일으켰다. 조선 해역엔 이양선異壤船이 나타나기 시작했지만 조선은 모르는 척 꿈적도 하지 않고 더욱 문을 걸어 잠갔다.

이러한 시기, 조선에선 임금의 외척들이 수십 년 동안 권력을 농락하자, 그들의 뿌리가 지방 말단까지 아주 넓고 깊게 연계되어 있었다. 외척 세력인 안동 김 씨와 풍양 조 씨 등은 권력과 재물에 대한 탐욕이 끝이 보이지 않았다. 그들은 왕위 계승과 같이 권력 장악을 위해 작대기 같은 왕이라도 심어 놓고 자기 딸을 희생시켜 권력을 장악했다.

어언 60년의 세월이 흘렀다.

조선의 이념과 제도가 이미 한계를 보였다.

외척들 또한 비정상적인 방법으로 권력을 유지하고 있었다. 조선의 이념과 제도 그리고 사람 모두가 낡아 있었다.

수도관[이념]이 몇백 년이 되자 낡고 녹슬어 모든 곳에서 물이 새었다. 외척들은 권력을 농단하기 위해 강화도 산골에 살던 인물을 데려다 왕위에 앉혔다. 왕이 할 수 있는 일은 매일 주지육림에 빠져있는 일이었다. 오래 갈리가 없었다.

이를 눈치 챈 사람이 흥선 이하응이었다.

외척들의 세도에 왕족 또한 어디에도 발붙일 때가 없었다. 왕족으로 똑똑했던 이하전이 외척들의 손에 올가미가 씌워져 죽고 말았다. 이런 사실을 잘 알고 있는 이하응은 왕족으론 결코 자신의 본 모습을 보일 수 없었다.

평소 상갓집 개같이 행동한 적이 여러 번 있었다. 그들과 저잣거리에서 술타령도 하며 권력엔 관심 없는 시늉을 했다. 외척들은 빌어먹고 아부 잘하는 이하응을 경계하지 않았다.

흥선이 왕족이란 사실을 알고 따르는 자들이 있었다. 그러나 흥선은 생각했다. 비록 지금은 상갓집 개와 같이 행동하지만 양반과 쌍놈은 엄격히 구분되어야 한다. 그의 이 같은 신분에 대한 근본적인 생각은 훗날 그의 과감한 개혁에 한계를 가져왔다.

한편 흥선은 궁궐의 최고 어른인 조대비에 줄을 놓아 철종 이후를 대비했다. 젊은 나이에 철종이 죽자, 조대비는 왕권을 인수한 즉시, 전면에 나서 1863년 왕위 계승을 흥선 이하응의 둘째 아들에게 내렸다. 고종이었다.

흥선 이하응이 정치의 전면에 나서게 되었다.

자신의 젊은 날을 경험삼아 분풀이, 화풀이 하듯 권력을 휘둘렀다. 그의 젊은 날 고통과 시련은 정치 사회의 부조리와 모순덩어리 등을 잘 파악했다. 서원 철폐였다. 과감하게 제거했다. 외척들에 의해 60년간 조선이 농락당해도 꿈적 않던 유림이었다. 위정척사만 외치던 그들이 자신들이 모여 썩어있는 소굴[서원, 향괴]을 뒤엎자 들고 일어났다. 대원군은 꿈적하지 않았다. 유생들이 몰려왔지만 대원군은 그들 앞에 나와 공자가 나타나도 물러서지 않겠다는 강한 의지를 보였다.

권력에서도 탕평인사를 실시했다. 한동안 민중의 찬사를 받았다. 프랑스, 미국함대가 쳐들어오자 조선을 굳건히 지켰다. 프랑스와 미국함대를 물리치고 전국에 척화비를 세웠다. 대단한 인물이었다.

그의 정책은 왕권 강화에 있었다. 조선왕조를 다시 일으키는 것이었다. 천주교인들이 방해가 됐다. 위정척사에 반한다는 명목으로 무자비하게 처형했다. 약 8,000명에 이른다고 했다. 수난도 보통 수난이 아니었다. 한편 왕권 강화를 위해, 왕조의 상징인 경복궁을 중건하려 했다.

궁궐에 불이 두 번씩이나 일어났다. 불이나자, 무리수를 두기 시작했다. 당백전을 만들어 팔고, 세금을 중과하기 시작했다. 민중들의 반발이 심하게 나타났다.

역사는 그의 정책에 대한 공과를 어떻게 볼 것인가.

지금까진 개혁적인 인물로 보았을지 모르나 시기적으로 이미 때가 늦었다. 이념과 제도가 낡아 수도관이 모두 터진 상태였다. 자신의 기개를 자랑했을 뿐, 자신의 아들인 고종에겐 도움이 되지 못했다.

이것이 그의 한계였다.

홍선은 왕권을 외척의 손에서 빼앗아 오는, 그 자체가 성공이었다고 볼 수 있다. 대원군은 외세의 침입에 조선을 방위했고 척화비를 세웠지만 그의 아들 고종은 무기력하게 조선을 개방시켰다. 대원군은 한 단계 높은 국제사회의 흐름을 읽지 못했다. 천주교인들을 그렇게 많이 처형했지만 60년 세도의 원흉들에겐 돈 줄만 죄었지, 그들의 죄를 단죄하지 못했다.

유유상종이라 했던가. 대원군은 자신이 왕이 되고 싶었다.

권력에서 물러난 후에도 그의 권력에 대한 미련은 악수만 두었다. 졸렬했다. 결국 강대국의 놀음에 끌려다니다 떳떳하지 못한 삶을 살았다.

조선 지배계급인 양반들의 기득권은 신분제였다. 이들은 물에 빠진 자가 지푸라기라도 잡듯 놓치지 않으려고 했다. 그러나 30년 후 민중의 거대한 혁명에 의해 인간의 평등은 이루어졌다.

대원군의 집권 기간 동안의 사상의 변화를 보면

암흑기에 이루어졌던 사상의 형성이 현실의 벽에 부딪치고 있다.

(1) 기존의 유림들은 기득권에 묻혀 영위한 삶이 대원군에 의해 무참히 짓밟히는 순간도 있었다. 또한 외세의 침략에 맞서 혈혈분투하며 전면에 나섰다.

(2) 개화파의 형성이 조용한 가운데 박규수의 사랑방에서 준비되고 있었다.

(3) 동학의 창건과 잠룡들의 활갯짓은 민중의 애환을 적절히 포용하며 민중 속에 널리 분포되기 시작했다. 그러나 항상 관에 쫓김을 당했다.

잠룡들의 활갯짓은 대원군 집권기간으로 막을 내렸다.

(4) 천주교는 조선의 의식 변혁의 주춧돌을 놓아주고 약 20년간 잠행을 하며 세력을 또다시 형성하였다.

(5) 이 시기 조선민중의 의식은 천주교와 동학의 공동체 생활과 국제 정세 등으로 인간의 평등을 부르짖고 있었다.

1) 내정개혁

수십 년, 외척에 의해 길 드려진 권력을 하루아침에 장악하는 것이 쉽지 않았다. 현실적으로 민중봉기에 의한 민심을 수습하기 위해서도 인사와 제도의 혁신이 필요했다. 대원군은 정책 방향을 왕권 강화에 두었다. 안동 김 씨 일파 중 자신에게 우호적인 김병학과 김병국은 현직을 유지시켜 주었다.

1864년 4월 영의정 김좌근을 권좌에서 파직시킨 후 영돈령부사 김흥근을 현직에서 몰아냈다. 김좌근의 아들로 외척의 구심점이었던 김병기[판서역임]를 광주유수로 발령을 내었다. 그가 스스로 사직서를 갖고 왔다.

이로써 안동 김 씨의 세력을 꺾은 후 행정 제도를 개편했다. 지금까지 척족세력의 중심축이었던 비변사제도를 혁파하고 의정부에 복귀시켰다.

그런 뒤 삼군부를 설치하였다. 훈련도감, 금위영, 어영청 등 삼군영을 총괄 지휘하여 자신의 권력을 뒷받침하게 하였다.

훈련도감에는 종친인 이경하를, 영의정엔 조두순을 임명하였다. 대원군은 특히 조선 특유의 4색당을 탈피하여 노론, 소론, 남인, 북인에 관계없이 능력에 따라 적재적소에 인재를 등용하였다. 민심을 수습하는 동시에 자신의 권좌를 튼튼히 다졌다.

이로써 정부와 군부를 장악한 대원군은 조선 후기 오랜 부패의 소굴이었던 서원 철폐를 과감하게 결정하였다.

2) 서원 철폐와 유림의 저항

대원군의 개혁 중 가장 돋보이는 정책이 있다면 서원철폐였다. 조선의 역사에서 순조, 헌종, 철종 등 3대에 걸쳐 척족세력이 약 60년간 권력을 농단하였다. 갖은 탐욕을 즐기며 정권을 유지할 수 있었던 것은 지방에 서원이 있었다.

서원은 유림들의 집단 서식지로 지방 권력을 장악할 수 있었다. 민중들을 수탈하고 각종 이권에 개입하여 특혜를 누렸다.

본래 서원은 중종 때 주세붕이 고려 말 유학자 안향을 기리기 위해 백운동 서원을 건립하였다.

본래 의미는 유학 경전을 탐독하고 인재를 양성하여 지방 사림들이 뜻을 펼 수 있는 학문의 전당이었다.

초기에는 왕실에서도 장려하였다. 서적과 편액 및 재정적으로 토지와 노비까지 지원하였다.

세월이 흘러, 왕권이 몇몇 척족세력의 손에 놀아나자 자연히 정계진출이 차단되었다. 외척들과 줄이 없는 사람은 평생 지방 현감자리도 얻을 수 없었다.

그러나 서원에 딸린 토지에는 면세 특권이 주어졌다. 이를 이용하여 주위에 많은 토지를 귀속시켰다. 또한 서원은 군역을 피할 수 있는 유일한 장소였고 많은 노비를 확보할 수 있었다. 여기에 부작용이 생겼다. 당시 사회에서 유일한 재산인 토지와 노비가 많아지자, 서원을 중심으로 주위의 양반들이 몰려들기 시작하면서 지역에 주저앉게 되었다.

공리공론에 무위도식할 수 있는 유일한 곳이었다. 논쟁만 일삼는 유림의 집단 소굴로 변했다.

지방 수령과 향반, 유림 등은 서로 손발이 맞아 민중을 수탈하기에 이르렀다. 이에 견디지 못한 민중은 지역을 떠나 화전민이나 도적이 될 수밖에 없었다.

특히 서원중 괴산의 화양동 서원은 노론 세력의 본거지로 송시열의 유명으로 세워진 만동묘가 있었다.

이 서원의 우두머리는 지역 수령보다 위세가 높았다. 지역 수령이 그의 지시에 움직일 정도로 지방 행정이 문란했다.

대원군 역시 중앙 권력에서 외척의 세력을 제거한 다음, 왕권 강화를 위해 오랫동안 각 지방에 부패의 온상이 된 서원 철폐령을 내렸다.

유림들의 반발은 거셌다. 자신들의 세력의 근거지요 삶의 터전으로 양반의 체면을 지킬 수 있는 유일한 장소였다.

대원군은 전국 서원을 조사하여 600곳이 넘는 중에 47개소만 남기고 모두 철폐시켰다.

전국적으로 유림들의 맹렬한 상소가 있었다. 10,000명 이상이 대궐 앞에 모여 통곡하고 진정하였으나 대원군은 들어주지 않았다. 포도청을 통해 포교를 불러 유림들을 한강 밖으로 끌어내었다. 못되게 저항하는 자는 투옥하고 관직에 있는 자는 직위를 박탈하고 형벌에 처하였다.

대원군은 말했다. 옛 공, 맹이 살아와도 안 되는 것은 안 된다. 이로 인해 국가 재정이 개선되었다. 잠시 백성들의 환심을 살 수 있었다.

3) 삼정의 개혁

대원군의 제일성은 개혁과 군권 장악이었다. 대원군은 집권하자마자 뿌리 깊은 외척 안동 김 씨 일족을 권좌에서 제거하였다. 군권 장악을 위해 수십 년간 운영되어온 비변사를 폐지하였다. 삼군부를 창설한 후 얼마 전까지 사회를 불안케 한 것이 전국적인 민중봉기였다. 이를 위해 삼정의 폐단을 개혁해야 했다.

외척 안동 김 씨 일족과 소수 가문이 수십 년간 정권을 유지할 수 있었던 데는 그만한 이유가 있었다.

중앙에서 외척들이 권력을 농단하고 탐욕을 즐길 때, 일부 지방의 향반, 토호, 아전들은 삼정의 구조적 모순을 악용하였다.

지방에선 향반과 토호들이 민중을 착취하고 중앙의 척족은 가만히 있어도 지방 수령들이 알아서 재물을 가져왔다. 여기에 자신의 토지를 이용하여 재물을 축적하는 한편 사대부란 이름으로 군역을 면제받고 환곡을 통해 민중의 등을 처먹었으니 수십 년간 천국이나 다름없이 생활해 왔다.

이제 이를 개혁하지 않고 정권을 유지할 수 없게끔 되었다. 대원군은 삼정을 개혁하기 위해 자신의 주위부터 솔선수범하는 귀감을 보여야 했다. 그동안 왕실로부터 받은 각 궁방과 내사의 토지에 대해 불법적인 거래를 엄단하였다. 각 지방 수령들이 지방 특산물을 진상하는 예가 있었다. 대원군은 이를 엄금하였다.

왕실 주변부터 사사로운 문제를 혁파한 후 삼정을 조사할 수 있었다. 전정에서 서울의 부호와 지방의 토호사가 면세 혜택을 누렸던 토지들을 철저히 조사, 특권을 혁파하고 세금을 징수하였다.

군포제 역시 양반과 사대부들은 군역과 군포에서 면제 혜택을 받았다. 그러나 이 시대 양반들의 숫자가 일반 백성들 보다 많았다. 양반들은 세금을 내지 않았다. 일반 백성에게는 갖가지 이유를 붙여 세금을 부과하였다. 그 폐단이 심하고 원성이 매우 컸다.

1871년 3월 대원군은 시대의 변천을 알고 있었기에 수십 년 묵은 논, 밭을 갈아엎듯 신분에 상관없이 세금을 물렸다. 군포를 호포제로 개정하여 양반들에 대한 면세를 폐지하고 매회 두 냥씩을 거뒀다.

지금까지 양반들은 엄격한 신분제 아래 특혜를 누렸다.

이들에 대한 납세는 엄청난 반발을 가져왔다. 이유는 양반에 대한 평민과 하인들의 눈높이가 서로 같아졌다는 것이다. 이에 대원군도 호포세를 호주가 되는 양반 명의가 아닌 하인의 이름으로 납세하게 했다. 양반들의 반발이 누그려졌다.

서원 철폐에 이은 경복궁 중건, 호포세 부과는 기존 양반사회의 의식을 뒤엎었다. 하인들의 이름으로 된 호포세 납부는 역사의 점진성을 보여주었으나 그것이 한계였다.

환곡문제 역시 비리의 온상이었다. 대원군집권 이래 계속적인 관심의 대상이었다. 하루아침에 시정되지 않았다.

1867년 환곡제를 사창제로 바꾸어 실시했다. 아전과 관리를 배제하고 면민 가운데 지역 주민의 추대를 받아 관장을 세웠다. 환곡을 차등 배분하여 균등하게 부세를 목적으로 추진했다. 대원군 집권기간 중 한강이남 5도에서 실시, 민원을 줄이고 재정을 확보하는데 도움이 됐다.

대원군은 생활 개선을 위한 풍속에도 관심을 가졌다. 양반들의 의복과 복식을 개량하였다. 여성들의 몸치장도 단속하고 가마를 타지 못하게 했다. 대원군 역시 시대의 변화를 감지하고 사회의 부조리를 제거하려고 노력하였다.

그러나 왕권에 대한 강인한 집착은 조선의 몰락이 9부 능선 가운데 6부 능선을 타고 있음을 알지 못했다.

4) 경복궁 중건

대원군은 1860년, 청국이 영, 불에 의해 북경이 함락되었다는 소식을 들었다. 이어 전국적인 민중봉기도 스스로 체험했다.

집권 후엔 탕평 인사와 함께 왕권을 장악했다. 유림의 소굴인 서원을 철폐하는 등 양반들의 논, 밭을 갈아엎기 시작하였다. 이를 본 백성들은 잠시 대원군의 정책을 지지했다. 그러나 대원군의 속뜻은 왕권의 상징인 임진왜란 때 소실된 경복궁 중건에 있었다.

조대비의 후원 하에 훈련대장 이경하를 감독으로 임명했다. 군역을 대신해 백성들을 강제 징집하여 수만 명을 동원, 공사에 착수했다.

인부들의 사기를 진작시키기 위해 춤꾼까지 동원했다. 경복궁 중건 공사가 잘 진행되는 듯하였다.

착공 10여 개월이 지나 대들보가 얹어지고 모양새가 갖추어졌다. 어느 날 저녁 실화인지 방화인지 모르나 대형 화재가 두 번씩이나 일어났다.

목조 건물과 자재 등을 모두 태웠다. 공사가 수포로 돌아가는 듯 했다. 그러나 대원군의 집념은 강했다. 눈 하나 깜작하지 않았다. 다시 재원을 마련하며 무리수를 두기 시작했다.

그는 대원위였다. 성문을 드나드는 사람과 상품에 통행세를 부과, 백성들에게 각종 명목의 세금을 징수하였다.

그것도 모자라 당백전을 주조하였지만 실질가치의 20%도 되지 못했다. 여기에 청나라 돈까지 유통시켰다. 사회 경제 질서에 대혼란을 가져왔다. 물가가 뛰었다. 유통 질서가 마비되고 민심이 흉흉했다. 그러나 대원군은 밀어 붙였다. 얼마 안 있어 대궐밖에 6부 청사와 경회루가 설치되었다. 또한 성곽까지 복원되었다. 왕실의 권위와 위엄을 회복하는 듯 했다. 대원군의 집권 전반기는 왕권 강화를 위한 경복궁 중건에 있었다.

5) 천주교의 박해와 병인양요

한 시기 조용하던 조선 정부가 1939년 헌종 초 외척 풍양 조 씨가 정권을 장악하면서 천주교인에 대한 박해가 시작됐다.

이때 조선에서 선교 활동을 하던 모방, 앙베르, 샤스탕 등 3신부와 천주교인들 수백 명이 국가의 질서를 어지럽힌다는 이유로 핍박과 함께 처형당했다. 이를 문호개방을 위한 통상 요구로 활용할 수 있다고 프랑스 정부는 생각했다.

1846년 프랑스 극동 함대 사령관 세실에게 군함 3척을 주어 조선에 가서 경위 파악과 함께 배상을 요구하기로 했다. 천진을 출발하여 서해를 거쳐 충청도 근처 외연도에 정박하였다.

지난날 3명의 신부를 처형한 사유를 조선 정부에 질의했다. 또한 무역보복의 위협과 배상을 요구하는 서한을 남기고 해안 일대를 측량한 뒤 철수했다.

1847년 2차 원정을 위해 군함 2척을 파견하나 전라도 신치도 부근에서 좌초하자 예기치 않게 그대로 물러갔다.

그 뒤 프랑스는 대혁명을 겪으며 국제문제는 관심 밖이었다. 그러는 사이 천주교는 포도청의 감시를 받았으나 별다른 사고 없이 교인수를 늘려 나갈 수 있었다.

대원군이 집권할 당시에는 천주교인 수가 약 20,000명이 넘는 숫자였다. 대원군은 왕권 강화를 통한 강력한 조선을 원했다.

국내적으로 탕평인사와 유림의 소굴이 됐던 서원철폐를 명하고 경복궁을 중건하기 시작했다. 경복궁 건물이 어느 정도 궤도에 올랐을 때 대형화재가 두 번씩이나 발생했다. 그런 차에 러시아가 1860년 영, 불 북경 조약에 참여해 연해주일대를 할양받고 조선과 두만강을 사이에 두고 국경이 맞닿았다.

그들은 남진 정책에 따라 노골적인 통상을 요구해왔다. 대원군이 불편한 심기를 보이자 천주교인이었던 남종삼이 아뢰었다. 천주교 신부를 통해 영, 불 연합군을 설득하여 러시아의 남침을 막는 것이 어떠냐고 물었다. 대원군은 비위가 거슬렸다. 그때 마침 러시아함대가 동해일대를 탐사한 후 그대로 물러갔다는 보고가 들어왔다. 또한 북경에서 소식이 왔다. 청국 정부도 천주교도를 탄압하기로 결정했다는 보고였다.

국내 유림들 또한 양이 정책이 고개를 들기 시작했다.

경복궁 중건을 위한 재원 마련에 당백전을 시중에 풀었는데 실질가치가 20%밖에 안 되었다. 물가가 뛰면서 사회가 혼란에 빠졌다. 민심을 수습하기 위해서도 코앞까지 와있는 천주교인을 제거해야 했다.

1866년 1월 5일 대원군은 명을 내렸다. 대장 이경하를 시켜 자신의 주위 교인부터 체포하여 문책하기 시작했다. 그 뒤 조선에 와있는 선교사 12명 중 9명이 체포되었다. 그들은 유사시 외세를 끌어 들일 수 있다는 명분도 갖추고 있었다.

포청에 끌려온 자는 이유 없이 남녀노소 불구하고 형장의 이슬로 사라졌다. 이때 천주교인으로 죽은 자가 약 8,000명에 달했다. 대학살이었다.

대원군에겐 오직 왕권만이 보였다. 역사에 정당하지도 떳떳하지도 못한 오점으로 남는 사건이었다. 살아남은 신부 3명중 한 명인 리텔주교가 화를 면한 뒤 감시망을 피해 중국으로 탈출하였다.

천진에 머물고 있는 프랑스 함대사령관 로즈 제독은 북경주재 프랑스공사 벨로레이와 협의 후 청국 황제 공친왕에게 조선에 관해 질의하였다. 이에 공친왕은 "조선은 청의 속국이 아니다."라고 대답하자 즉시 조선 침략을 결정하였다.

1866년 8월 프랑스 함대 사령관 로즈 제독은 리텔 신부와 3명의 조선인 천주교도를 길잡이로 대동하고 3척의 군함을 조선에 보냈다. 강화 유역과 한강 입구를 탐사하며 물길을 따라 한강 유역까지 올라 왔다. 바위에 부딪쳐 1척이 부서지고 2척은 수심을 측정한 뒤 돌아갔다. 이에 대원군은 다시 쳐들어 올 것을 예상하고 전국에 의용군을 모집하였다.

강화도와 한강 유역에서는 군관민이 하나가 되어 강력한 방어체제를 구축했다.

9월 5일 프랑스군은 중국과 일본에 배치된 군함 7척과 전투병력 600명을 동원한 후 조선 원정길에 나선다. 6일 강화도 갑진곳에 상륙한 뒤 8일 강화성 공격을 감행했다. 프랑스군 600명의 공격을 받은 조선의 강화도 수비군은 화포의 공격에 지리멸렬 강화성에서 패하여 달아났다.

그 후 대원군은 군사 6,000명을 3대로 나눠 편성하여 문수산성, 정족산성, 광성진을 수비했다. 18일 서울을 통하는 길을 택한 프랑스군 120명은 문수산성을 침범, 쉽게 산성을 점령하였다. 10월 3일 조선군을 우습게 생각한 프랑스군 160명은 발걸음도 가볍게 정족산성의 공략에 나섰다. 그러나 정족산성에 매복해있던 조선군은 산성으로 올라오는 프랑스군을 보자, 일제히 사격을 가해 프랑스군을 패퇴시켰다.

프랑스 함대사령관 로즈 제독은 강화도 전투에서 변변한 무기도 없이 혈혈단신 전투에 참가해 목숨도 아끼지 않는 조선군을 보며 통상에는 관심이 없는 것을 알게 되었다. 이에 프랑스와 큰 이해관계가 없는 조선을 향해 더이상 전쟁은 의미가 없다는 것을 깨닫고 조선에서 철수하였다.

6) 신미양요

이 무렵 조선 정부 및 백성들이 양이洋夷에 더욱 분노한 사건이 있었다. 독일 상인 오페르트는 상해를 거점으로 청, 일과 활발한 무역을 하고 있었다. 조선에 대한 관심도 커 조선과의 통상을 요구했으나 대원군은 이를 번번이 거절하였다.

이때 오페르트는 조선에서 선교 활동을 하다 탈출한 신부 리텔과 페농 신부 및 공주 출신 최선일을 만났다. 이들은 충청도 내포일대에서 선교 활동을 했다. 그 지역을 잘 기억하고 있었다. 덕산엔 대원군의 아버지 묘가 있었다. 이들은 생각했다. 오페르트는 묘를 파헤쳐 보물을 찾고 선교사들은 이를 근거로 포교의 자유를 얻기를 원했다.

이들은 1868년 4월 상해를 출발하여 충청도에 있는 행선도를 지나 아산만으로 들어가 덕산에 도착했다. 남연군묘를 찾아 파헤치려다 생각보다 많은 시간이 걸렸다. 바닷물의 시차를 계산하니 더 이상 시간이 없어 그대로 돌아갔다. 유교 문화권에선 부모의 묘소를 신성시하는 관습이 있었다. 이 사실이 알려지자 대원군은 노발대발하며 더욱 쇄국 정책을 굳건히 했다.

병인양요 직전, 1866년 7월 미국상인 프레스톤은 제너널 서면호에 서양인, 중국인, 흑인 등 19명을 함대에 승선시켰다. 조선과 통상을 위해 대동강을 거쳐 평양 만경대까지 올라갔다. 평양감사 박규수는 외국과의 교역은 법으로 금지되었음을 설명하고 퇴각할 것을 요구했다. 그러나 이들은 대포와 총을 쏘며 조선 사람에게 피해를 입혔다.

이에 분노한 민중은 고기 배들을 묶어 화공으로 제너널 서면호를 불 질러 침몰시켰다. 한명도 살아남지 못했다. 그 후 한동안 비밀에 붙여졌다. 미 함대는 조선연안 지역의 다각적인 탐문수사 후 조선 영내에서 배가 침몰했음을 확인하고 원정대를 조선에 보냈다.

지난날 서면호에 대한 소식을 알기위해 미국의 아시아 함대 사령관 로저스는 거함 콜로라도를 위시하여 군함 5척, 대포 85문, 육, 해군 합쳐 총 1,230명의 병력을 편성하였다. 1871년 미 원정대는 일본 나가사끼를 출발하여 조선으로 보냈다. 서해를 통과하여 남양만을 지나 작약도 앞바다에 함대를 정착시켰다. 4월 14일 포함 2척과 기선 4척을 몰고 강화 해협 손돌목을 지날 때 조선 수비군의 사격을 받았다. 여기서 장대를 꽂아 놓고 서면 응답으로 서로의 입장을 타진하나 조선 정부가 교섭에 응하지 않자 일단 퇴각을 하였다.

4월 23일 로저스는 미 군함을 이끌고 강화 해협 손돌목으로 쳐들어왔다.

초지진을 공격한 후 미 함대 사령관은 조선 정부에 사과와 배상 및 협상에 응할 것을 요구했다. 이 요구에 조선 정부는 부당한 영토 침략과 주권 침해를 강력히 규탄하며 그들의 요구를 거절하였다.

미 함대는 4월 23일 포함 2척을 앞세우고 450명의 병력을 동원하여 강화도에 상륙시켰다. 강화도 광성진에서 장시간 전투 끝에 광성진을 점령한 후 초지진에 성조기를 내걸고 주둔하였다.

조선 정부와의 협상은 지지부진하고 시간은 지체 없이 흐르자 미국 함대 사령관 로저스는 생각했다. 조선 백성들이 혈혈단신 목숨을 바쳐 싸우는 모습을 보고 군사적 이익도 없는 조선에서 더 이상 생명을 걸고 통상할 필요성을 느끼지 않았다. 얼마 후 미국 정부의 철수 명령으로 미 함대는 조선을 떠났다.

몇 년 사이에 조선은 2차례나 큰 전쟁을 치렀다. 병인양요와 신미양요였다. 여기서 조선 민족의 단결된 모습을 보여 외적을 물리치자, 대원군은 기고만장하여 전국에 척화비를 세우고 더욱 쇄국정책을 고수했다.

2. 잠룡들의 활동

대원군의 집권-크고 작은 민중봉기

앞의 역사에서 수십 년간 외척이 권력을 장악하고 탐욕으로 세월을 보내자, 백성들은 정부를 믿지 못했다. 이들은 60여 년간 천주교의 창조주아래 만인의 평등이 국가 정책에 위배된다 하여 탄압과 처형을 반복하였다. 그러나 이제 그 사상이 전국적으로 퍼져 있었다. 동학이 창시되었다. 동학 또한 '인내천', 즉 사람이 곧 하늘이다, 라는 사상을 통해 인간의 평등을 외치고 있었다. 여기에 그렇게 믿었던 청국이 영, 불 전쟁에서 패해 수도인 북경이 함락되었다는 사실이다. 그런 어느 날 왕권이 바뀌면서 파락호였던 홍선이 대원군이 되었다.

대원군은 왕권 강화를 위해 강력한 개혁을 실천하였다.

한때 유림들의 소굴이었던 서원을 철폐했을 때 민중의 지지를 받는 듯 했다. 그러나 왕권 강화를 위한 무리한 정책들이었던 경복궁 중건, 천주교 탄압, 서양 오랑캐의 침공 등으로 백성들은 늘 불안하였다. 이러한 대원군의 정책이 내부의 단결을 가져오지 못하자, 백성들 가운데 민중봉기가 시작되었다. 그동안 민중 속에 묻혀있던 잠룡들이 오늘의 기회를 놓칠 수 없었다.

이들의 눈엔 대원군 또한 상갓집 개였다.

1862년 전국적인 임술 민중봉기를 거울삼아 그들은 조직의 필요성을 절감하였다.

지역을 넘나들며 민심의 향배를 주시했다. 많은 향반과 잔반들이 현실에 도전 의식을 갖고 있음을 확인할 수 있었다. 대원군에 의해 서원이 철폐되자, 무위도식하던 향반, 토호, 잔반들이 쫓겨났다. 또한 군역에 의한 호포제로 평민과 다를 바 없었다. 이에 저항 지식인들이 각처에서 뜻을 품고 있었다. 그들은 당시 직업을 대표하는 사士, 농農, 공工, 상商이란 신분제를 혐오하고 있었다. 이 같은 신분제가 사회의 병폐를 가져오고 자신들을 지금과 같이 만들었다고 생각했다. 이 시대의 과제는 모든 인간의 평등에 있었다. 상갓집 개였던 대원군과 내가 다를 바 없었다.

광양 민중봉기는 1869년[고종 6년] 3월 24일 전라도 광양에서 발생하였다. 주모자 민회행은 전라도 광양 출신으로 의술과 천문 지리에 조예가 깊었다. 그는 젊어서 남다른 뜻을 품고 각 지역을 순방하며 뜻을 같이하는 자를 규합하였다.

이때 전창문, 강명좌, 이재문 등이 약 100여 명의 무리를 규합한 후 민회행과 뜻을 같이 하며 우손도에 모였다. 각자 직책과 봉기 때 쓸 죽창과 깃발 등을 만들고 규율을 엄히 세우고 광양으로 침입하였다.

광양성을 빼앗고 무기고와 곡물 창고를 열어 백성 등에 나누어준 후 군기를 엄히 하고 서문을 지켰다. 그러나 도망친 현감이 이웃 지역에서 수백 명을 모아 광양성으로 쳐들어 왔다. 성을 지키던 백성들이 뿔뿔이 흩어져 3일 만에 민중봉기는 끝을 맺었다.

3. 난세의 인물과 동학

광양의 민중봉기가 수습된 지 얼마 되지 않았다. 또 한 인물이 뜻을 품고 활동하고 있었다. 그가 이필제였다.

이필제는 1824년[순조 24년] 충남 홍성출신이다.

어려서 진천으로 이사하여 살았다. 지역의 향반으로 어려서부터 글을 좋아했으며 외모가 준수하였고 큰 뜻을 품었다. 젊어서 무과에 급제하였으나 벼슬을 마다하고 『춘추』 등을 읽으며 뜻을 키웠다. 정감록과 천문지리에 많은 지식을 갖추었다.

그의 젊은 시절은 왕권의 무능과 외척의 득세로 사회의 구조적 모순이 노출되어 있었다. 서양 세력의 중국 침략은 북경 함락을 가져왔고 국내에선 임술 민중봉기가 일어났다.

여기에 고무된 이필제는 삼남지방을 유랑하며 많은 지역 인물들이 뜻을 품고 때를 기다리는 것을 목격할 수 있었다.

이때 광양의 민회행이 민중봉기를 일으켜 광양성을 접수하였다. 곧 광양 현감에 의해 진압되었다.

광양의 민중봉기를 목격한 이필제는 더 이상 기다릴 필요가 없게 되었다. 현재 살고 있는 진천에서 모의를 시작하였다. 전에 알고 있던 공주의 만석꾼 심홍택이 찾아오고 양주동 역시 충남에서 진천으로 왔다. 이들은 정감록을 이용한 새로운 국가 건설을 목표로 모의를 숙의하였다.

그러나 주위 인물의 고발로 성사치 못하고 진주를 거쳐 거창으로 몸을 피했다. 거창에서 양영렬을 만나 그간의 사정을 이야기하고 정만식과 성하철을 소개받았다. 이들 또한 뜻을 품고 때를 기다리며 백성들 속에서 조용히 지내던 인물이었다. 이필제가 찾아오자 뜻을 같이하며 치밀한 계획을 세웠다. 그러나 이 역시 내부 고발로 뜻을 이루지 못하고, 이필제는 영해 지역으로 몸을 숨겼다.

영해 지역은 전국을 유랑할 때 알고 지내던 남두병이 있었다. 이때가 1870년 10월경이었다. 남두병과 대화를 통해 영해 지역이 동학교도들의 활발한 포교 지역임을 알았다. 이필제 또한 동학교도임을 자처하며 주위 사람들에게 교조신원운동에 동참할 것을 강력히 주장하였다.

여기서 최시형의 측근인 박시헌과 이인언을 설득한 후 이들이 최시형과의 면담을 주선하였다. 최시형은 교주 최제우로부터 "아직은 민중봉기에 참여하지 말라."는 말을 들었다. 그는 이필제와의 면담을 거절하고 그의 행적을 살폈다. 약 3개월 후인 이듬해 2월경 이필제를 다시 만났다.

이필제는 수려한 용모와 유창한 언변으로 최시형을 설득했다. 이 시대는 직업에 의해 사람을 구분하는 시대는 지났다. 모든 인간은 평등하며 동학의 '인내천' 또한 민중을 도탄에서 구할 수 있는 명분이란 것을 강조하였다. 그는 교조신원운동을 강력하게 펼칠 것을 주장했다. 이에 최시형도 마침내 동조하게 되었다.

이 지역에서 동학교도들의 조직체계인 접주들의 활약은 대단했다. 접주 강시원과 정치겸이 나서서 맹활약을 펼쳐 교인 5-600명을 모았다. 남두병이 자신의 휘하에 있던 수백 명을 데리고 동참하기로 했다. 전인철 역시 오래전부터 거사준비를 해왔다.

3월 10일 거사 일에는 동학 접주들이 모여 성안의 동정을 살피고 직책을 부여했다. 그들은 동학의 주문을 암송한 다음 각자 흩어진 후 밤 11시에 다시 모여 관아로 쳐들어갔다. 이때 모인 인원이 수천 명에 달했다.

먼저 무기고를 부수고 무기와 군기를 탈취한 다음 영해 부사를 죽이고 격문을 통해 성안의 민중들에게 전리품을 전했다. 동학교도들은 3일간 성안에 머물렀다. 이들은 서울로 직행할 것을 주장하며 이동할 때는 주위의 민가에 조금도 피해를 주지 않고 민심을 얻기 위해 노력하였다.

서울로 올라가던 중 관군을 만나자, 모두 일월산으로 자진 퇴각하였다. 관군이 일월산까지 따라와 공격하자 동학의 무리들은 사방으로 흩어졌다. 민중봉기는 이 일로 끝났다. 이일로 인해 동학의 수난 시기가 전국으로 펼쳐졌다. 동학교도를 색출하고 교주 최시형을 체포하기 위해 포교들이 늘 그의 뒤를 따라다녔다.

이후 이필제는 몸을 피해 문경의 정기현을 찾아갔다. 이 지역에서 정기현을 중심으로 뜻을 같이하는 동지 규합에 나섰다. 영남인 권성거, 괴산의 임덕우 등과 정감록을 이용한 새로운 세상을 제시하며 거사에 동조할 것을 약속받았다. 이들 민중의 모임에서는 서원철폐와 경복궁 중건에 의한 유림들의 피해의식을 이용, 주위 민중과 유림에게 통문을 돌려 거사를 꾀하였다.

여기에 충주의 송희철, 상주의 김공선, 풍기의 권웅일이 때를 맞춰 수백명씩 동원하기로 했다. 거사일을 7월 2일로 잡았으나 어이없게도 그 전날 술에 취한 정기현이 횡설수설하면서 포졸에 잡혔다. 모든 것이 수포로 돌아갔다. 정기현, 이필제가 잡히며 조령의 민중봉기는 끝을 맺었다. 난세의 인물들은 자기의 뜻만 키웠지 민중을 생각지 않았다. 뿌리가 없는 거사였다.

4. 개화파의 형성

개화파를 형성하는 데 힘쓴 인물은 오경석과 박규수였다.

오경석은 역관으로 해외 정세에 누구보다 밝았다.

1850년대 후반 동양의 국제 정세는 서구 자본주의 열강들에 의해 바람 앞의 촛불이었다. 거대 청국이 무너지는 것을 본 오경석은 조선에도 위기가 올 수 있음을 예측하였다.

대원군의 집권은 쇄국이었다. 쇄국을 통한 왕권 강화에 있었다.

대원군은 쇄국을 통해 병인양요를 일으킨 프랑스 함대의 침입과 신미양요를 일으킨 미국 함대들의 침입을 잘 방비하였다.

전국에 척화비를 세워 승리를 자축하였으나 실은 스스로 물러난 것이었다. 1872년 청국의 연경에 사은사로 갈 때 정사 박규수와 역관 오경석은 조선에 관해 많은 대화를 나누면서, 작금의 세계 정세는 개화를 통한 실력 배양만이 국가를 유지할 수 있다는데 서로 공감하였다. 고종이 즉위한 후 박규수는 우의정에 발탁되었다. 1874년 11월 우의정 자리에서 물러나니 몸은 한가했으나 마음은 그렇지 않았다. 국제 정세가 하루가 다르게 조선에 위협이 되었다.

연전에 오경석과 합의한 양반자제를 교육시켜 개화세력으로 키울 시기가 되었다.

이 일을 오경석과 박규수는 서두르지 않았다.

오경석은

(1) 자신과 가족의 희생을 원치 않았다.

(2) 역관 유진길과 같은 전철을 밟지 않았다.

(3) 강화도 조약 후 엄청난 정신적 충격을 받고 있었다.

박규수 또한

(1) 젊은 시절 절친했던 효명세자가 죽자 18년 동안 두문불출하였다.

(2) 42세에 과거에 합격 후 평탄한 관리 생활을 하고 있었다.

(3) 대원군의 집권시절이었다. 무리하게 젊은 양반자제들을 불러 화禍를 자초할 필요가 없었다.

(4) 개화사상을 가르치는 것이 당장 급한 문제는 아니었다. 때를 기다 릴 줄 알았다.

(5) 대원군이 물러나고 고종이 집권하자 자기 사랑방에서 양반 자제들을 모아 개화교육을 가르쳤다.

(6) 박규수 역시 강화도조약 후 정신적 충격으로 천수를 누리지 못했다.

오경석과 박규수는 매우 현실적인 인물이었다.

1874년 박규수가 정계에서 은퇴한 후 자신의 사랑방에서 인척인 박영교를 통해 김옥균, 서광범, 유길준 등을 불러 모아 이들에게 개화사상을 가르쳤다. 뒤를 이어 박영교 동생인 박영효, 홍영식 등이 박규수의 사랑방에 모였고 맨 마지막으로 서재필이 참석하였다.

이들은 모여서 오경석이 북경에서 가져온 『해국도지』 『영환지략』 『지리문답』 등의 책을 접할 수 있었고 그 외 다양한 책 중 세계지도는 지금까지 보지 못했던 지도였다. 과학기기로는 자명종 등을 수집하여 서구 문명의 우월함을 알게 되었다. 또한 실학자인 박제가의 『북학의』, 박지원의 『열하일기』와 『양반전』 등을 읽고 사회적 병폐와 모순 그리고 신분제의 폐습 등 인간의 평등사상을 배우며 사회 전반에 관해 관심을 가지기 시작했다.

1875년 박영효가 말했다. 박규수의 집을 출입하여 개화사상을 읽히게 되었고 박규수는 지구의를 갖고 빙빙 돌리며 중국이 우주의 중심이 아님을 설파했다.

홍영식 또한 이곳에서 평등사상을 배웠다고 술회하고 있다.

개화사상의 리더였던 김옥균이 1872년 3월 과거에 장원급제하였고 1874년에 홍문관 교리로 임명되었다. 박규수의 사랑방에서 개화사상을 배운 후 김옥균은 동지를 모으기 시작했다.

1876년 강화도 조약이 체결되었다. 2년 후엔 일본 상품이 밀려오기 시작하는데 조선을 지킬 수 있는 방법을 연구했다.

이후 박규수가 1877년 2월, 오경석이 1879년 10월 서거하면서 주춤하였으나 그 후 유대치의 영향이 컸다.

●● 참고문헌

강재언. 「한국근대사」. 한울, 1995.

고성훈 외. 「민란의 시대」. 가람기획, 2000.

김현묵. 「반역의 한국사」. 계백, 1995.

박영규. 「조선의 왕실과 외척」. 김영사, 2003.

박은식. 김승일 옮김. 「한국통사」. 범우사, 1999.

변태섭. 「한국사 통론」. 삼영사, 2008.

신용하. 「한국근대 사회사상사연구」. 일지사, 1987.

샤를르 달레. 「한국 천주교회사」(하). 안응열·최석우 옮김. 한국교회사 연구소, 1979.

이기백. 「한국사 신론」. (주)일조각, 2012.

이성무. 「조선왕조사」. 동방미디어(주), 1998.

윤내현, 박성수, 이현희. 「새로운 한국사」. 집문당, 2005.

한국근대사 연구회. 「한국개화사상과 개화운동」. 신서원, 1998.

한국역사연구회. 「모반의 역사」. 세종서적(주), 2006.

한우근. 「한국통사」. 한국학술정보(주), 2003.

허중권. 「한국 근현대사」. 학연문화사, 1998.

현상윤. 「조선 유학사」. 현음사, 2003.

개화의 시련

1. 고종의 집권과 강화도 조약

대원군은 집권기간 동안 온 조선 천지를 밭갈이 하듯 뒤집어 놓았다.

양반의 소굴이었던 서원을 철폐하고 천주교 신앙을 믿는 민중을 처형하여 순교시켰다. 왕권 강화를 위한 방책이었으나 모두가 헛되었다.

대원군 집권 10년이 지나자 고종과 왕비 민 씨는 대원군의 섭정에 불만이 많았다. 대원군은 자기 아들인 고종을 효성스런 아들로 착각하였고 왕비 민 씨 또한 혼자 외롭게 자란 집안 딸이었기 때문에 별로 관심을 두지 않았다. 그러나 그의 아비 민치록이 동생의 아들 민승호를 입양하니 왕비의 오빠였다. 이때 민승호는 병조참판으로 있었다.

민승호를 통한 민 씨 척족들인 민겸호, 민치상, 민영위, 민규호 등이 대원군도 모르게 요직에 등용되었다. 왕비 민 씨는 정통 유학자인 이항노의 제자 최익현을 동부승지에 임명한 다음, 대원군에 대한 탄핵 상소를 올리게 했다.

최익현은 상소에서 대원군의 국정운영을 신랄하게 비난했다.

당시 대원군의 권력은 천하 유아독존이었다.

누가 감히 도전하는가? 최익현의 도전에 문무백관이 놀라 몸 둘 바를 모를 때 국왕의 답변이 왔다. "충성스런 신하다." 임금을 깨우쳐준 최익현을 호조 참판에 임명한다는 어명이었다.

대원군은 노발대발했다. 어명을 거두도록 하였지만 고종은 그의 명을 일축했다. 대원군의 얼굴빛이 하얗게 질려 있었다. 고종은 최익현을 탄핵하는 대간들을 파직시켜버렸다. 그러자 최익현의 2번째 상소가 올라왔다. 대원군의 실정을 다시 한 번 강력하게 비판하는 내용이었다. 대원군은 자신의 권력이 여기서 끝남을 느꼈다.

1874년 11월 5일 국왕의 친정이 선포되었다. 그러나 고종의 우유부단한 성격으로 국가정책이 왕비에 의해 결정되었다. 정승과 판서자리가 경륜 없이 사적인 인연에 의해 채워졌다. 국제관계는 힘의 논리가 지배했지만, 민씨 정권은 얼마 전까지 프랑스와 미국과의 전쟁을 치른 사실조차 잊고 있었다. 국제사회의 변화를 의식하지 못했다.

시대의 변화에 따른 국제 사회는 초기 자본주의 형태를 띠었다. 대량으로 상품을 생산하였다. 소비처와 원료 공급을 위해 제국주의 체제로 변했다. 중국을 침공하여 아편전쟁을 일으켰다. 그 후 영, 불 연합군은 북경을 함락시켰다.

1858년에는 미국의 페리 제독에 의해 일본이 문호를 개방하고 미국과 불평등조약을 맺었다. 그러한 일본이 1868년 왕정복고를 단행한 후 명치유신 시대를 맞아 조선에 통상할 것을 요구하는 국서를 보내왔다.

일본어 통역관 안동준이 보니 예전과 달랐다.

국서에 중국 황제만 쓰는 황皇과 칙勅 등을 사용, 일본이 종래와 다르게 변해 있었다. 조선에 상국과 같은 격식을 취하자 이를 접수치 않았다. 그러자 일본은 몇 차례 통상관계를 요구했으나 거절하였다. 일본에선 정한론이 일어났지만 조선은 쇄국정책으로 일관했다. 이런 시기에 조선의 왕권이 대원군에서 고종으로 넘어갔다. 일본으론 조선과의 통상은 필연적이었다. 그들 섬나라에선 대륙 진출을 위해 조선을 거쳐야 했고 유럽국가들보다 적극적인 개방을 원했다.

조선에서 돌파구를 찾으려했다. 몇 년 전 프랑스나 미국과 같이 통상을 위한 침략과는 차원이 달랐다. 일본의 조선 진출은 정치, 경제적으로 생사의 문제였다. 조선의 변화를 예의주시하고 있었다. 민 씨 정권은 일본의 거센 통상 요구에 동래부사를 교체하였다. 이를 기회로 1875년 일본은 군함 3척을 몰고 와 동래부사와 면담 후 함포 사격을 통해 군사력을 과시했다.

한편 일본은 운양호 한척을 빼돌려 서해로 진입시켰다. 충청 연안을 지나 황해도 연안에 머물다, 조선 영해인 강화 해협으로 들어와 계획적으로 조선군을 유도했다. 해안 측량을 하며 그물을 치자, 조선 경비대의 초지진에서 함포 사격을 가했다.

이를 기다렸다는 듯 기회를 잡자, 일본선 운양호는 영종도에 함포 사격을 하며 침입하였다. 약탈과 방화 및 민간인을 살해하는 등 온갖 만행을 저지르고 대포 30문과 그 외 귀중품을 훔쳐 도주하였다.

이듬해 일본은 이를 근거로 군함 6척, 군사 400명을 대동하고 조선에 배상과 책임자 처벌 그리고 통상을 요구했다.

조선의 민 씨 정권은 황급히 대책을 논의했으나 대안이 없었다. 국내에선 유림과 백성들의 반대가 잇따랐다. 청국에 사신으로 갔던 이유원이 돌아왔다. 청국은 일본과 통상할 것을 권했다. 조선에선 한일 회담장에 박규수와 어영대장 신헌 등이 참석했다.

협상에서 조선이 제시한 내용은 종교와 마약 정도였다. 우리 영토에서 회담이지만 힘이 전제되는 국제 관계였다.

1876년 2월 3일 조선과 일본 사이에 강화도 조약이 체결되었다.

제1조 조선은 자주 독립국이며 일본과 상호 평등함을 명시하고 있다. 이는 청국을 견제하기 위한 의미를 담고 있었다.

일본의 일방적 요구에 1878년 인천 그리고 다음으로 원산, 부산 등 개항

지가 결정되고, 범죄인의 재판 관할권, 일본 상품의 관세 및 화폐 사용 등이 추가되었다. 조선은 주체성도 없이 그들의 요구를 다 들어주는 불평등 조약이었다. 국제 사회의 냉엄한 현실을 모르고 있었다. 청국의 조언에 따라 통상관계를 맺었지만, 힘없는 조선의 개항은 20년 후 조선의 몰락을 예고하고 있었다.

2. 위정척사파의 활동 [유림의 저항]

고종이 집권하자 대원군 때 병인, 신미양요의 승리는 잊은 지 오래였다.

일본의 통상 요구에 국가의 현실을 인정한 민 씨 정권은 문호를 개방하였다. 일본과 일방적인 강화도 조약이 체결되었고 매우 불평등한 조약이었다.

이를 보고만 있을 유학자들이 아니었다.

위정척사론은 우리의 바른 도道인 유학을 지키고 서양의 그릇된 도道는 물리쳐야한다는 논리였다.

정통 주리론 출신인 유학자 이항노의 제자 최익현이 1876년 1월 도끼를 메고 한양에 올라왔다. 궁궐 앞에 엎드려 일본과의 통상을 거부하는 상소를 올렸다. 통상을 원하거든 "내 글을 읽고 내 목부터 쳐라." 하며 강경한 상소를 올렸다.

(1) 통상은 일본의 강요에 의한 것으로

(2) 교역 상품과 곡식과는 비교해서 안 되며

(3) 통상에 의해 윤리가 파괴되고

(4) 인간의 도리가 땅에 떨어진다.

(5) 왜나 서양과 같은 금수와 같이 공존할 수 없다.

는 논리로 이항노를 비롯한 김평묵, 유중교 및 최익현 등은 일본의 통상을 왜양 일체로 보고 서구 제국주의 침략에 우리문화, 관습, 의식, 윤리 등이 파괴된다는 이유에서였다.

그들은 수십 년 외척들의 권세엔 일언반구 말이 없었다. 그러나 국제관계는 힘에 의해 좌우되는데도 무조건 반대만 일삼았다.

힘없는 조선의 유학자로서 할 수 있는 일이란 사회지도층으로, 담론엔 능하나 대책이 없었다.

1876년 일본과 통상조약 후 1879년 1차 김기수 일행을 수신사로 파견하고 1880년 8월 2차 수신사로 김홍집과 일행은 일본의 선진시설을 시찰하고 돌아오는 길에 『조선책략』이란 책을 가져와 고종에게 올렸다. 이 책은 일본주재 청국 공사관인 황준헌이 쓴 책이었다.

내용은 러시아의 남진 정책을 막기 위한 내용이었다.

조선의 외교는 중국과 친해야 하고 일본과 손을 잡고 미국과 연합해야 한다.

황준헌은 청국의 외교관으로 1860년 영, 불에 의해 북경이 함락됐을 때 러시아가 연해주 지역을 침범하여 그 지역을 청국으로부터 할양받았다. 러시아는 이제 조선과 두만강을 사이에 두고 맞대있었다. 이를 현실적으로 지적한 것이다. 그런데 미국과 연합하라니 고종은 이 책을 유생들에게 돌려 읽으라고 주었다. 많은 유생들이 반발하고 들고 일어났다.

황준헌의 『조선책략』은 개항을 반대하던 유림들에게 기름을 붓는 꼴이되었다. 나라 전체가 시끄러웠다.

조정에선 유림들의 반발에도 불구하고 1881년 1월 새로운 문물제도를 견학하기 위해 신사유람단을 일본에 파견하였다.

또 한편으로 1881년 청국에 영선사 김윤식의 인솔로 38명의 유학생을 파견하여 천진에서 군사 훈련과 근대 무기 제조 기술을 배우게 하였다.

이에 영남지역 유림들이 도산서원에 모여 위정척사에 관해 논의한 끝에 퇴계의 11세손 이만손을 우두머리로 하여 영남만인소를 2월 26일 정부에 전달하였다. 조선책략에서 미국과 연합한다는데 강하게 비판하고 나섰다.

그와 같은 서책書冊을 가지고온 김홍집을 처벌하라는 상소가 빗발치며 전국적인 유생들의 상소가 잇따랐다.

그중 강원도 유생 홍재학이 올린 상소가 심히 그 내용이 과격했다. 개화를 추진한 세력을 비난하며 그들의 책임을 추궁하자 홍재학을 잡아 심문하기 시작했다. 소신을 굽히지 않자, 결국 극형에 처해졌다.

당시 1882년은 조미수호조약과 때를 같이하여 일어난 영남 유생들의 척사였다.

재야에 있던 대원군의 지지 세력들이 이 기회를 놓칠 수 없었다. 안기영은 1857년 과거에 급제한 뒤 형조참의를 지냈다. 그가 모의를 꾸몄다. 대원군의 서자 이재선을 등에 업고 국왕으로 추대하려 했다. 대원군의 재집권을 위한 쿠데타를 꾀했으나 동료의 밀고로 수포로 돌아간 사건이었다. 이 사건을 계기로 위정척사운동은 수그러들기 시작했다.

3. 서구 제국과의 통상 조약

한편 청국에 간 영선사 김윤식은 기술 훈련을 받기 위한 훈련생의 인솔뿐 아니라 미국과 통상 협상을 위한 비밀 교섭에 있었다.

청국 이홍장은 앞으로 동아시아에서 일본과의 관계설정에서 조선을 활용할 필요성을 느꼈다. 조선을 구미제국과의 통상을 통해 일본의 조선 진출을 어느 정도 견제할 속셈이었다.

그 중에서 미국과의 통상을 먼저 추진하되 조선에서 청국의 이익을 최대한 확보하려 했다. 그것은 조선에 대한 청국의 속방화 정책이었다.

조선과 미국과의 통상협상에서 청국은 조선의 보호자 역할을 자처하고 미국대표 슈펠트와 회담을 가졌다.

그러나 미국대표 슈펠트는 통상 조약에 앞서 청국의 일방적인 조선에 대한 속국 취급은 국제법상 용납되지 않는다고 거절하였다.

청국이 한발 물러서면서 1882년 5월 인천에서 조선대표 신헌, 김홍집과 미국대표 슈펠트와의 사이에 조미 수호통상조약이 체결되었다.

그러나 조선의 외교가 자주적이지 못했다. 1882년 조미조약은 1876년 조일조약보다는 불평등 관계가 좀 더 해소되었다고 볼 수 있었지만 아직도 갈 길은 멀었다.

1882년 5월 미국과의 수교 후 1883년 11월 조영 수호통상조약, 1883년 11월 조독 수호통상조약, 1884년 6월 조이 수호통상조약이 체결되었다. 러시아는 미국, 영국, 독일이 조선과 통상 조약을 체결하자, 청국의 이홍장에게 조선과의 수교를 부탁하나 러시아의 남진 정책을 저지하려는 이홍장은 거절하였다. 이에 러시아는 1884년 6월 천진주재 러시아 영사를 조선에 파견했다. 러시아 영사 베베르의 화려한 경력과 매너 등은 조선 관리들의 호감을 샀다. 러시아 영사 베베르는 조선의 재정고문관이었던 독일인 묄렌도르트에게 조선과의 통상에 도움을 청했다. 조선 관리들은 묄렌도르트가 러시아와 통상을 권하자, 1884년 7월 한, 러 수호통상조약이 체결되었다.

뒤이어 프랑스가 통상관계를 위해 나섰지만 천주교 문제로 껄끄러운 관계였다. 그러나 문호개방의 정책은 프랑스와도 1886년 6월 조불 수호통상조약을 체결하였다. 프랑스와의 협정에선 교회敎誨라는 문자가 문제가 되었다. 조선은 '가르치다'라는 표현으로 해석했고 프랑스는 '종교의 선교와 자유'를 의미한다고 보았다. 훗날 종교의 자유를 허락하는 결과를 가져왔다.

고종은 국정운영에서 청국에 의지하여 구미 제국과 통상조약을 맺고 문호개방을 가져왔지만 이미 나라꼴이 서산에 기운 상태였다.

[새옹의 변]

고종의 개화가 조선의 몰락을 가져왔다면, 대원군의 쇄국정책은 조선을 보호할 수 있었을까? 강대국 사이에 낀 조선의 갈 길은 어디였을까?

지난 100여 년에 걸친 왕들의 면면을 보면 150년 전 영조는 무수리의 아들로 태어나 왕위에 오를 때까지 많은 고통과 고난을 겪어야 했다.

정조 또한 아버지 사도세자의 죽음을 보았고 자신이 왕위에 등극할 때 기득권층으로부터 많은 수난을 당했다.

반면 순조, 헌종은 자식으로서의 상속이었고 철종은 감나무 아래서 감을 따 먹었다.

대원군은 젊어서 상갓집 개소리를 들을 정도로 고난의 세월을 보냈다.

고종은 대원군에 의해 앉혀진 왕이었다.

임금도 인생의 우여곡절을 겪은 후 권력을 장악한 군왕은 주체성을 갖고 조선을 이끌어갔다. 반면 순조, 헌종, 철종, 고종은 상속에 의해 얻어진 처지로 나라는 물론 왕의 권위도 지키지 못했다는 사실이다.

영, 정조 시대 실학의 도입으로 민족중흥과 문예부흥을 일으켰으나 꽃 봉우리만 맺고 꽃은 피우지 못했다. 그러면 100여 년 후 고종 때는 개항과 동시에 문호개방으로 꽃을 피웠을까? 현실적으로 가능하지 않았다.

원인은 무엇일까? 이념이었다. 조선의 성리학이 불변의 진리를 외치는 여건에서 서양의 이념과 공생할 수 없었다.

조선은 주체성도, 이념의 변혁도 없이 동도서기론을 내세우며 새 시대를 맞으려고 했다. 제국주의적 열강이 각축하는 시대에 비해 너무 안일한 정책이었다. 그러나 다행히 선각자들의 희생과 함께 개신교의 수용은 민중의 의식에 변화를 가져왔다.

이는 동학민중혁명으로 이어졌고 왕조 체제가 무너지자 독립협회가 설립되었다. 20여 년 후 비록 임시정부였지만 국민 모두가 주권을 가진 근대 국민 국가의 탄생을 역사는 보여주고 있다.

4. 임오 군민봉기 [신분제는 다시 무너지고]

거세게 저항하던 유림들의 위정척사 운동이 수그러든 후 고종은 일본과 청국을 다녀온 수신사들이 서구 문물을 받아드릴 것을 건의하자, 직제를 개편하여 통리기무아문을 설치하고 별기군을 조직하여 5위 영에서 2군영으로 직제를 편성하였다. 새로 편성된 별기군은 특별한 대우를 하는 한편 구식 군대의 직제 편성으로 남아도는 군영에겐 관심조차 갖지 않았다.

당시 군인들은 개화로 인해 쌀, 콩, 옥수수 등 곡물 가격이 오르자 시골을 떠나 도시로 몰려들기 시작했다. 그들이 모여든 곳이 서울 청계천변과 왕십리 일대였다. 아주 빈촌이었다. 살기가 어려워지자 개화기, 군인 모집에 참여하여 생활하고 있었다.

그런데 민 씨 정권은 이들에게 일 년이 넘는 동안 제대로 봉급을 지불하지 않았다. 당시 일본으로 쌀이 수출되기 시작하면서 국내에 식량이 부족하였다. 구식 군대에 13개월가량 봉급을 주지 못했다. 군인들의 원성이 쌓이자, 1882년 7월 구식 군인들에게 한 달에 해당하는 봉급을 지급하였다. 그러나 한 달 봉급으로 준 쌀을 곡지기가 반 가까이 떼먹고, 거기에 겨와 모래를 섞어 군인들에게 주었다. 이를 받아든 군인들은 먹을 수 없는 양의 쌀을 지급받자, 포수 유복만, 김춘영, 정의길 등이 봉급으로 쌀을 나눠준 관리들을 찾아가 항의하는 소동이 벌어졌다. 이들의 소란을 알게 된 선혜청 당상 겸 병조판서 민겸호는 항의하는 군사들을 잡아다 곤장을 치고 감옥에 가두었다.

이에 유복만의 동생 유춘만과 김춘영의 아버지 김장손 등이 동네를 돌아다니며 주민들을 부추겼다. 이들이 군영으로 가는 동안 주위 백성들이 모여들기 시작했다. 그들의 가족들과 주민들이 들고 일어나 항의하는 한편 주위 군사들을 선동하였다. 이들은 다른 한편으로 대원군을 찾아가 민 씨 정권의 낯 뜨거운 행위에 대해 하소연했다.

대원군은 밖으론 말리는 척하며 뒤로 그의 부하를 시켜 광화문에 모여든 군사들을 부추겼다. 군과 민이 합쳐진 군민봉기였다.

그들은 분기충천하여 그들의 우두머리인 선혜청 당상의 집을 습격하여 불을 질렀다.

다음 궁궐로 쳐들어가 무기고를 헐고 각궁을 헤집고 다니며 민 씨 정권의 정승, 판서 등을 한 사람씩 가차 없이 처형하였다.

한편 대궐 내에서는 왕비 민 씨를 찾았으나 민 씨는 재빨리 탈출하였다. 여주를 거쳐 노은에 있는 북망산에 숨어 지내고 있었다. 군사들과 민중들의 화풀이에 대한 폭동과 화재에 겁을 먹은 고종은 대원군에게 모든 정사를 위임하였다.

때를 기다리고 있던 대원군이 다시 정권을 잡았다. 구식 군대를 위하고 예전의 군사 체제로 돌리는 한편 그들이 받지 못한 봉급을 대궐 창고를 열어 지급하였다. 사태가 진정되자 민 씨의 죽음을 알리고 사태 수습에 나섰다.

한편 민 씨 정권은 관료로 북경에 가있던 이유원에게 조선의 국내 사태에 대해 청국에 구원을 요청하는 서한을 보냈다.

청국은 조선 내의 사태를 파악한 후 조선을 자신들의 손안에 넣을 수 있는 기회라고 생각했다. 5척의 군함과 300명의 군사를 조선에 파견하였다.

조선에 들어온 마건충은 대원군을 납치할 것을 모의한 후 대원군을 자신들의 막사로 초청하여 회합을 갖던 중 대원군을 일방적으로 체포하고 청국으로 압송하였다.

이에 대원군의 정권이 무너지고 다시 청국에 의해 민 씨 정권이 들어서게 된다.

이 시기 민비 또한 노은에서 상경하여 정권을 장악하게 되자, 지금까지 개항에 반대해온 인사들에 대해 보복적인 체포, 구금, 처형을 단행하였다.

대원군파와 유림 그리고 구세력을 추종한 인물들을 탄압하자 그들은 몰락하기 시작했다.

그러나 임오 군민봉기로 인해 조선사회의 신분제가 무너지고 있었다. 지배계급과 피지배계급사이 신분제 차별에서 피지배계급인 군과 민중이 힘을 통해 지배계급을 공격하였다.

궁궐에 침입해 대궐의 모든 장소를 헤집고 다녔다.

신분제 아래 거드름피우던 지배층이 군과 민중에 의해 처형과 살육으로 이어졌다. 살아남은 자, 줄행랑을 치는 행위는 이미 지배계급의 권위를 상실하였다는 증거였다.

통상은 정치, 사회와 비례하였다. 그러나 양반이나 관리들은 서민들에 대한 횡포가 도度를 넘었다.

군민봉기에서 한 달에 해당하는 봉급은 정당한 대가였다.

여기에 관리들이 겨와 모래를 반이나 섞었다. 이를 항의하는 군인들에게 당상관 민겸호는 곤장을 치고 감옥에 가두었다.

정당한 대가에 겨와 모래를 섞고 항의하는 군사들에게 곤장을 쳤다는 것은 무엇을 의미하는 것일까.

(1) 평소 양반과 관리들이 서민위에 군림하는 자세가 거칠고 위압적이었다. 서민이나 농민을 천민 대하듯 했고 수탈 방법 또한 노골적이고 너무 심했다.

(2) 오랫동안 신분제에서 오는 차별에 대한 반감과 사회적인 인간의 평등이 강조되는 현실에서 이들은 관리들의 행위에 모멸감을 느꼈다.

(3) 비록 원인은 물질적인 것이나 내면적인 감정과 결합되자 민중봉기로 나타나게 되었다.

(4) 신분제에 의해 억압된 사회에서 물질[상품, 봉급]은 언제나 동전의 양면과 같은 역할을 하였다.

(5) 군민에 의해 정권이 무너졌다는 자체는 신분제 자체가 유명무실해졌다는 것과 그만큼 양반들의 권위도 이미 끝나고 있음을 의미하였다.

(6) 문제는 사회현상인 신분제가 인간의 기본권인 인권으로 이동하고 있었다. 그러나 양반과 관리들이 시대의 변천에 눈을 감고 아직도 기득권을 내세워 군인들을 협박하고 있었다.

(7) 결국 인간적인 모멸감은 군민봉기를 가져왔고, 당상관 자신은 물론 민 씨 정권 자체가 무너지고 왕비 민 씨가 충청도로 도피하게 되었다.

(8) 1811년, 1862년, 1869-1871년 민중봉기를 거쳐 1882년의 군민봉기는 민 씨 척족들이 죽임을 당하고 민중에 의해 수구파 정권이 무너졌다는 사실이다. 점차 민중의 힘이 강해짐을 볼 수 있다. 여기서 민중은 시대의 변혁에 따라 신분제 혁파의 중요성을 깨닫게 되었다.

2년 후 젊은 급진 개화파에 의해 갑신정변이 일어나고 비록 실패했지만 신분제 혁파를 위한 '인간의 평등'을 현실화시키고 있었다.

1882년 군민봉기가 대원군에 의해 잠시 이용되었으나 왕권을 무너뜨렸다는 자체는 쌀에 겨와 모래를 섞는 인간의 모멸은 당하지 않겠다는 군민의 자세였다.

한편 대원군의 정권이 무너지면서 유림세력은 정계에서 퇴출되었다.

5. 개화파와 수구파의 대립

일본과의 강화조약이 체결된 후 1879년 제1차 김기수를 사절단으로 보냈으나 큰 성과가 없었다.

국내에선 개화파와 수구파가 물밑 경쟁을 벌이고 있었다.

개화파의 형성은 양반 자제들로 구성된 젊은이들의 모임이었다.

그들의 스승으로 유대치 한사람 뿐이었다.

개화파는 약관의 나이로 정계에서 그들을 지지할 버팀목이 없었다. 정계는 대원군과 유림들이 퇴출되면서 개화파와 수구파에 의해 움직이게 되었다. 자연, 정책에 대해 대립하게 되고 경쟁관계에 있었다.

그러나 그들[개화파]의 명성이 지위나 능력보다 먼저 알려져 그들을 견제하는 세력이 생겼다. 1878년 김옥균과 박영효는 스승 유대치의 소개로 봉원사의 개화승 이동인을 소개받고 그를 일본에 밀항시켜 일본의 정세를 파악하였다. 이동인은 일본으로 건너가 도쿄에서 활동하며 새로운 소식과 서적을 구입해 박영효에게 수시로 보냈다.

1879년 이동인이 귀국 후 민영익을 만나고 고종을 알현한 후 일본의 실상을 전했다.

1880년 6월, 제2차 수신사로 김홍집을 단장한 일행이 일본을 시찰하게 되었다. 김홍집이 일본에 주재하는 청국 공사 참사관 황준헌이 쓴 『조선책략』을 가져와 고종에게 올렸다.

1881년 1월, 약 60명으로 구성된 신사유람단이 일본의 정계와 산업계 시찰에 나섰다.

이 당시 김옥균은 방일 직후 『가화근사』를 집필하여 조선과 일본의 최근 사정에 대해 기술하고 있다.

조선의 자주 독립과 근대화를 위해 개혁의 불가피성을 강조하고 양반제도의 폐지와 신분제와 관계없는 인재 등용, 경제개혁과 철도부설 등을 적고 있다.

1881년 9월, 조선은 청국에 김윤식을 영선사로 38명의 교육생을 인솔하고 갔다. 이들 중 일부 양반계급은 게으르고 참을성이 없자, 그곳을 빠져나가 17명만 남아 기술 교육을 받게 되었다.

고종은 수신사의 일본 견문 후 그들의 보고를 듣고 조선도 개화의 걸음을 시작했다.

여기서 고종 및 집권파인 수구파가 제시한 것이 동도서기론東道西器論이었다. 동도東道 즉 우리의 문화와 관습을 지키고, 서기西器 즉 서양의 기술을 받아드리겠다는 의사 표시였다.

그러나 현실적으로

(1) 무력의 힘에 밀려 개항을 하게 되었고

(2) 외국과의 교섭도 청국의 의도에 따랐다.

(3) 국가에 뚜렷한 정책도 없었다.

(4) 물적 재원과 내재적 의식 변화도 없었다.

이념적인 면에서는

(1) 인간의 굴레를 씌운 신분제가 상존하고 있었다.

(2) 유교문화 자체가 삼강오륜과 수신제가에 있었다.

(3) 행위에 대한 선악이 있을 뿐,

(4) 자기 것을 베푸는 문화가 없다.

(5) 기득권을 양반체제나 왕권이 내려놓지 못했다. 이는 앞의 외척들에 의한 60년 세도에서도 볼 수 있었다.

(6) 양반체제의 기득권은 발에 흙을 묻히지 않는 제도였다.

(7) 인간의 심리상 절박한 상황이 아니면 기득권을 포기하지 않는다.

위에서 본 것과 같이 현실적으로 주체성, 이념, 물적 재원 등에 변화 없이 서양의 기능과 기술을 받아드리겠다는 의사 표시였다.

동도서기론은 100여 년 전엔 가능할지 모르나 국제 정세가 급박한 상황에서, 더구나 물적 재원도 없는 상황에서, 인간에게 굴레를 씌워놓고 서양 문물을 받아드린다는 것은 탐욕이었다. 결국 서구 열강들에 말려들어, 예속화는 필연적이었다.

젊은 개화파는 정변, 강령에서 보듯 신분제 혁파가 먼저였다. 인간의 굴레를 벗은 후 인간의 평등과 자유로운 가운데 산업 생산이었다. 이런 사실을 그들은 누구보다 더 잘 알고 있었다.

그러나 현실적으로 외세의 경제적 침투가 나라의 경제를 좀먹자, 산업화를 서둘러야 했다. 물적 재원이 없는 가운데 산업화에 어려움이 있자, 개화파는 재원 마련을 위해 동분서주하였다.

1882년 7월 군민봉기가 일어났을 때 김옥균은 일본에 있었다. 그가 일본에서 돌아오자, 청국이 대원군을 납치한 것을 강력히 항의하였다. 조선의 주권을 짓밟는 처사로 자주독립을 위해서는 있을 수 없는 일이었다.

1882년 9월 군민봉기 뒤 일본에 사절단을 보낼 때 정사 박영효, 부사 서광범, 고문 민영익, 김옥균이 참여하였다. 이때 박영효가 처음 태극기를 만들어 사용했다.

귀국 후 1883년 박영효는 한성 판윤에 임명되고, 김옥균, 서광범 외무아문 참의에 임명되었다. 이들은 일본인을 데려와 박문국을 설치한 후 국내 최초 《한성순보》를 발행하여 서구 열강의 정치, 경제, 사회제도에 관해 적고 국내외 소식을 민중들에 전하였다. 그러나 《한성순보》의 내용은 현재 집권층인 점진개화파에 의해 주도되면서 동도서기론에서 크게 벗어나지 못해 조선사회의 전반적인 개혁에는 미치지 못하고 수구파의 방해로 1년 만에 중단되었다. 청국은 임오 군민봉기 후 조선에 들어와 조선 내정에 깊숙이 간여하게 되었다.

정부는 1883년 관제를 개혁 외아문과 내아문으로 나누었다. 외아문 조영하, 협판 김홍집, 민영익, 참의 김만식, 김옥균, 내아문 민태호, 협판 김윤식, 참의 홍영식, 어윤중 등을 임명했다. 당시 청국은 3,000명의 병력을 인솔하고와 국내 정무를 장악한 후 청국의 원세개가 일부 실권을 쥐고 있어 국왕은 허수아비에 불과했다. 이때 일본 병력은 180명이 서울에 주둔하였다.

청국에 의지하는 수구파에 의해 박영효가 광주 유수로 좌천되고, 김옥균이 동남아제도 개척사 겸 관평사로 좌천되었다. 청국은 재정권도 장악하기 위해 이홍장은 조선해관 총세무사에 독일인 재정 전문가 묄렌도르트를 임명하여 고문에 앉혔다.

독일인 묄렌도르트는 국가 재정난 타개를 위해 국왕에게 새 화폐발행을 건의하였다. 당오전의 발행과 남발은 물가를 등귀시켰고 국가재정의 혼란을 가중시켰다. 개화파의 김옥균이 수구파에 책임을 묻자 묄렌도르트는 사임하며 개화파를 물고 늘어졌다. 이에 김옥균은 국왕에게 자신의 소견을 제시한다.

국왕의 위임장만 있으면 일본에서 300만원의 차관을 들여올 수 있다고 말하였다. 김옥균은 고종의 위임장을 갖고 일본외무성의 이노우에를 찾았다. 당시 수구파는 김옥균이 일본서 차관 도입이 성사될 경우 개화파의 세력이 커짐을 좌시할 수 없었다. 일본 공사를 통해 김옥균의 위임장은 위조되었다는 소문을 퍼뜨렸다.

김옥균 일행이 일본에 갔지만 일본 외무경 이노우에의 냉대로 차관 교섭은 물거품이 되었다. 1884년 4월 김옥균이 귀국 후 차관교섭 실패에 대한 문책이 따랐다. 동시에 개화파의 한 축인 박영효 또한 광주 유수에서 사임하였다. 이를 계기로 개화파는 수구파로부터 정계에서 축출 대상으로 심한 압박을 받게 되었다.

결국 수구파 및 점진개화파의 개화는 동도서기론에 의한 소문만 요란했지 변화된 정책이 없는 가운데, 급진개화파는 1884년 갑신정변을 일으킨다.

6. 동학과 천주교의 잠행

대원군의 집권 10년, 왕권강화를 위한 강력한 개혁은 유림들의 서원철폐와 경복궁 중건에 반대하는 상소가 빗발치는 상황에서, 천주교인 학살과 쇄국 정책 등 바람 잘 날 없는 시기였다. 이때 전라도 광양만과 강원도 영읍에서 민중봉기가 일어났다. 1871년 동학은 영읍에서 교조신원운동을 일으켜 3일간 영읍성을 점령하였다.

이 일로 인해 최시형은 약 20년 동안 관헌의 추적을 받아야 했다. 국내외적으로 사회가 혼란한 시기 신앙의 여정은 멀고도 험했다. 동학의 눈으로 볼 때 기울어가는 조선사회에서 민중에게 굴레를 씌운 신분제는 변혁의 대상이었다.

지배계급에 의해 평생 굽혀 살아야 했던 민중들에게 동학이 희망을 줄 수 있는 것은 인간의 평등과 질병의 고통에서 벗어나는 길이었다.

최시형은 2대 동학의 교주로 조선 민중의 교화에 항상 책임감을 갖고 뒤쫓는 관헌의 추적을 따돌렸다.

그는 깊고 험한 산악지역을 택해 교도들의 집을 전전하며 설법과 교화를 통해 동학을 전파하고 있었다. 민중을 위한 잠행을 거듭하며 조선 민중을 일깨웠다. 종교로써 조선 민중에게 더욱 가까이 가려고 노력하였다.

1871년 영월에서 설법은 타인에 대한 적선이 곧 천주의 마음이며 남의 악한 마음과 부정적인 행위를 부드러움과 긍정적인 자세로 받아들일 것을 주문하였다.

또한 폭력적이거나 거짓일 때도 부드러움과 진실로, 상대가 권력과 재물을 탐할 때는 정직과 의로 그들과 맞서 대화로 풀 수 있어야 한다고 설법하였다.

1875년 단양에서 설법은 모든 인간사에는 때가 있으니 그때까지 참고 기다릴 줄 알아야 한다는 것이다. 최시형은 교조 최제우가 섣불리 움직이지 말라했지만 영읍의 동학 민중봉기에 참여하면서 다시 한 번 교조 최제우의 말을 되새기고 있었다.

또한 종교의식으론 조선 민중이 칠성을 보고 뒤뜰에서 정수된 물을 떠놓고 빌던 풍속을 이어 받아 동학 또한 정수된 맑은 물 한 그릇에 정성을 표시하라 하였다. 궁핍한 민중의 삶을 헤아릴 줄 아는 교주의 성실한 자세를 동학 교인들이 보면서 포교를 통해 동학교도들의 세가 확장되자 조직의 구성 요인을 접과 포로 나누어 교세를 확장하였다.

1870년대엔 삼남지방과 강원 지방엔 동학 교인들이 날로 모여들었다. 이들의 21자 암송 소리가 민중의 고달픈 삶을 대변해 주고 있었다.

1880년에 들어서자 조선은 문호 개방에 따라 일본에 수신사를 보내고 있었다. 이 시기 동학 또한 교인들의 증가로 경전 사업을 더 이상 미룰 수 없었다.

1880년 5월, 최시형은 태백산을 따라 강원도 인제로가 교인 김현수의 집에 간행소를 설치 그동안 자신이 암송하고 있던 "동경대전"을 간행하였다.

다시 태백산을 타고 소백산으로 이동한 후 교인 여규덕 집에 간행소를 설치하고 『용담유사』 등 기타 내용을 구술하여 간행하였다.

1882년에는 조선의 국내 사정이 바삐 움직였다. 임오 군민봉기 후 문호 개방은 필연적인 요소였다. 미국과 통상 조약이 맺어지자 종교에 대한 탄압이 눈에 보이게 줄어들었다.

최시형은 1883년 2월 충남 목천군까지 올라와 김은경의 집에 간행소를 설치, 동양의 사상인 유, 불, 선에서 장점만 따온 면이 많았다. 현실적인 민중 교화와 희망을 위해 관헌의 추적을 따돌리기 위해서도 최시형은 유교의 교리를 인용하였다. 동학에 대한 거부 반응을 없애기 위함이었다.

민중들의 공동체 생활은 언제나 상하의 구별이 없었다.

시대의 변화에 맞춰 동학의 교리에 대한 취지가 변화를 가져와 교인들의 폭발적인 증가와 함께 그들의 21자 암송은 희망의 상징이었다.

최시형은 북쪽지역을 생각했다. 이제 동학은 황해도를 거쳐 평안도, 함경도 등 전국적인 조선의 토종 종교로 자리 잡기 시작했다.

시대의 대 변혁기에 국가적 모순과 병폐에도 불구하고, 시대의 변화에 눈

감았던 유림들, 국가가 몰락하기 일보 전까지 그들은 진리의 정치를 외쳤다. 이에 천주교는 조선의 양반사회에 도전하였다.

반면 대원군은 왕권 강화를 위해 천주교인들을 사교를 믿는다하여 처형하였다. 약 8,000명이 넘는 숫자였다.

그러나 천주교는 100여 년 조선에서 수난과 핍박을 받으면서도 들풀과 같이 쓰러졌다가 다시 일어났다.

이제 역사에서 죽음의 씨앗을 뿌리며 전국으로 흩어지고 보이지 않는 잠행은 계속되었다.

시대는 고래 싸움에 새우등이 터진다고 했다.

그러나 조선은 기독교라는 월척을 낚고 있었다.

패색이 짙었던 조선의 역사에 희망의 등불이었다.

●● 참고문헌

강만길. 『한국근대사』. 창작과 비평사, 1994.

강재언. 『한국근대사』. 한울, 1995.

고성훈 외. 『민란의 시대』. 가람기획, 2000.

김정환. 『근대로 가는 길』. 푸른 숲, 1997.

김현묵. 『반역의 한국사』(하). 계백, 1995.

박은식. 김승일 옮김. 『한국통사』. 범우사, 1999.

변태섭. 『한국사 통론』. 삼영사, 2008.

신용하. 『한국 근대사회사상사 연구』. 일지사, 1987.

윤내현 · 박성수 · 이현희. 『새로운 한국사』. 김영사, 2005.

이기백. 『한국사 신론』. (주)일조각, 2012.

이덕일. 『근대를 말하다』. (주)위즈덤하우스, 2012.

이성무. 『조선왕조사』. 동방미디어(주), 1998.

이이화. 『한국사의 이야기』. 한길사, 2005.

이정식. 『서재필』. 정음사, 1986.

조경달. 『이단의 반란』. 역사 비평사, 2008.

한국근현대사회연구회. 『한국 근대개화사상과 개화운동』. 신서원, 1998.

한국역사 연구회. 『모반의 역사』, 세종서적(주) 2006.

한영우. 『명성황후, 제국을 일으키다』, 효형출판, 2006.

한우근. 『한국통사』. 한국학술정보(주), 2003.

황문수. 『김옥균 전기』. 문원, 1994.

황선희. 『동학, 천도교 역사의 재조명』. 모시는 사람들, 2009.

황현. 허경진 옮김. 『매천야록』. 한양출판, 1996.

제5장

인간의 평등과 부국의 꿈

1. 갑신정변

1) 정변의 과정

조선에서 개화파의 태동, 형성, 발전, 정변으로 이어지는 과정을 세분화 한다는 것에 매우 어려움이 있다. 왜냐하면 개화파의 정변이 비록 한세대를 거쳐 이루어졌지만 이들의 활동 기간은 그렇게 길지 않았다.

그러나 정변이 의미를 갖는 것은 조선의 역사에서 기폭제 역할을 하였다. 조선사회의 최대 버팀목은 유림 즉 양반세력이었다. 이들의 자제들이 거센 시대 흐름에 동참하면서

(1) 성리학과 대치점에 있던 천주교와 동학에 의한 이념의 변화를 현실 정치로 이끌어냈다.

(2) 조선사회의 기둥이었던 양반[선비]사회의 일각이 무너지고 있다. 일 명 제도의 변혁을 의미하였다.

이들은 지금까지 종교를 통해 관념적으로 가졌던 이념의 변화 즉 인간의 평등과 제도의 변화를 통한 부국강병을 조선의 현실에서 구현하고자 하였 다. 조선의 유림들은 엄격한 신분제 사회에서 기득권을 유지하며 오륜을 최 고의 진리로 생각하였다. 그들은 고루하고 형식적이며 규격화된 생활을 했 고 이를 민중 계층에 교화시켰다.

그러나 1780년대 조선의 선각자들은 서구의 거대한 물결을 받아들였다. 약 100년의 세월이 흘러서야 지배계급에서 변혁의 싹이 자랐다. 한 세대를 거쳐 젊은 사대부 청년들에 의해 변혁이 시도되었다. 김옥균은 고종의 위임장을 갖고 차관 '약300만원' 교섭을 위해 일본에 갔다. 그러나 일본외상 이노우에는 김옥균을 만나주지도 않고 냉대하였다. 김옥균은 차관 교섭이 실패하자 조선의 앞날이 걱정되었다.

이때 수구파와 청국의 원세개는 묄렌도르프의 당오전과 당십전 발행으로 화폐가치가 떨어지고 사회혼란과 재정궁핍이 현실화 되자 개화파가 두려웠다. 김옥균이 서울에 돌아왔을 땐 수구파의 적의에 찬 질시가 눈에 보일 정도로 험악했다.

그러나 약간의 개화파에 도움이 되는 일이 있었다. 민영익과 함께 미국을 다녀온 홍영식이 개화파로 돌아섰고 우정국 총판에, 서광범이 동부승지로 임명됐고, 서재필이 일본에서 돌아오자 신설된 조련국의 사관장이 되었다. 김옥균은 박영효, 홍영식, 서광범, 서재필 등과 국내 상황을 점검하였다.

현재 수구파의 기세로 보아 개화파가 먼저 손쓰지 않으면 제거될 것 같은 분위기였다. 더 이상 정계에 설 자리가 없다는 인식이었지만 그러나 좀 더 시간을 갖고 협의하기로 했다.

1884년 7월 프랑스와 청국이 안남 문제로 무력 충돌을 일으켰다. 청국이 열세에 몰리자 조선에 주둔한 청국군 3,000명 중 1,500명을 안남으로 이송한다는 소식이었다.

일본 공사 다케조에가 본국의 훈령을 받고 급히 귀국했다. 그가 돌아왔을 때 그의 태도는 너무 돌변해있었다.

일본 정부는 공사 다케조에게 김옥균에 접근할 것을 지시하고 고종 알현 후 제물포 조약에서 제시한 배상금 40만원을 유예조치하여 주었다. 또한 조선은 이 기회를 이용하여 개혁을 단행할 것을 요구했다. 김옥균은 일본 공사가 접근하자 그들과도 협의를 하게 되었다. 그들의 병력 180명과 조선군인 약 500명을 합쳐 청국의 1,500명을 대항할 수 있다고 생각했다.

1884년 10월 김옥균은 고종을 알현할 수 있는 기회를 가졌다. 김옥균은 고종에게 천하대세를 논하며 조선이 가야할 방향을 제시하였다. 고종과 왕비 민 씨는 현재 청국 원세개에 의해 국정이 좌지우지되자 국왕으로서 허수아비와 같은 신세였다.

이때 김옥균의 충정어린 충언은 고종의 마음을 움직였다. 김옥균은 고종의 친필 '밀지'를 원했고 이를 무기로 재기의 발판을 만들려고 하였다. 김옥균이 국왕의 친필을 받자 박영효, 홍영식, 서광범, 서재필 등과 회의를 계속하고 정변을 꿈꿨다. 정변은 근대화로 가는 지름길로 생각했다. 권력을 문란케 하고 인민을 도탄에 빠뜨린 간신배를 제거하는 일이 시급했다.

이즈음 김옥균, 홍영식, 박영효, 서광범 등은 개화파의 스승 유대치를 찾아 갔다. 김옥균은 자기의 스승 유대치에게 정변의 당위성을 설명했다. 지금 정변을 하지 않으면 영원히 기회가 오지 않을 수 있다는 것을 유대치에게 전했다. 유대치 역시 이들의 정변을 이해하고 성공할 것을 기원하였다. 이때 김옥균은 자기의 생각을 정리했다.

(1) 대원군의 개혁은 조선을 위해서는 좋은 정책이었으나 그것이 백성을 위한 것은 아니었다.

왕권 강화를 위해 시대의 흐름을 거슬렀다. 하지만 청국이 대원군을 납치해 간 것은 있을 수 없는 일이었다.

조선을 속국으로 생각하는 그들에게서 한시바삐 독립을 쟁취해야 한다.

(2) 임오년 군민봉기 또한 지배계급에 의한 신분사회에서 일어나는 불평등 관계였다.

(3) 조선의 근대화를 위해 신분제는 필히 청산되어야 하며 모든 민중은 평등하다는 의식을 가져야한다.

(4) 부국을 위해서는 농경사회에서 산업사회로 이행되어야 했다.

김옥균은 자신의 생각을 정리한 후 정변의 당위성에 확신을 갖게 되자, 10월 17일 우정국 낙성식을 정변일로 잡고 박영효, 홍영식, 서광범, 서재필 등과 잦은 모임을 가졌으나 점진적 개화파인 김홍집, 어윤중, 김윤식, 윤치호 등엔 알리지 않았다.

10월 17일 홍영식이 베푸는 우정국 낙성식이 한창일 때 별궁에 방화를 신호로 수구파의 지도급 인사를 처단하기로 했다.

연회가 한창 무르익어도 밖에서 방화 신호가 없자, 김옥균은 초조했으나 내색은 하지 않고 주위를 두리번거렸다. 눈치 빠른 민영익이 밖으로 나갔다. 불이야 하는 소리와 함께 민영익이 들어오는데 칼침을 맞아 피를 흘리고 있었다.

우정국을 지키고 있던 사관생도들에 의해 수구파 인물들이 밖으로 나오면서 제거됐다. 또한 수구파 대신들이 왕명의 이름으로 대궐로 들어오다 참살되었다.

밖에는 아직 우정국 옆집에서 불길이 엄청난 속도로 번지며 타고 있었다. 이를 신호로 김옥균, 홍영식, 박영효, 서광범 등은 궐내로 들어가 고종을 깨우고 청국에 의한 고변사실을 고하고 경우궁으로 옮길 것을 요구하였다.

고종과 왕비 민 씨의 반대에도 불구하고 그들은 경우궁으로 어전을 옮기게 했다. 다음날 아침 개화파 인사들은 10월 18일 아침 조정의 조각 명단을 발표했다.

영의정 이재원, 좌의정 홍영식, 좌포장 박영효, 우포장 서광범, 예조판서 김윤식, 병조판서 이재완, 호조참판 김옥균, 병조참판 서재필, 도승지 박영교 등이었다.

그 후 미국, 영국, 독일 등 각국 공사관에 정변사실을 통보하고 경우궁으로 고종을 알현케 함으로써 정변사실을 내외에 기정사실화했다.

오후에는 국정개혁 14개조를 발표하고 시내 각처에 붙여 민중들이 개화파의 정책을 확인할 수 있게 했다.

18일 저녁 민비의 노련한 등쌀에 고종도 다시 창덕궁으로 옮긴 후 수구파를 통해 유언비어를 퍼트렸다.

19일 청군에 도움을 요청하자 원세개는 600명의 병력을 이끌고 창덕궁으로 쳐들어왔다. 일본 공사 다케조에는 이미 본국으로부터 청국과 전쟁은 피하라는 밀령을 받았다.

청군이 밀려오자, 개화파와 약속을 배신하고 경복궁 뒤뜰을 넘어 퇴각하고 있었다. 개화파의 사관생 일부와 궁궐을 지키고 있던 병사들이 창고를 뒤져 장총을 꺼내 보았으나 녹이 쓸어 쓰지 못하고 청군을 향해 저항하나 중과부적으로 물러서야했다.

사태의 심각성을 깨달은 개화파의 홍영식, 박영교는 고종을 호위하고 나섰지만 청군에 의해 죽임을 당했다. 나머지 김옥균, 박영효, 서광범, 서재필 등은 일본 공사와 함께 피신하지 않을 수 없었다.

개화파의 꿈이 3일 천하로 끝나면서 조선 민중의 인권과 부국강병은 물거품이 되고 말았다.

갑신정변의 실패로 일본의 군과 공관원, 거류민 등이 급히 철수하는 과정에서 희생자가 다수 나왔다. 일본은 이를 이유로 1885년 1월 여러 척의 군함과 병력을 조선에 투입하고 정변에 관여한 것에 관계없이 힘을 배경으로 협상을 추진하였다.

힘이 없는 조선은 청국의 주선으로 한성조약을 체결하게 되고 조약 내용은 일본에 사죄하고 건축물 파손과 사망자 보상금 지불 등이었다. 한편 일본은 공사관 경비 명목으로 대대병력을 주둔시켰다. 청, 일은 1885년 4월 천진에서 조선에 관한 이홍장과 이토 히로부미가 천진조약을 체결한 후 4개월 내 조선에서 철군할 것을 결정하였다. 만약 조선에 출병할 때는 사전에 서로 통지할 것을 제시하고 있다.

2) 혁신 정강정책 14개조

(1) 대원군을 조속히 귀국시키고 청국에 대한 사대 허례를 폐지할 것

(2) 문벌을 폐지한다. 모든 인민의 평등권을 제정하고 재능에 따라 인재를 등용할 것

(3) 전국의 지조법地租法을 개혁하여 부정한 관리는 근절한다. 헐벗고 어려운 자를 구제하고 국가 재정을 충실히 할 것

(4) 내시부[환관]를 폐지하고 그 중에 재능 있는 자는 등용할 것

(5) 탐관오리 중 악질적인 자는 처벌할 것

(6) 각도의 환상미[환곡]은 영구히 폐지할 것

(7) 규장각 "정부의 문서를 보관하는 국가기관"을 폐지할 것

(8) 조속히 순사를 두어 치안 제도를 정비할 것

(9) 혜상공국 [보부상]을 폐지할 것

(10) 죄인들을 다시 조사하여 죄 없는 자는 석방할 것

(11) 4영을 합쳐 하나로 만들고 장정을 선발하여 근위대를 설치할 것

(12) 모든 재정은 호조에서 관활케 하고 기타 재무관청은 폐지할 것

(13) 대신과 참찬은 매일 청사 내에서 의정부에서 회합한 후 정령을 의결 공포할 것

(14) 의정부 및 6조 외에 불필요한 관청은 폐지하고 대신과 참찬은 이를 심의하여 처리할 것 등이었다.

3) 실패 이유

(1) 버팀목이 없었고.

(2) 외국군[청국군]의 주둔이 있었다.

(3) 실권보다 허명이 앞섰다.

(4) 준비가 부족했다.

(1) 버팀목이 없었다

조선은 약 500년이 지나자 늙은 고목이 되었고 권력도 노론 벽파만 남아 세도정치로 일관, 왕권을 무력화시키며 조선을 몰락의 경지에 몰아넣고 있었다.

이때 개화파의 활동이 시작되나 정계의 버팀목이 되어야 했던 박규수도, 자신이 영의정에서 물러난 후 개화 세력을 키웠다. 버팀목이 없자 완고하고 고루한 위정척사의 노론 벽파와 권력 다툼에 항상 불리한 입장에 있었다. 거사 시기에도 그들의 권한은 미약했다.

(2) 외국군의 주둔

임오 군민봉기의 원인은 개항에 있었다.

지금까지 자급자족에 의해 이루어진 사회였다. 농업경제가 개항과 문호 개방을 통해 상품 및 곡물의 유통이 확대되자, 정부의 재정이 고갈되었고 국가 경제가 더 이상 힘을 쓰지 못했다. 조선의 개항 자체가 주도적 입장에서 준비된 개항이 아니었다. 일본으로선 계획적이고 필연적이었다. 강화도에 군함을 정박시키고 함포사격에 의해 강제적으로 맺은 불평등조약이 강화도 조약이었다.

대원군의 쇄국이 하루아침에 무너지는 순간이었다. 국가의 커다란 위험이 닥칠 때 유림은 의義를 내세워 충忠을 위한 국토방위에 나섰지만 조선이 망하기 직전에는 부패의 늪에 가려 사지가 마비된 상태와 같았다.

성리학의 인륜을 근본으로 한 논리는 정연하나 형식화, 규격화 시켜 농업경제시대에나 어울리는 윤리 도덕이었다. 산업화 시대, 외세의 침략에는 속수무책이었다. 그 여파가 나타나기 시작할 때 임오 군민봉기로 인해 청, 일이 서울에 군을 주둔시키고 여의치 않을 경우 왕궁을 포위한 후 국왕에 압력을 넣어 자신들의 입맛에 맞게 권력을 유지시키고 있었다. 당시 권신인 민 씨 척족들과 수구파 또한 강대국 앞에선 허수아비에 불과했다. 어찌 주체성 있는 국가의 할 일이겠는가.

(3) 실권보다 허명이 앞섰다

당시 개화파의 실질적 리더 김옥균 34세, 홍영식 30세, 서광범 26세, 박영효 24세, 서재필 18세 등이었다.

위와 같은 나이에 김옥균은 개화파 당수로 보도되고 있다. 젊은 나이에 정계에 뿌리가 없으면서 내세운 인물이 박영효였다. 그는 철종의 부마였다. 그의 나이도 어렸다. 또한 재정적인 문제도 실질적으로 해결이 어려워 김옥균이 일본에 건너가 활동할 때도 어려움이 극심했다.

한때는 차관도입으로 일부 받은 금액을 유학생들을 위해 사용했다. 이렇듯 실질적 재력이 없는 가운데 이름만 높을 뿐이었다. 그들과 비교해서 수구파 민 씨 권력은 재력도 탐욕으로 인해 남보다 여유 있는 편이었다. 고종 곁에서 모함과 탐욕으로 자신의 권력을 유지하나 그들도 오래 견딜 수없는 조건이었다.

(4) 준비가 부족했다

개화파는 왕궁과 서재필이 이끄는 사관생도 수십 명과 왕궁을 경비하던 약간의 병력 및 일본군 180명으로 정변을 계획했다. 그러나 상대는 조선 정부의 전복에 있었다. 청군이 안남으로 1,500명이 차출되어도 1,500명이 남아 서울을 지키고 있었다. 기밀이 빠져나갔다.

개화파에 의해 고종이 감금당하고 대신들이 죽어 가며 여기에 일본군이 협력하고 있다는 괴 소문이 퍼지자 청군과 민중들이 몰려오기 시작했다. 청군 600명이 대궐을 향해 발포했을 때 대궐을 지키고 있던 병사는 수십 명에 불과했다. 일본군 또한 180명이라 하나 이 모두가 적극 싸울 의사가 없었다. 청군의 침입을 막기 위해 사관생 및 병사 수십 명이 무기고에서 장총을 꺼냈으나 모두 녹이 쓸어 쓸 수가 없었다.

결국 대궐 내에서 벌어진 정변이었다. 그들이 청군의 침입을 피해 도피할 때 거리의 백성들이 일본인과 정변 인물들에 피해를 준 것을 보면 민중들의 의사를 무시한 정변으로 밖에 볼 수 없었다.

4) 역사적 의의

(1) 한반도의 지형으로 봐 삼국시대와 고려시대에는 만주지역의 다른 민족들과 잦은 충돌이 일어났다. 이들과 전쟁에 이겨야 했다. 이들 시대엔 나라 전체의 독립의지가 강했다.

조선이 건국되고 명이 중국을 통일하자 명과 선린 우호관계를 유지하며 서로 싸울 일이 없었다. 더구나 이념적으로 같은 성리학을 받아들이자, 조선이 건국되고 약 200년 동안 전쟁이 없었다. 그러나 남쪽에서 일본의 침략이 있었고 뒤이어 명나라가 망하자 청국의 침입이 있었다.

이후 청국과의 관계가 좋았다. 조선의 지배계급엔 국토방위나 독립이란 개념에 익숙하지 않았다.

세기의 대 변혁기에도 청국만 믿고 조선은 병력이 필요할 땐 지원 요청을 했다. 임오 군민봉기 때 청국이 와서 도왔다. 그 대가는 컸다. 청국관리가 내정에 간섭하기 시작했다.

청국에 의지한다는 것이 젊은 개화파에겐 수구파들이 한심했다. 이것은 민족의 자존감이 걸린 문제였다.

정변의 제1강령에 대원군의 조속한 귀국을 촉구하고 홀로서기를 위한 독립의지를 밝히고 있다.

(2) 조선 후기 근대사 100년, 역사의 화두는 인권 즉 인간의 평등이었다.

이념의 변화 즉 인권은 천주교를 거쳐 동학으로 이어지며 100년이 넘는 신앙생활을 통해 인간의 평등을 추구하며 실천하고 있었다.

조선에서 신분제[사士, 농農, 공工, 상商, 천민, 노비]는 보이지 않는 굴레였다. 신분제에서 노비에 속하는 신분은 지배계급의 재산에 속하는 상품이었다. 조선에서 지배계급인 양반에게 그들의 재산인 노비를 해방시키라는 이야기였다.

1801년 공노비 혁파를 단행하였으나 사노비인 노비제는 조선이 망할 때까지 유지되었다. 자기 재산의 반을 잃은 아픔으로 생각한 지배계급은 결사반대였다. 시대가 대 변혁기를 맞아 변하는데도 조선의 지배계급은 조금도 동요치 않고 계속 저항하고 있었다.

그동안 종교를 통한 관념적인 의사 표시를 갑신정변의 젊은 사대부 젊은 이들은 이를 정치현실의 최대 변혁의 이념으로 제시하며, 신분제 혁파와 문벌 폐지를 요구하고 있다.

눈에 보이지 않는 사슬을 끊지 않고는 시대의 변화에 적응할 수 없었다. 자본주의 진입에 앞서 인간의 평등을 이루는 것이 선결과제였다. 그러나 정변의 실패로 인권은 뒤로 미루어지게 되었다.

이들이 근대사에서 중요한 위치를 차지하는 것은 앞에서 본 바와 같이

(1) 지금까지 고루한 사대부들에게서 볼 수 없었던 강인한 독립의지

(2) 인권 즉 인간의 평등과 자유가 종교[신앙]에 머물러 있던 것을 현실화시켜 기정사실화 했다.

(3) 정부의 제도를 개혁할 것

(4) 정변의 주역 중 한 사람인 서재필의 등장이었다. 훗날 그의 귀국은 근대 이념인 인권 즉 인간의 평등과 자유를 이 나라에 정착시켰고 이를 정신으로 승화시켰다.

당시 의식변화는 시대적으로 제도의 변혁도 가져오게 되어 있었다. 사회

의 의식과 제도의 변혁은 곧 혁명을 의미하는 것이었다. 그만큼 갑신정변은 실제론 혁명과 같은 정강정책을 내놓고 이를 실천에 옮겨 근대 국민 국가 이념을 정립하려 하였다.

그러나 위로부터의 개혁이 충효사상에 매몰돼있었던 조선 민중에겐 아직도 낯설었던 내용들이었다. 정변이 직접적인 민중의 지원 없이 몇몇 젊은 사대부 자제들에 의해 이루어진 것 자체가 모험이었다. 시시각각 변하는 국제 정세를 볼 때 마음은 급하고 갈 길은 먼데 정부 내에 우군이 없었다.

100여 년 만에 젊은 혈기만 믿고 시대의 과제인 인간의 평등과 부국의 꿈을 위해 현실 속에서 변혁을 시도하였지만 실패하게 된다.

한편 행동의 변혁은 4번의 민중봉기와 1번의 정변을 들 수 있다.

(1) 1811년 평안도민의 민중봉기와

(2) 1862년 임술년 진주 민중봉기를 통한 전국적 민중봉기

(3) 1869 -1871년 광양과 영해 민중봉기

(4) 1882년 임오 군민봉기 일어났다.

(5) 1884년 갑신정변 등

이념의 변화나 행동의 변혁이 뚜렷하게 현실적으로 그 의지를 표현하지 못했다.

정변이 3일 천하로 실패하자 이들은 수구파들에 의해 김옥균, 홍영식, 박영효, 서광범, 서재필 등은 5적으로 몰렸다. 그중 홍영식은 죽임을 당하고 나머지 4명은 일본과 미국으로 망명하였다. 이들 가운데 한사람인 서재필의 사상도 이때부터 형성되었다고 볼 수 있다.

2. 수구파 정권과 청, 일의 경제적 침투

국내 정치계는 1882년 임오 군민봉기로 대원군파와 유림의 몰락을 가져

왔다.

1884년 젊은 사대부들은 조선의 변혁을 꾀하려 갑신정변을 일으켰지만 그들을 지원하는 우군이 없자 실패하고 고국을 떠나 일본과 미국으로 망명하게 되었다.

실제 조선 정계는 대원군파와 개화파가 제거되면서 수구파의 독무대가 되었다.

그러나 조선 정계에 권력을 틀어쥐고 있던 왕비 민 씨는 2번씩 정변으로 정권이 민중에 의해 무너졌는가 하면 자신의 척족인 민 씨들 다수가 정변에 의해 희생되었고 자신도 이런 와중에서 온전치 못하고 충청도 시골까지 가서 숨어 지내는 신세가 된 적이 있었다.

비록 이제는 정적들이 다 축출된 권력이었지만 국정에 참여하는데 별로 흥미가 없었다. 나라야 어떻게 되었던 나만 편하면 되었다.

고종 또한 왕위 자리가 툭하면 정변에 의해 좌지우지되면서 고종 자신이 왕위 지키기에 급급했다. 국왕 자신이 바로 서지 못하고 왕비 민 씨, 혹은 청, 일의 관료에 의해 좌우되거나 휘둘리니 국왕의 명이 제대로 먹히지 않았다. 정책을 시행하는 정승, 판서가 모를 리 없었다.

틈이 보이자, 생선은 썩을 때 머리부터 썩는다고 하였다. 한 나라도 그 운명을 다할 때는 생선이 머리부터 썩듯이 국가도 왕실부터 썩게 되어있다. 조선 또한 왕실의 외척들에 의해 관직이 수만 냥에서 수천 냥씩 돈만 주면 마구 팔려 나갔다. 이에 질세라 임금 곁에 있는 환관 역시 권력에 대한 욕심이 대단했다.

왕과 신하의 관계를 이유 없이 차단하고 뇌물을 주는 자만 골라 왕을 접견시켰다. 그들의 권력 또한 이 시기 하늘을 찌를 듯 했다. 왕비 민 씨 곁에도 늘 무당과 점쟁이들이 들끓었고 광대와 기생들도 주지육림 속에 파묻혀 세월 가는 줄을 몰랐다.

정권 자체가 진일보하지 못하면서 예나 지금이나 수구파의 사상은 동도서기론에 있었다.

개항 후 10여 년이 흘렀지만 조선은 변한 것이 별로 없었다.

수구파의 동도서기론은 말로 내세우는 의미 이상의 것은 아니었다. 지배계층의 사고가 변화를 원하지 않는 가운데 세계열강과의 통상조약을 맺으며 문호를 활짝 개방하고 있었지만 정부에 뚜렷한 정책이 없었다.

1882년 청국과의 수륙 통상 장정이 체결되고 1883년 인천항이 개항되자. 청과 일본과의 통상관계가 빠르게 조선의 시장을 점령했다. 특히 청국은 임오 군민봉기의 도움을 이용하여 서울지역을 선점하며 점포를 개설할 수 있는 권리를 갖자 일본 또한 청국과 좀 떨어진 곳에 점포를 설치하였다.

일본과 청국의 수입물품은 주로 면제품이 많았다. 이것은 영국에서 만들어진 제품이었다. 그 외 잡 제품으로 가위, 솥, 주전자, 냄비 등이었지만 모두가 불량품이었다.

청과 일본은 조선에서 곡물, 콩, 인삼 및 소가죽 등을 수입했다. 처음 거래에선 청국과의 통상 금액이 일본보다 우위에 있었다. 그러나 일본의 끈질긴 상품 개발로 어느 날 잡 제품이 놀라울 정도로 세련되어 있었다. 일본은 조선과 통상관계에 거의 필사적이었다. 그 결과로 일본은 조선에서의 수출입 동향이 빠르게 청국을 추월하고 있었다.

시간이 지나면서 조선에서 일본 상인들의 활동이 개항장 및 서울에서 지방으로 확대되었다. 그들은 조선의 중간상을 두고 내륙 깊숙이 들어가 곡물과 콩, 인삼, 금까지 사들였다. 또한 전국을 돌며 겨울에 농촌에 선수금을 지급한 후 가을에 곡식이나 콩, 인삼 등으로 거두어 갔다.

이는 고리대보다 더 이자율이 높았다.

몇 년이 지나자 조선은 자급자족 경제에서 청, 일로 농산물이 수출되면서 곡물이 바닥을 보이며 뛰기 시작했다. 여기에다 어느 해는 가뭄과 홍수 등

재해가 덮치면서 민중들이 여기저기서 소란을 피우기 시작했다. 1888년 함경도 감사 조병식은 지역에 곡물이 바닥나자 방곡령을 내려 수출을 금지시켰다. 이는 평안도와 황해도에서도 행해졌다.

이에 일본상인들이 들고 일어나 조선 정부에 손해배상을 청구하기에 이르렀다. 몇 년 걸려 배상은 해결했지만 이제 더 이상 사회가 안정을 찾지 못하였다. 통상 정책에 의한 문호 개방은 정치, 사회의 영역까지 자연 확대되게 되었다. 당시의 시대 상황은

(1) 청, 일과 통상관계가 시작되고 몇 년이 흐르자 조선의 모든 곡물 값이 뛰기 시작했다.

(2) 개신교가 학교와 병원을 설립하기 시작했다.

(3) 동학과 천주교가 활발하게 민중 사이에 전파되었다.

(4) 민중은 계속적인 봉기로 전국토가 바람 잘 날이 없었다.

(5) 여기에 조정은 언제나 있었던 일로 취급하고 그들 또한 타락과 부패로 날 새는 줄 몰랐다.

이제 약 30년의 세월이 흘러 민중의 마음을 읽고 전파되었던 동학이 반외세와 반봉건을 내세우며 혁명에 나서게 된다.

3. 개신교 수용과 동학 및 천주교의 활동

1874년 고종 집권 후 서구에 대한 문호개방은 약 8년 후 1882년부터 서서히 나타나기 시작하였다. 이를 계기로 조선은 1882년 미국, 1883년 영국, 독일 1884년 러시아 1886년 프랑스와 통상조약을 맺으며 완전 문호를 개방하였다.

문호개방의 여파로 조선의 경제가 몸살을 앓기 시작했다. 1882년 군민봉기가 시작되었고 1884년에 갑신정변이 일어나 또다시 민 씨 정권이 무너졌

다. 갑신정변은 지배계급인 사대부 양반계층의 젊은 청년들이 정변을 통해 실제 조선의 근대적 변혁을 꿈꿨다. 그러나 실패했다.

한편 이 시기 청, 일과 서구 열강의 경제적 이권 침투가 현실화하였다. 피지배계층인 민중은 경제적으로 생활이 견디기 힘들자 천주교와 동학으로 몰렸다. 이들 종교는 전국적으로 잠행하며 세력을 확산시키고 있었다. 이렇듯 근대 변혁을 위한 종교가 잠행을 거듭하는 사이 공식적으로 고래 싸움에 새우가 아니라 월척이 등장하게 되었다.

조선은 1880년대 서구와 통상조약을 맺었지만 공식적으로 기독교의 선교는 금지시켰다. 그러나 1885년 실제 선교사들에 의해 학교와 병원 등이 설립되자 엄격하게 규제할 수 있는 여건이 되지 못했다.

1886년 프랑스와 통상조약에서 '교회'라는 용어를 조선은 '가르친다'로 해석했지만 프랑스는 '종교의 자유'로 받아드렸다. 이 후 종교의 규제가 풀렸다고 볼 수 있다.

그것은 갑신정변 때 수구파의 우두머리였던 민영익이 개화파에 의해 상처를 입자, 이를 미국 공사관 소속이었던 의사 알렌의 헌신적인 치료로 회복되었다. 고종과 왕비 민 씨는 미국 공사에 호의적인 반응을 보였고, 알렌은 1886년 광혜원을 설립하였고 뒤이어 선교사들이 입국하기 시작했다.

조선에서 교육과 병원을 매개로 선교 사업이 펼쳐졌고 개신교가 이를 바탕으로 조선 민중들 사이에 전파되기 시작하였다.

조선에서 근대 교육을 위해 설립된 학교를 보면, 1883년 동문학이 있고 뒤이어 묄렌도르프의 사무관이었던 헬리펙스가 설립한 학교가 있는데, 이 모두가 개화정책에 따른 국가 업무를 수행하기 위한 사대부 자제들의 교육이었다.

이들 교육기관에선 영어와 관세 업무, 만국공법 즉 국제법과 세계지리 및 역사 등을 가르쳤다. 1886년엔 육영공원이 개교하였고 조선에 입국한 선교사들에 의해 1885년 아펜젤러가 배재학당, 1886년 스크랜튼 부인이 이화학당을, 같은 해 언더우드에 의해 경신학교 "연세대 전신"이 설립되었다. 이들 학교는 조선 민중을 계몽하기 위해 세워진 학교였다.

조선에서 개신교의 교육 사업은 실제 근대 교육을 확립하는데 기여하였다. 선교사들이 세운 배재학당, 이화학당, 경신학교 등에서 일반 서민과 양반 자제들까지 근대국가 이념에 동참하면서 근대 이념의 조선 정착을 알리는 촉매 역할을 하고 있다.

여기서 근대 교육을 배운 학생들이 자기 고향인 지방의 도시, 농촌 지역에서 활동하였다. 그들은 시대의 대 변혁을 몸소 겪고 느꼈던 인물들로 국가의 미래를 생각하며 주위 젊은이들을 근대교육에 눈뜨게 하였다.

이들의 활동이 밀알이 되어 전국적으로 널리 퍼지면서 천주교와 함께 동학에도 둑이 무너지기 시작했다.

이 시기에 천주교와 동학은 삼남지방을 근거로 도시와 농촌에서 활발하게 전파되었다. 천주교의 활동은 종교로써 역할을 담당하는데 그쳤다. 대신 바톤을 개신교에 넘겨주게 되었다. 때가 이르자, 종교의 힘은 컸다. 여기엔 조직이 있고 의식의 변혁이 있었다.

당시엔 이미 조선의 모든 것이 노출된 상태였다. 정부의 정책이 민중에 먹히지 않고 있었다.

한편 동학은 그동안 못했던 경전사업을 벌려『동경대전』,『용담가』등을 인쇄하여 전국적으로 각 교전소에 나누어 준 후 종교로써 체계를 확립하였다. 전국적인 포교에 어려움을 겪었지만 지방과 농촌에서 절대적인 지지를 받고 있었다. 동학에 입교하는 교인이 수십만을 헤아렸다.

이제 민중을 통해 종교로써 확신을 갖게 되자 동학은 종교의 자유를 선언하고 신원 교조운동을 벌이기 시작했다.

인간의 보이지 않는 사슬과 같은 신분제에서 벗어나자 민중의 함성은 왕조에 대항하게 되고 민중 혁명을 일으키게 된다. 이를 계기로 일제의 침략이 있자, 조선 왕조는 동학의 혁명 세력과 타협점을 찾는다.

왕조와의 타협은 조선역사에서 일찍이 찾아볼 수 없었던 민중과의 대타협이었다. 동학민중혁명 세력에 의해 집강소가 설치되었다.

약 6개월 간 유래를 찾을 수 없는 동학의 자치주였다.

모든 민중은 이때 서로 교제하며 진실로 인간 평등의 소중함을 체험하게 되었다.

개신교 또한 1894년 동학민중혁명을 거쳐 1895년 갑오개혁에도 일부 동참하면서 조선의 몰락과 함께 민중의 의식 변혁에 참여하게 된다.

우리는 여기서 근대민족정신의 형성 시기를 어디서부터 잡는가?

글쓴이는 개신교의 수용과 함께 선교사들에 의해 근대교육이 실시된 때를 의미한다고 보고 있다

또한 이곳에서 교육받은 젊은이들이 자기 고향이나 지방으로 내려가 시대의 변혁을 알리며 고향 젊은이들에게 근대교육을 가르쳤던 때를 후일 조선의 근대민족정신 형성시기로 보고 있다.

이를 통해 근대민족정신 형성 시기는 1885년 -1905년까지 약 20년 동안으로 잡고 있다.

한편 성리학[유교]은 왜 그렇게 버티었을까.

신분제에 의한 양반 사대부들의 우월성과 이에 따른 기득권이었다.

그들은 노비를 두고 손과 발에 흙을 묻히지 않고 의식주를 해결할 수 있었다. 500여 년간 누려온 기득권이었다.

위의 행위와 같이 잘못된 사회적 병폐를 양반들은 성리학의 근본인 충忠과 효孝로 민중의 원성을 가로막고 있었다.

지배계층이 벼슬이란 권력을 갖고 스스로 도취해 있었지 시대의 흐름에 민감한 민중들은 스스로 깨닫고 이를 실천하기에 이르렀다

4. 계속되는 민중의 항쟁

1860년대는 세도정치의 타락과 부패 속에서도 천주교와 동학의 인간 평등사상이 조선사회를 뒤흔들고 있었다. 여기에 영, 불연합의 북경점령은 민중 의식의 변화를 가져왔다. 주인 없는 나라[철종시대]에서 봉기가 시작됐다. 조선은 자급자족의 경제를 추구했다. 그러나 이념적인 면에선 천륜을 논하며 충효忠孝사상에 매몰돼있었고 민중 모두가 형식화, 규격화 되어 있었다.

지배계급은 조선의 기존 질서를 유지하려 했다. 가장 큰 문제는 신분제도였다. 신분제는 눈에 보이지 않는 인간 사슬이었다. 이와 같은 인간 사슬이 풀리지 않고는 자본주의 사회 진입이 가능하지 않았다. 조선의 지배계급은 조선이 망하는 그 날까지 신분제를 유지하고 피지배계급을 억압하려 했다.

그러나 1885년 개신교의 수용 이후 천주교와 동학에 어느 정도 규제가 풀린 상태에서 종교로써 세력 확장과 개신교의 근대 교육 실천은 조선의 신분제가 비정상이었음을 알리는 계기가 되었다. 또한 민중이 현실에 눈을 떴을 때

(1) 외세와의 통상으로 곡물의 수출이 확대되면서 민중의 의식주 해결이 더욱 어려워졌다.

(2) 82년 임오 군민봉기와 84년 갑신정변에 의해 왕권이 2번 무너지자 정부의 정책이 민중에게 통용되지 않았다.

(3) 정부의 개방 정책으로 지출이 늘어나자 벼슬을 팔아 메우기 시작하며 부정, 부패가 꼬리를 물고 관리들의 수탈과 탐학이 심해졌다.

(4) 민중 또한 종교와 근대 교육을 통해 인간의 평등이 현실 문제로 대두되었다.

(5) 왕조에서 최후까지 믿었던 양반 자제들이 정변을 일으키며 왕조 체제의 변혁을 꿈꿨다.

(6) 천주교와 동학에 가속도가 붙고 개신교의 수용은 근대교육의 산실로 충효사상에 젖어있던 민중을 크게 일깨우고 있다.

(7) 신앙에 의한 인간의 평등과 경제적 어려움 및 근대교육의 확대는 민중봉기로 나타나기 시작하였다.

갑신정변 후 1885년부터 중부지역인 경기도, 강원도, 황해도에서 일기 시작한 민중봉기는 1889년에는 전국적인 규모로 확대되었고 1892-1893년에는 거의 매달 전국적인 민중봉기가 일어나면서 정부 통제를 벗어나기 시작했다.

이 나라 백성들은 민중봉기를 일으킨 후 그동안 억압에 대한 보복으로 지방의 수령, 아전, 토호부민 등을 데려다 곤장을 치고 그들의 집에 방화를 일삼았다. 그런 후엔 자신들의 행동을 자랑스럽게 여겼다. 예전에 느끼지 못했던 쾌감이었다. 1890년대 들어와선 민중 모두가 인간의 평등함을 실제 누리고 있었다.

이에 대해 조정의 정승, 판서 등은 민중봉기를 일상적인 일로 치부하였다.

당시 지배계층의 인식도 "농민들은 조금이라도 여의치 않을 경우 무리를 지어 난리를 일으켰고 이를 통쾌하게 생각했다." 하고 말하고 있다.

이는 기득권층이

(1) 아직도 기득권에 사로 잡혀 있고

(2) 시대의 흐름에 귀를 막고 있었으며

(3) 국가를 위한 통치 의식이 전혀 없었다.

(4) 지배계층 자체가 옛 것을 고수하며

(5) 자신의 분수를 모르고 탐욕에 젖어 있었다.

(6) 혁명은 필연적이었다. 이미 해는 서산에 기울어 있었다.

조선 민중은 변화를 원했지만 한편으론 충효忠孝에 의한 왕조는 보호하려 했다. 그 만큼 스스로 고통을 받으면서도 충忠을 위한 민중 의식은 한계를 갖고 있었다. 다시 말해 민중은 충효忠孝사상에 충실했다.

지배계급이나 피지배계급이나 조선사회에서 고통 받는 자는 먼저 의식의 변화를 가져왔다.

그러나 세기적인 대 변혁기에 그들은 빠르게 적응하지 못했다.

고종 또한 그 자신 스스로 꿈꾸었던 왕이 아니었다. 왕비 민 씨에 의해 조선이 움직일 정도로 우유부단했다.

투철한 주체의식 없이 세기적인 대 변혁기에 조선을 문호개방 했지만, 스스로 시대의 흐름에 역행하면서 까지 왕권에만 미련을 갖고 있는 모습을 볼 수 있다. 왕의 어리석음은 외세의 개입과 침입을 자초했고 민중의 봉기를 촉발시켰다. 이를 통해 조선은 자체의 의식과 제도의 변화를 가져오고 있었다. 고종 자신은 왕조의 몰락을 느끼지 못하나 민중은 시대의 변화에 적응하였다.

이제 왕조시대에서 근대 국민 국가 출현을 이념으로 하는 시대로 변하고 있다.

신라가 망하고 고려가 건국되었다. 고려가 망하고 조선이 건국되었다. 이제 조선이 망하고 대한민국이 수립되는 시기였다.

고종은 왕조의 마지막 왕으로 구시대 인물이며 민중은 새로운 시대를 이끌 이 땅의 주인이었다.

조선의 왕보다는 이 땅에 존재하는 민중의 삶이 중요했다.

피지배계급인 상민, 천민, 노비, 여성 등은 시대의 변화를 감지하고 활동하기 시작했다.

이 시기 민중은 시대의 흐름에 맞춰 인간의 평등을 구현하고 있었다.

1885년-1893년까지 있은 수십 건의 민중봉기는 목숨을 담보로 하였던 사건이었다. 하나같이 지배계층의 억압과 수탈에 대항한 민중봉기였다. 민중 자신이 권리를 찾기 위한 투쟁이었고 민중봉기는 필연적이었다.

민중의 끈질긴 집념은 천주교, 동학, 개화파를 거쳐 개신교를 불러 들였고 동학민중혁명은 결국 조선의 멸망과 동시에 인간의 평등과 자유를 얻을 수 있었다.

　1894년 동학민중혁명을 혹자는 농민 전쟁으로 표현하나 1896년 《독립신문》은 "인민"으로 표현, 인간의 평등을 강조하고 있다.

　약 2년 만에 수백 년 농민이라 부르던 명칭을 어느 날 갑자기 "인민"으로 둔갑한 것을 이해할 수 있는가. 그만큼 시대가 변했다는 것을 의미하였다. 민중은 역사의 주체로서, 이 땅의 주인으로 살아갈 권리가 있는 만큼 민중의 투쟁을 역사는 긍정적으로 평가해야 했다.

　망해가는 조선 자체를 강조하는 것은 부정적인 측면이 강한 반면 민중의 의기는 솟아나는 태양과 같은 긍정적인 면을 가지고 있었다.

　민중이 주인이 되는 역사를 써야 했다.

　1896년 서재필의 《독립신문》 발행과 독립협회 활동은 조선의 모든 백성에게 어느 날 갑자기 상민, 농민, 천민, 양반, 노비, 백정 등의 이름이 없어지고 모든 민중을 "인민"으로 통일하여 불렀다. 또한 그동안 잠자고 있던 국민의 가슴에 이 나라의 주권이 인민 자신에게 있음을 깨닫게 하고 근대 의식을 확립하는 계기가 되었다. 독립협회의 정강인 독립, 민권[인권], 자강[물질]을 내세우며 근대 국민 국가 수립을 위한 이념의 확립을 가져왔다.

　또한 이는 근대민족정신 형성의 원형이 되었다.

　민중봉기는 수없이 일어났지만, 조선 민중의 충忠에 대한 의식은 조선이 망하고 고종이 죽는 그날까지 이어졌다. 그러나 3·1운동이 일어나고 상해에 임시정부가 건국되자, 민중은 뒤도 돌아보지 않고 극일항전에 매진하였다.

●● 참고문헌

강만길. 『고쳐쓴 한국근대사』. 창작과 비평사, 1994.

강재언. 『한국 근대사』. 한울, 1995.

고성훈 외. 『민란의 시대』. 가람기획, 2000.

김정환. 『근대로 가는 길』. 푸른 숲, 1997.

김현묵. 『반역의 한국사』. 계백, 1995.

박은식. 김승일 옮김. 『한국통사』. 범우사, 1999.

변태섭. 『한국사 통론』. 삼영사, 2008.

신용하. 『한국근대 사회사상사 연구』. 일지사, 1987.

유정수. 『한국근대사의 새로운 이해』. 국학자료원, 1997.

이기백. 『한국사 신론』. (주)일조각, 2012.

이이화. 『한국사 이야기』. 한길사, 2005.

이정식. 『서재필』. 정음사, 1986.

한국근대사 연구회. 『한국 근대사 강의』. 한울, 1997.

한우근. 『한국통사』. 한국학술정보(주), 2003

황문수. 『김옥균 전기』. 문원, 1994.

황선희. 『동학, 천도교 역사의 재조명』. 모시는 사람들, 2009.

황현. 허경진 옮김. 『매천야록』. 1996.

제6장

동학민중혁명과 인권의 승리

1. 교조신원운동

1876년 조선은 일본과 강화도 조약으로 개항을 하나 백성들은 기대 반 불안 반으로 지켜보고 있었다.

6년 후 1882년부터 조선은 서구의 여러 나라와 통상조약을 체결하며 세계를 향해 완전 개방하게 된다. 이는 스스로 힘이 있어서가 아니었다. 약육강식의 세계에서 어쩔 수 없는 선택이었다. 결과적으로 통상의 압력이 거세지면서 백성들의 의식주 해결이 힘들어지자, 백성들은 더 이상 참지 못하고 전국 곳곳에서 민중봉기를 일으키기 시작했고 1890년대는 일상화되었다.

이제 민중봉기가 일상화 되었다는 것은

(1) 정부의 명이 민중 사이에 먹히지 않고 있었다.

(2) 사회적 특권의식이 사라졌다.

(3) 민중이 스스로 자기의 권리를 주장하게 됐다.

(4) 이미 조선사회가 붕괴되고 있다는 표시였다.

백성들의 일상적인 봉기는 동학 교조신원운동에 불을 지폈다. 30년 전 최제우에 의해 창건된 동학은 조선사회에서 빠른 속도로 민중들 사이에 파고들어 삶의 한 방편으로 제시되었다. 최제우는 1862년 임술 민중봉기 때 절대 자제할 것을 당부하며 동학의 세를 늘려왔지만 사교邪敎로 인정되어

1864년 교주가 처형되었다. 이후 1871년 최시형은 교조신원운동을 위해 이필제와 영읍 민중봉기를 주도하였다.

영읍 민중봉기 후 최시형은 고달팠다. 태백산맥과 소백산맥을 누비며 교인들의 집에서 얹혀살아야 했다.

조선의 문호 개방은 유럽제국과 통상으로 이어졌고 1886년 정부로부터 종교의 자유를 허가받게 되었다.

기독교의 수용은 동학에게도 영향을 미쳐 전보다는 포교 활동이 쉬워지자 동학교도 역시 전국적으로 수십만을 헤아렸다. 그러나 정부는 동학에 대해서는 어떠한 조치도 없었다. 이런 이유로 동학은 각 지방에서 포교들에게 탄압의 대상이었다.

이에 동학 접주 서병학과 서인주는 최시형에게 교조신원운동을 강력히 주장하였다. 시대의 변화를 감지한 교주 최시형도 동의하고 동학교도들에게 전라도 삼례에 모일 것을 각 지역 접주들에게 통문을 보냈다.

1892년 12월 충청, 전라도 지역의 동학교도 수천 명이 삼례집회에 모여 10여 일간 집단 시위를 벌렸다. 정부에선 전라감사 이경직을 보내 집회 이유를 묻자, 정부가 기독교인은 종교의 자유를 주면서 동학을 탄압하는 이유를 묻고 교조신원을 회복시켜 줄 것을 요구하였다.

충청과 전라감사 조병직과 이경직은 교조신원은 자신들의 권한 밖이며 동학교도에 대한 탄압과 착취 등 일체 행위를 금할 것을 약속했다.

이때 최시형은 보은에 내려와 다시 동학 접주들에게 통문을 보내 교조 신원을 위해 국왕에게 직접 상소할 것을 지시하였다.

1893년 3월 손병희, 손천민, 박인호 등 소 접주들이 모여 과거 보러 올라가는 선비들 차림을 하고 서울로 집결하기 시작했다.

광화문 앞에 수천 명이 몰려와 3일 낮과 밤을 머리를 조아리며 교조신원을 호소하였다. 당시 사회에서 피지배계층인 민중이 지배계층에 의해 힘없이 이리저리 밀리며 박해와 수탈에 시달리던 시절이었다. 인간의 평등을 내세우는 수천의 동학 무리가 서울 한복판에 모여 자신들의 의사를 전달했다는 것은 당시 지배사회를 경악시키기에 충분했다.

이때 삼례집회에 모였던 또 한 무리의 동학도들이 서울에 올라가 통문을 보내고 서울 곳곳에 방문을 붙였다.

척왜양을 뚜렷이 내걸고 서울에 주재하는 서양세력들에 공포 분위기를 조성하였다. 서울에서 교조신원운동이 잘 받아들여지지 않자 1893년 3월 최시형은 전국 각 지역에 있는 동학교도들에게 통문을 보낸다. 동학 본부가 있는 보은 장내리에 모일 것을 촉구했다.

1893년 3월 10일 최제우의 처형된 날로부터 4월초까지 충청, 전라, 경상, 경기, 강원 등지에서 모인 2만여 명의 인원이 보은 집회를 통해 질서 정연하게 20여 일간 집단 모임을 갖고 '교조신원운동'에서 '척왜양창의斥倭洋倡義'의 슬로건을 내세우는 등 외국세력을 배척하는 내용의 깃발을 내걸었다. 한편 이들과 달리 서울 집회에 따로 모여 척왜양斥倭洋을 외쳤던 호남의 동학교도들은 이 시기 금구, 원평에 다시 약 1만 명이 모였다.

정부는 보은, 원평 무리에 대비책을 논의했다.

고종은 양호 선무사로 어윤중을 임명하고 병사 홍계훈에게 600명의 병사를 주어 함께 현지에 내려가게 했다.

어윤중과 홍계훈은 보은과 원평 두 지역을 오고가며 "무리들은 해산하여 안심하고 각자 업에 종사하라."라는 왕명을 반포하고 동시에 동학의 요구사항을 국왕에게 전달할 것을 약속했다. 또한 동학교도들은 정부가 병력을 대동하고 보은, 원평 지역에 나타나는 것은 생각지 못했다. 그들은 해산하지 않을 수 없었지만 조만간 삼례집회 세력에 화근의 빌미를 제공하며 동학민중혁명의 불씨를 당겼다.

2. 고부의 민중봉기

동학은 그들의 무리를 '포包'라 하였는데 충청도를 중심으로 최시형을 따르는 무리를 법포法包라 불렀고 일명 북접이라 하였다.

한편 전라도 지역의 서장옥을 따르는 무리를 서포西包라 하고 남접南接이라 하였다. 최제우가 죽으며 교통은 2대 교주 최시형에게 넘겼지만 동학은 두 곳으로 나뉘어져 있었다.

교주 최제우의 신원운동을 시작한 삼례집회엔 법포와 서포가 같이 참석했다. 서울 교조 신원상소 운동에는 최시형을 따르고 동학의 본부가 있는 보은의 동학교도인 북접이 주로 모였다. 서울에서 또 다른 하나의 무리는 삼례집회에 모였던 서포에 속하는 남접 사람들로 전봉준도 서포에 속하였다.

최시형은 동학의 배턴을 이어받은 2대 교주로 동학을 종교로써 민중들에게 고통과 질병에서 희망을 심어주고 구원해줄 책임 있는 지도자였다.

그러나 동학을 사교邪教로 인정한 정부에 대항하여 교주 최제우의 경거망동하지 말라는 말을 잊고 20년 전 교조신원운동에 나서 영읍 민중봉기를 꾀한 적이 있었다. 그 후 포도청의 추적에 의해 20여 년간 쫓기는 신세가 되어 구차한 발품을 팔아야 했다. 그동안 동학은 순수 종교적인 신앙생활에 매진하여 지금까지 교세를 확장해왔다. 당시 시대적 상황에서 교조신원운동을 주도하고 있었으나 그에게 동학은 종교로써 신앙생활이었다.

최시형은 남접의 전봉준이 마음에 걸렸다.

그의 과격한 성격과 주위 접주들에 대한 장악력이 왠지 불안했다. 동학의 집회도 이제 보은과 원평으로 나뉘어 열린 것이 마음에 부담스러웠다. 그러나 전봉준은 최시형의 견제에 관계하지 않았다.

동학은 '인내천'의 사상으로 인간의 평등을 말하고 있었다.

그는 이의 실현을 위해 평소 호남의 손화중, 김개남과 많은 접촉을 가져왔고 서장옥과도 교분이 두터웠다.

1894년 당시 고부군수 조병갑은 왕실 외척 조 씨의 척족이라는 사실을 믿고 고부에 부임하자, 백성들에게 과중한 부역을 요구하였다.

만석보 밑에 새로운 보를 만드는데 백성들을 동원하였고 주민들에게 수세를 징수하고 잡세를 부과하는 등 부정과 노략질을 일삼았다. 백성들 앞에선 거드름을 피우고 오만한 자세를 보이자 고부 백성들의 불평과 원망의 대상이 되었다.

한술 더 떠 전운사 조필영과 짜고 세미를 팔아먹고 모자라는 것을 다시 징수하였다. 이에 고부백성들은 대표를 뽑아 군수 조병갑에게 등소를 했으나 조병갑은 동학도라는 낙인과 함께 대표 전창혁에게 곤장을 쳐 죽게 만들었다. 전창혁은 전봉준의 아버지였다.

1894년 2월 이에 전봉준은 김도삼, 정일서와 함께 무리를 모아 고부관아를 습격하니 이미 조병갑은 도망치고 없었다. 민중들은 감옥을 부수고 죄인들을 석방시킨 후 창고 문을 열고 양곡을 풀어 주민들에게 곡식을 나누어 준 다음 민중들과 함께 백산으로 진출해 있었다.

이에 정부에서는 고부 민중봉기의 심각성을 깨닫고 조병갑의 후임에 광주출신 박원명과 안핵사로 장흥 부사 이용태를 임명했다. 박원명의 유화책으로 고부 민중봉기가 잦아드는 듯했다. 그러나 안핵사 이용태가 오면서 고부 관아는 물론 이웃 일대 지역까지 돌아다니며 동학도를 찾아내어 곤장을 치고 뇌물을 우려내자 전봉준은 고부에서 물러나 무장으로 발길을 옮겼다.

3. 제1차 동학민중혁명

전봉준은 고부에서 아버지의 죽음에 분노하여 군중을 모아 고부 관아를 습격하였다. 이 일로 그동안 정부와 양반들에 대한 감정을 일시적으로 해소하였지만 정부가 보고만 있지 않을 것이며 어차피 내디딘 발걸음이었다.

동학이 창건된 지 30년이 넘었고 민중봉기가 일상화된 사회에서 이제 때가 되지 않았던가. 그가 오랫동안 생각했던 것 그것은 바로 민중혁명이었다. 그러나 민중의 행동에 질서가 없었다. 몸을 피해 무장으로 옮겨갔다.

무장은 자신을 지지해줄 혈연과 지연, 동학 접주인 손화중을 비롯해 김개남 등 많은 인물들이 모여 있는 곳이었다.

4월 하순경 무장에 머문 전봉준은 손화중, 김개남과 함께 동학 접주들에게 민중을 위해 궐기할 것을 호소하는 통문을 보냈다. 이를 받아든 동학 접주들은 이웃 고을인 고부, 태인, 정읍, 원평 일대에서 접주들의 인솔 하에 교인들이 질서 정연하게 무장으로 모이기 시작했다. 이들은 이렇게 모인 교인들을 연합하여 연합부대를 만들었다.

이 연합부대는 동학민중혁명군으로 대장에 전봉준이 임명되고 총관령에 손화중, 김개남, 총참모에 김덕명, 오시영 등이 정해졌다. 무장에 모인 혁명군은 보국안민이란 깃발을 내걸고 '호남창의 대장소'의 이름으로 전국에 격문을 띄웠다.

각도 수령 방백은 국가의 위태함을 생각지 않고 탐욕이 앞서 재물만 탐하다보니 국가와 백성 모두가 도탄에 빠져있다. 조선의 민중은 보국안민을 위해 모두 궐기할 것을 촉구하며 4개 행동강령을 발표하였다.

(1) 살생하지 말 것

(2) 주위 백성들을 해치지 말 것

(3) 일본과 서양오랑캐를 멸할 것

(4) 서울로 진격하여 지배계급의 부패한 자를 숙청한다.

5월 4일 당시 혁명군의 위용은 장관이었다. 각 지역에서 모인 접주들을 중심으로 동학혁명군은 자기지역 깃발을 들고 등엔 담낭을 메고 행진하되 조금도 흐트러짐이 없었다.

가슴에는 궁을ㅋ乙이라는 부적을 붙이고 주문을 외며 고부 태인을 거쳐 원평으로 나아가 백산에 진을 쳤다. 5월 11일 전라도 감사 김문현은 정부군 800명과 함께 도내의 보부상파와 전주영병 및 향병을 중심으로 2,000명을 모아 백산으로 나아갔다.

정부군은 강 건너 황토재에 있는 혁명군이 질서 없이 엉성하게 앉아있는 것을 보자 총을 쏘아대며 쫓았으나 혁명군은 패한 척하며 황토재에 올라 보이지 않았다. 정부군은 날이 어두워지자 두 대로 나누어 백산 앞쪽과 뒤쪽에 진을 치는 동안 새벽녘이 되었다. 그러나 날이 밝기 전 혁명군은 대포를 쏘고 꽹과리를 치며 공격해오고 있었다. 이에 정돈되지 않은 정부군은 혁명군에 짓밟혀 참패하였다. 이것이 황토현 전투였다.

한편 황토현 전투에서 혁명군에 참패했다는 소식을 들은 정부는 양호 초토사 홍계훈을 임명하고 장위영군사 800명을 인천에서 군함 평원호를 타고 군산으로 이동시켰다. 상륙 후 5월 16일 전주에 도착하였다. 그러나 전주에 진입하기 전 도망자가 속출하여 전주에 입성할 때는 400여 명 밖에 남지 않았다. 홍계훈은 전주성에 입성한 후 혼란스러웠던 전주성의 치안을 유지한다는 구실 아래 동학교도와 내통한 자, 정부군에 협조하지 않은 자들을 처형하는 한편 혁명군을 회유하기 시작했다.

정부는 그동안 전라도 지역의 치안 책임자였던 감사 김문현, 고부군수 조병갑, 안핵사 이용태를 처벌하고 혁명군을 회유하였다. 그러나 전봉준의 혁명군은 정읍을 지나며 혁명군의 품위를 지켜 질서 있게 행진하는가 하면 백성들에게도 일절 피해를 주지 않고 고창, 영광, 함평을 무혈 입성하여 그 기세가 하늘을 찌르는 듯하였다.

정부는 이학승에게 강화의 총제영병사 400명을 법성포로 보내 전주의 홍계훈 부대와 협공할 계획을 세웠다. 혁명군은 함평을 지나며 나주로 진입한다는 소문만 내고 장성으로 방향을 바꾸어 나갔다.

한편 장성을 출발한 정부군이 황룡강 언덕에 도착했을 때 혁명군은 점심을 먹고 쉬고 있었다. 이에 정부군이 대포를 쏘며 진입하자 혁명군은 전열을 가다듬고 삼봉으로 기어 올라갔다. 정부군[이학승 부대]을 내려다보는 위치에서 전투가 시작되자 몇 천도 안 되는 정부군은 삼면으로 쳐들어오는 혁명군에 대패하고 도주하기에 이른다. 이것이 5월 27일 장성전투에서의 승리였다.

5월 31일 혁명군은 정읍을 거쳐 전주성 근방에 머물며 전세를 가다듬고 무혈 입성하였다. 동학혁명군의 전주성 입성은 조선 왕조에 엄청난 충격을 주었다. 조선왕조는 6월 1일 민 씨의 거두 민병준을 통해 원세개에게 청국의 병력 투입을 요청하는 한편 김학진을 전라 감사에 임명하고 홍계훈과 함께 혁명군을 회유하라 지시하였다. 민 씨 정권의 청병요청은 일본의 조선 개입을 가져올 것이고 현 상황에서 서울과 인천을 지킬 병력이 전주에 머문 시점에 일본의 개입은 조선 왕조에 큰 장애가 될 것을 생각지 않을 수 없었다.

초토사 홍계훈은 서울과 인천 병력을 다 모아 동학혁명군의 뒤만 쫓다 전주성을 내주고 말았다.

홍계훈이 전주에 왔을 때 감사 김학진이 새로 부임하였다. 홍계훈과 김학진은 민 씨 정권의 정부정책을 누구보다 잘 알고 있었다. 이에 홍계훈과 김학진은 전주성에 있는 혁명군에 협상을 제의하였다. 동학혁명군의 입장에서

(1) 한 달여 동안 전라도 지역을 휩쓸며 승전의 기쁨을 누렸지만 북접이 움직이지 않고 있었다.

(2) 청국의 개입은 곧 일본의 개입을 가져올 것이고 결국 척왜양의 깃발에 도움이 되지 않았다.

(3) 농번기 철이 되자 농민들이 농사에 관심이 있고 정부군과의 전투에선 서툰 싸움으로 번번이 실패하였다.

혁명군 지휘부의 전봉준, 손화중, 김개남 등은 12개의 폐정개혁안을 제시하고 협상에 들어갔다. 6월 10일 정부 측이 혁명군이 제시한 폐정개혁안을 받아들이면서 전주화약을 맺게 되었다.

동학봉기는 전봉준에 의한 민중혁명이었다.

조선은 유교를 이념으로 한 왕조국가다.

조선 유교이념인 충효사상은 모든 계층 즉 양반, 중인, 상민, 천민 등에게 인륜을 넘어 천륜이라 할 정도로 진리 그 자체였다. 비록 민중봉기가 그동안 충효사상에서 벗어나지 못한 형태를 취했지만 동학민중혁명은 시대의 흐름에 맞추어 민중의 의식과 제도개혁을 지향했다.

여기서 제도 개혁은 실질적으로 지배계급 및 외세에 의해 움직여졌다. 그러나 동학민중혁명에 의한 신분해방은 즉 모든 인간은 평등하다는 자체만으로도 조선왕조의 사상과 비교할 때 이는 분명 혁명이었다.

4. 폐정개혁안과 집강소執綱所의 출현

[12개 조의 폐정개혁안]

(1) 지금까지 도인[동학교도]과 정부 사이에 쌓인 앙금은 씻어버리고 모든 행정에 협력할 것

(2) 탐관오리는 죄목을 조사하여 엄벌에 처할 것

(3) 평소 횡포한 부호는 엄벌할 것

(4) 불량한 무리의 유림과 양반은 징벌할 것

(5) 노비문서는 소각할 것

(6) 모든 천인들의 대우를 개선하고 백정이 쓰는 갓을 없앨 것

(7) 젊은 과부의 개가를 허가할 것

(8) 무명잡세는 폐지할 것

(9) 관리의 채용에 문벌타파와 인재를 등용할 것

(10) 일본과 내통하는 자는 엄벌할 것

(11) 공사채를 불문하고 모두 무효할 것

(12) 토지는 균등히 분배하여 경작토록 할 것 등으로

동학민중혁명군의 폐정계획안은 조선사회의 모순과 병폐인 신분제 혁파를 통한 인간의 평등이었다. 한편 그동안 우월한 지위를 이용하여 일반 민중에게 군림하였던 지배계급과의 관계 설정 및 무리한 세금징수 그리고 토지개혁을 요구하였다.

참으로 천지개벽의 혁명적 사건이 벌어졌다.

고려시대 군벌 최충헌과 그 손자까지 약 60년간 통치하였지만 그들도 왕조 정치에서 벗어나지 못했다. 또한 조선 역사 후기 외척 벌문들에 의해 조선 왕조가 약 60년 이상을 지배되어 왔지만, 지배계층이란 이름 아래 기득권을 유지하며 그들이 한 일은 권력과 재물에 대한 인간 본연의 탐욕 그 자체였다.

왕, 후, 장, 상의 씨가 어디 있단 말인가.

세기적 대 변혁 시대 민족의 선각자였던 깨어있는 인물들에 의해 받아들여졌던 천주학의 천주님 아래 모든 인간의 평등이, 동학의 인내천 사상을 거치며, 이제 100여 년 만에 조선의 신분제가 무너지는 순간이었다.

당시 혁명군에 의한 폐정개혁안은 한반도 역사에서 그 유래를 찾아볼 수 없는 인간의 평등을 구현한 내용이었다.

5. 동학의 조직과 집강소執綱所 설치

당시 동학의 일선 조직으로 1884년 확립된 육임六任제가 있다. 교장敎長, 교수敎授, 도집都執, 집강執綱, 대정大正, 중정中正 등으로 교육과 행정을 담당했다.

집강소는 군, 현 단위로 구성되었으며 그 우두머리를 집강이라 불렀다. 집강소 밑에는 많은 접주들이 있으며 각 접주 밑에는 말단조직으로 포包가 있었다.

포包는 최소 수십 명을 단위로 하였고 포包가 최소 몇 개에서 10여 개 이상 합쳐져 접接을 이루었다. 이 접接의 책임자를 접주라 하였다. 많은 접주들 중 집강을 뽑아 집강소의 일을 맡겼다. 다시 말해 집강은 군, 현 단위의 우두머리가 되어 행정 일을 도맡아 처리했다.

집강은 관찰사와 합의하여 공공건물에 집강소를 설치하였으며 서기, 성찰, 집사, 동몽 등으로 나뉘어 한 관청을 형성했다. 도인[동학교도] 사이에는 상하, 귀천, 노주奴主가 없었다.

서로 접장이라 부르며 만나면 반드시 맞절을 하였고 혁명군의 대부분이 상민, 천민으로 구성되었다.

수백 년 내려오던 신분제 사회에서 양반과 토호들의 위협과 협박이 하루 아침에 바뀌었다. 혁명군인 상민과 천민들은 얼마 전까지 고루하고 뼈대나 찾는 양반들, 어거정거리며 팔자걸음에 서원이나 향교에서 입방아 찧던 선비들, 세상이 바뀌어 모든 인간이 평등하다는 사실을 인정하지 않는 자들에게 이제 그 원한을 갚는다고 몽둥이세례를 퍼부으며 노비문서와 토지문서 등 닥치는 대로 찾아 불태웠다.

또한 혁명군은 제일 먼저 감옥을 들이쳐 억울한 자를 풀어주고 그들의 원한을 갚아주었으며 혁명군의 행동은 현실에서 지배계급들에게는 지옥과 천국이 따로 없음을 보여주고 있었다.

전봉준은 원평에 본부를 두고 전라 우도를 통치하였다. 손화중은 광주 일대의 집강소를 진두지휘하였고 김개남은 남원일대에서 집강소 활동에 전념하였다.

전라도에서 혁명군의 활동은 이웃 충청도와 경상도에도 파급되어 집강소가 설치되었고 그곳에서도 혁명군에 협조할 것을 알려왔다. 동학의 조직은 거대하였다. 이를 의식한 김학진은 새로운 결심을 하였다. 그동안 국내에서 청일전쟁으로 일본군이 청군을 패퇴시킨 후 조선의 민 씨 정권이 무너지고 개화 정권이 들어 서 있었다. 조선왕조를 위해 일본과 싸울 세력은 동학혁명군 밖에 없음을 직감하고 전봉준에게 만날 것을 제의하였다. 전봉준은 김학진과 회담 후 전주에 입성하여 수령으로서 동학혁명군을 지휘하게 되었다.

일본군은 서울 점령 후 충청, 경기지역의 혁명세력을 소탕하고 있었다. 이에 전봉준은 혁명군의 무기를 회수하여 관아에 예치하는 한편 군수품을 비축하고 군비를 모아 양식과 화약 등을 비축하기에 이르렀다. 전봉준은 일본과의 전쟁이 불가피하게 되자 북접과 접촉하기 시작했다. 교주 최시형도 대세의 흐름에 동참하지 않을 수 없었다. 손병희와 박인호 등을 보내 남접과 접촉 후 행동 통일할 것을 천명하였다.

6. 제2차 동학민중혁명

민 씨 정권은 전주 화약이 발표되자, 청국과 함께 일본에 동시 철군할 것을 주장하지만 일본은 막무가내였다. 이 기회를 일본은 10여 년 기다려 왔었다.

일본은 1876년 조선에 개항을 요구하는 통상조약 체결 후 1878년 원산과 부산의 개항으로 잠시 무역 거래를 했지만 1882년 임오 군민봉기와 1884년 갑신정변 때 청군의 개입으로 조선에서 활동이 제약받자, 1884년 이후 군비 증강에 몰두했다. 그들은 노쇠한 청국의 허세를 꿰뚫고 있었다.

청국이 조선에 병력을 투입하자, 일본도 재빠르게 6,000명의 병력을 조선에 파견하였다. 그들은 동시 철군을 요청하는 청군을 아산과 수원에서 격파한 후 조선의 경복궁을 점령하고 개화정권을 수립하였다.

일본은 8월 1일 청에 전쟁을 선포하고 평양으로 진격하여 청일전쟁을 일으켜 청국을 패퇴시켰다. 일본은 평양 점령 후 북진을 계속하였고 만주와 요동으로 진출한 후 청국과 격전을 벌이고 있었다.

전주성에 있던 동학혁명군은 그동안 무기와 군비를 비축하며 일본의 동향을 예의 주시하고 있었다.

이제 일본의 침략적 야욕이 백일하에 드러난 이상, 반봉건, 척왜의 기치를 높이 들고 나설 때가 되었다. 전봉준은 반봉건과 척왜의 기치를 들고 전국 동학교도들에게 통문을 보내 삼례에 모일 것을 촉구했다.

1894년 10월 전봉준은 제2대 교주 최시형이 있는 충청도 보은에 통문을 전달하고 연합전선 형성을 타진했다. 최시형은 남접의 동학교도가 혁명군이 되어 전라, 충청, 경상 일부 지역을 통할하는 것을 보고 못마땅하여 혁명군의 깃발에 따르지 말 것을 지시하였다. 그러나 관군은 북접이든 남접이든 상관없이 동학교도들에게 총을 쏘아대며 공격했다.

이에 최시형도 주위의 권고에 의해 남접과 연합할 것을 동학교도들에게 통문을 돌리고 공주에 집결할 것을 포고했다. 최시형은 대통으로 손병희를 지명하고 대오를 둘로 나눠 손병희는 충청, 경기, 경상의 동학교도를 모아 보은에서 논산 방향으로 향하고, 한편, 손천민, 박인호 등은 충청, 강원, 경기 병력을 모아 공주 방면으로 향했다.

전봉준은 삼례에서 정병 4,000명으로 은진, 강경을 거쳐 논산에 도착할 당시에는 10,000여 명으로 불어나 논산에 대본영을 설치하였다. 2-3일 후 북접이 도착하자 남, 북접 연합군은 회합을 갖는다. 동학교도 약 20,000명이 모여 기세를 올리자 열기 또한 장관을 이루었다. 이에 일본은 관군 4,000명과 증원 요청한 최신 무기와 대대병력을, 여기에 지방 병력을 합쳐 10,000여 명에 이르렀다. 11월 19일 공주 대접전은 일본군을 기다리고 있던 남북접연합군과 공주 이인에서 대접전이 시작됐다.

첫 전투는 이인의 대교 주변이었다. 한 지점에서 동학교도와 일본군과 관군을 합쳐 약 30,000여 명이 전투를 벌일 정도의 격전이었다. 반나절이 지나자 혁명군이 밀리기 시작했다. 다음날 능치협곡에서 전투 역시 가지고 있는 무기에서 차이가 나자 협곡을 메울 정도의 혁명군 시체가 쌓이기 시작하며 후퇴하기 시작했다. 그리고 효포언덕 등에서 대포를 쏘며 격전을 벌렸으나 관군과 일본군의 현대식 무기에 무수한 혁명군이 쓰러졌다. 1차 공주 대접전은 혁명군에 막대한 손실을 입혔다.

전봉준은 논산으로 후퇴한 후 다시 재기를 다짐하며 흩어졌던 혁명군을 재소집 하고 2차 공주 대접전을 예고하였다.

12월 4일 혁명군은 공주성 주변에 철통같은 병풍을 치는 포위 작전을 구사하며 산봉우리마다 깃발을 세우고 세를 과시했다. 전투가 시작되자 관군과의 싸움은 치열했다. 한쪽 언덕에 올라서면 다른 쪽에서 나타나 싸움을 걸고 깃발을 흔들며 관군을 향해 달려들었다.

이쪽에서 무너지면 저쪽에서 일어나고 우금재를 타고 오르는 병력이 인산인해를 이루며 쓰러지면 뒤따라 혁명군이 오르고 할 정도로 치열했다.

일진일퇴를 벌이며 4-5일 간 40-50차례 전투를 치렀으나 최신 무기를 가진 일본군이 우세하게 되자, 혁명군은 마지막 보루를 버리고 떠나야 했다. 2차 공주전투는 이렇게 끝이 났다.

당시 관군의 기록에 의하면

아, 아, 저 수만 명의 동학도들이 4-50리에 걸쳐 병풍을 치고 포위해 왔다. 높은 봉우리를 향해 처절한 전투를 치루며 앞 다투어 정상을 향했다. 동쪽에서 소리치면 서쪽에서 달려오고 왼쪽에서 번쩍하다가 오른쪽의 깃발을 흔들며 북을 치니 죽음을 무릅쓰고 올라왔다. 너희들의 의리와 담력은 어디서 오는 걸까. 그들의 처절한 전투 행위를 생각하면 뼈가 떨리고 가슴이 서늘해진다. [순무선 봉진 등록]

우금치전투 패배 후 전봉준은 잔여 병력을 이끌고 다시 논산으로 후퇴하였다. 그 외 나머지 병력은 제각기 갈라져 자신이 살던 고을로 이동하게 된다. 전봉준은 논산을 떠나 전주에 입성하나 또다시 뒤쫓는 관군에 계속 밀리며 재기의 기회를 꾀했지만 실패하였다.

11월 30일경, 김개남은 태인에서 잡혀 며칠 후 효수되고, 전봉준 역시 다음해 2월 28일 순창에서 체포되었다.

1895년 4월 전봉준은 손화중, 김덕명과 함께 처형되었다.

전봉준이 일본군에 잡혀 처형되기까지 몇 개월간 그를 설득 회유하였으나 끝내 보국안민과 척왜정신은 역사에 길이 그 이름을 빛내고 있다.

비록 동학민중혁명이 실패로 끝났지만 혁명기간 중 실행되었던 집강소의 활동은

(1) 민족의 주체적 역량을 결집한 것이며

(2) 그 유래를 찾을 수 없는 동학에 의한 모든 인간의 평등을 구현하였다.

(3) 이는 개화 세력의 개혁 정책을 이끌어 내었고

(4) 조선의 몰락과 함께 유교 문화의 쇠퇴를 가져왔다.

(5) 또한 전국토를 이념과 행동의 변혁을 통해 변화를 가져왔다.

(6) 그 뒤 산발적이나마 전국 각 지역으로 번져 계속적인 민중봉기를 유발하였다.

(7) 또한 갑오개혁을 거쳐 독립협회에 이르러 근대 국민 국가 건설의 국가 이념으로 자리 잡게 됐다.

7. 동학민중혁명의 역사적 의의

동학민중혁명은 우리 민족사에서 조선 후기 약 100여 년에 걸친 신분제 혁파에 대한 민중투쟁의 혁명이었다.

1780년대 천주교의 도입은 민중의 신분제 병폐에 대한 자각을 가져왔고 모든 인간은 평등하다는 의식을 갖게 했다.

또한 동학의 창건을 가져왔다.

동학은 30년이 지나자 창건의 이념인 '인내천' 사상을 근거로 민중혁명을 통해 인간의 평등을 외치고 있다.

동학 민중의 이념적 변화는

(1) 조선 왕조 체제가 무너지기 위해선 100여 년간 5번의 민중봉기와 1번의 젊은 사대부들의 정변이 있었다.

(2) 정부와 민중 즉 지배계급과 피지배계급이 100여 년 분리된 상태에서 만나고 끝나는 합치점이었다.

(3) 민중의 100여 년에 걸친 이념과 행동의 변혁을 통한 신분제 혁파의 종결점이었다.

(4) 왕조 체제가 붕괴되고 근대 국민 국가 이념이 실현되는 시기였다.

행동의 변혁은

(1) 천주교에 대한 신유박해는 10년 뒤 1811년 홍경래에 의한 평안도 민중봉기를 불러왔고

(2) 1860년 청국의 북경함락과 국내 천주교와 동학의 인간 평등사상도 1862년 임술 민중봉기를 가져왔다.

(3) 1869 -1871년 그동안 숨어 지내던 잠룡들이 활동하기 시작하며 1869년 3월 광양 민중봉기와 1871년 영해 민중봉기를 일으킨다.

(4) 1876년 고종의 집권과 문호개방은 민중의 삶을 불안케 하였으며 1882년 임오 군민봉기를 가져왔다.

(5) 1884년 젊은 사대부들의 갑신정변과

(6) 1894년 동학민중혁명은 이념과 행동의 변혁을 통해 조선 후기 100여 년에 걸친 신분제 혁파가 마무리되는 사건이었다.

조선은 이념의 정형화, 형식화로 인해 지배계급이나 피지배계급 모두 변화에 능동적이지 못했다. 지배계급은 권력을 장악한 후 정책적 대안 없이 시세의 변화와 편의에 따라 가장 쉬운 방법을 택하였다. 어리석었다. 결과적으로 민중의 혁명을 스스로 처리하지 못하고 외세를 끌어들였고, 청국은 이를 반기며 조선을 반 속국 취급을 하였다.

동학의 민중혁명은 시대의 변화에 따른 이념과 행위에 의한 변혁의 집합체라 볼 수 있다.

이는 이 땅에 살고 있는 민중의 신분제 혁파 즉 인권을 위한 투쟁이었다. 동학민중혁명이 내세운 반봉건, 척 왜양 창의에 볼 수 있듯이 그들은 반봉건을 외쳤으나 그들이 제시한 폐정계획안은 신분제 혁파를 통한 민중의 인권회복에 있었다.

신분제 혁파는 왕조 체제와 외세의 의존에서 벗어나려는 민족의 독자적 독립의지를 의미하였다.

●● 참고문헌

강재언. 『한국근대사』. 한울, 1995.

고성훈 외 『민란의 시대』. 가람기획, 2000.

김삼웅. 『녹두, 전봉준평전』. 시대의 창, 2007.

김정환. 『근대로 가는 길』. 푸른 숲. 1997.

김현묵. 『반역의 한국사』(하). 계백, 1995.

박은식. 김승일 옮김. 『한국통사』. 1999.

변태섭. 『한국사 통론』. 삼영사, 2008.

신용하. 『한국근대사회사상사 연구』. 일지사, 1987.

이성무. 『조선왕조사』. 동방미디어(주), 1998.

이이화. 『한국사 이야기』. 한길사, 2005.

조경달. 『이단의 민중 반란』. 역사비평사, 2008.

한국역사연구회. 『1894년 농민전쟁연구』. 역사비평사, 1991.

한국역사연구회. 『모반의 역사』. 세종서적(주), 2006.

한우근. 『한국통사』. 한국학술정보, 2003.

허중권. 『한국근현대사』. 학연문화사, 1998.

황선희. 『동학, 천도교 역사의 재조명』. 모시는 사람들, 2009.

황현. 허경진 옮김. 『매천야록』. 1996.

제7장

조선의 몰락과 유교문화의 쇠퇴

1. 갑오개혁 전 정국

1890년대 들어 민중은 지역을 넘어 전국적으로 민중봉기에 가담하고 있었다. 수구파 민 씨 정권의 민중봉기에 대한 의식은 늘 일상적인 일로 치부하면서 방치하였다.

방치하였다는 것은 이미 정부 통제선을 넘어서고 있음을 의미하였다.

고종은 민중봉기가 정부 통제선을 넘을 때 오는 결과에 대해서는 어떤 정책적 대안도 갖고 있지 않았다.

바닷가 한 가운데 돛단배가 한가하게 떠다니듯이 보고만 있을 처지가 아니었다. 어느날 천둥이 치고 비구름이 몰려와 태풍이 불면 한 번에 돛단배는 자취를 감출 수 있다는 이치를 아는지 모르는지 국제 정세에 무감각했고 나라까지 망하겠나 하는 안일한 방치였다.

나라 안에선 그동안 억압받던 피지배계급의 민중의식이 폭발하였다. 이에 반해 지배계급은 언제 그랬던가 하며 주눅이 들어 몸을 움츠리며 피지배계급의 행동을 주시하고 있었다.

조선의 지배계급이었던 양반들이 기를 펴지 못하고 왕권 또한 무력해지면서 조선의 앞날은 한치 앞도 내다 볼 수 없는 상황이었다.

세월이 약이 될 수 없었다.

동학이 창건된 지 30년이 지나 교조신원운동을 추진하자 정부도 이들을 제압할 수 있는 능력이 없었다. 동학의 조직이 각 지역을 넘어 삼남지방으로 넓게 퍼져 있었고, 신앙으로는 깊게 조직되어 있었다.

동학혁명군의 전주 입성 후 감사 김학진과 동학혁명군과 합의한 폐정개혁안 내용을 보면

(1) 정부와 혁명군과의 협약, 자체가 지금까지 역사에선 없었던 일이다.

(2) 동학혁명군의 신분제 혁파에 의한 인간의 평등과 자유 또한 유교의 이념을 뛰어 넘는 사상이었다.

(3) 조선사회에서 천민 취급을 받던 노비, 백정, 과부들의 권리 회복과

(4) 민중을 괴롭혔던 양반, 유림들에 대한 징벌과

(5) 탐관오리에 대한 엄한 처벌을 요구하고 있다.

(6) 토지 분배를 통한 평등사회 구현 등

조선사회에서는 그동안 말로 표현할 수 없었던 혁명적인 내용이었다.

이와 동시에 폐정개혁안에 의거하여 혁명군에 의한 집강소 설치였다.

앞에서 보듯 수구파 민 씨 정권은 모든 분야에서 정책이란 것이 없었다. 그들의 무능은 시대의 흐름에 쫓아가고 따라갔지 스스로 만들어 한 일이 없었다.

조선의 정치가 주체성이 없자, 국내외적으로 동학민중혁명이 일어났고 일본의 침입이 있자 조선은 몰락하게 된다.

그러나 피지배계급으로

(1) 당시 혁명을 주도한 동학혁명군과 민중

(2) 민 씨 정권에 의해 숨죽이고 있던 개혁세력

(3) 1885년 개신교의 조선 진출 등은

조선에 학교와 병원을 세우면서 천주교와 함께 민중에 의한 인간의 평등을 실현할 수 있는 근대 국민 국가 형성의 인적 자원이 준비되고 있었다.

동학민중혁명이 있자, 일본은 조선의 내정을, 정보를 통해 철저히 파악하고 있었다.

1876년 개항 후 1882년 임오 민중봉기와 1884년 갑신정변 때 조선에서 청국에 밀리며 그들의 먹이감을 놓치게 되자. 10여 년 동안 군비의 증강을 통해 한반도 진출을 탐색해 왔다.

한편 조선의 출병요청으로 북양대신 이홍장은 청 제독 정여창에게 군함 2척을 인천에 파견하게 하고 엽지초 총병에게 조선에 출병할 것을 명하자, 6월 12일경 충청도 아산만 풍도에 병사 1,500명을, 섭사성 총병 또한 성환으로 900여 명의 병사를 상륙시켰다. 이때 이홍장은 일본과의 천진조약에 따라 조선 진출을 통고하였다.

그러나 일본은 조선이 청에 조선 출병을 요청하자, 이를 미리 알고 청의 조선 진출 이전에 벌써 6,000명의 군사를 이끌고 6월 10일경 인천에 상륙하였다. 동시에 일부 병력을 빼내어 서울로 진입한 후 경복궁을 향해 남산에 포진하고 대기상태였다. 조선 병사들은 동학혁명군을 진압하기 위해 전주에 내려가고 서울은 무방비 상태로 노출되었다. 이에 조선 정부는 전주 화약이 이루어졌음을 알리고 일본의 철군을 요구하나, 일본은 청군의 철수와 조선의 개혁을 요구했다.

정부는 조선의 개혁은 조선 내의 문제로 일본의 간섭을 거부하고 혁명군의 요구사항을 실천하기 위한 교정청을 설치하였음을 통고하였다. 조선과 청국은 일본에 동시 철군을 주장하나 일본은 이에 개의치 않고 조선 정부에 무리한 조건을 또다시 제시하고 있다.

일본은 6월 20일까지 청국과 지금까지 모든 조약을 폐기한 후 조선이 자주국임을 선언하고 청군을 철수토록 강요했다. 조선 정부는 내정간섭이라며 강력 반발하자 일본은 남산에 배치한 2개 대대병력으로 6월 21일 새벽 경복궁에 침입하여 점령하였다. 이를 "갑오변란"이라 부른다.

같은 날 일본군은 아산만 풍도에 정착해 있던 청군 함대를 침공하여 격파시켰다. 서울서 내려간 일본군 병력은 성환에 주둔해 있던 청군에 침입, 청군병력이 와해되면서 청군이 평양 쪽으로 후퇴하자 일본군은 8월 1일 청국에 선전포고하였다. 이에 "청일전쟁"이 발발했다.

2. 제1차 갑오개혁
[1894년 6월 25일-11월 21일까지]

6월 21일 일본은 병력을 동원하여 경복궁을 점령하고 고종을 유폐시킨 후 왕후 민 씨와 민 씨 정권을 축출하고 적대관계에 있던 대원군을 불러들여 정부를 집권케 하였다.

이들에 의해 대원군이 집권하게 되자, 그동안 민 씨 정권에 의해 숨죽여 왔던 온건 개화파가 등장하여 조선의 개혁을 주도했다. 이들은 개혁의 산실로 군국기무처를 설치하였고 주요 개혁안을 발의, 의결하였다. 총재겸 영의정에 김홍집을 임명하고, 회의원에는 김윤식, 박정양, 김가진, 조희연, 안경수, 유길준 등 17명으로 구성되었다.

이때 인물들은 대부분 해외 사정에 밝은 행정 실무자들로서 온건 개화파가 많았다. 군국기무처는 과도적 입법기관으로 5개월 동안 41회의 모임을 갖고 약 210건의 개혁안을 처리했다.

이들의 개혁안엔 동학혁명군에 의해 제시된 폐정개혁 12개항이 거의 포함되었다.

특히 제1조에서 지금까지 청국과의 모든 관계를 끊고 조선의 자주국임을 선언하였다.

제2조. 문벌과 반상의 신분차별을 없애고 인간의 기본권인 평등의 차원에서 특히 노비 문서는 불태운다.

제3조. 관리의 채용을 능력 본위로 하고 모든 잡세와 부정부패를 일소한 다는 등 근대 제도개혁을 시도하고 있다.

또한 정치, 사회, 경제 등 각 부문에 걸쳐 개혁안을 제시했다. 그 내용을 보면 수백 년 내려온 과거제 폐지, 문벌과 신분제 폐지, 공사 노비의 혁파, 과부의 재가 허용, 연좌제 폐지, 사법권과 행정권의 분리, 화폐제도의 정비 등을 들 수 있다. 대원군의 집권기간 내 군국기무처의 개혁내용을 본 대원 군은 조선의 몰락하는 모습을 보자, 노발대발하며 반 개혁세력으로 돌아섰 지만, 해는 이미 서산에 진 상태였다.

일본은 조선의 내정개혁엔 전혀 관심이 없었다. 그러나 서구 제국들이 지켜보는 가운데 조선의 내정개혁이라는 명분을 내세웠다. 조선을 자신들 의 점령 하에 두거나 청국과 같은 속방화 정책을 원했다.

3. 제2차 갑오개혁

김홍집, 박영효 내각[1894.12-1895.5.21]

일본 공사 이노우에#上馨는 군국기무처의 개혁 내용이 맘에 들지 않았 다. 직접 국왕의 고문역을 자임하며 일본에 체류 중인 갑신정변의 주역 박 영효와 서광범을 사면시킨 후 내각에 입각시키고 각 부처에 일본 고문단을 투입, 적극적 개혁을 단행하였다.

박영효는 조선에 돌아오자 감회가 깊었다. 10여 년 전 조선의 근대화를 위해 진정 조선의 변혁을 원했다. 분명한 것은 조선의 몰락과 유교문화의 쇠퇴에 있었다.

그는 내정개혁안을 고종에게 제시, 홍범14조를 발표케 하였다.

경복궁에 유폐된 고종과 민비가 받아든 개혁 내용은 모든 조항이 왕실과 내각의 분리에 있었다.

왜 고종 자신과 민비가 청국의 무례함을 알면서도 바짓가랑이를 붙잡고 늘어진 이유를 이제야 알 것 같았다. 박영효가 주도한 개혁안은 군국기무처 안과 별 차이가 없었다.

지난날의 모든 개혁과 혁명의 요구가 달갑지 않은 이유도 '짐이 곧 국가' 이었다. 시대의 변혁을 거부한 국왕으로서도 왕실에 유폐되어 제시된 내용을 수락하지 않을 수 없었다.

고종은 결국 버릴 줄 알아야 했다. 그는 왕조에 대한 탐욕이 앞섰다. 이제 왕궁에 유폐되는 수모를 겪으며 스스로 조선왕조의 몰락을 재촉하는 내용에 서명하지 않을 수 없었다. 일본이 조선의 개혁을 말하지만 개혁에는 많은 자금이 소요되었다. 이를 활용할 때 조선 스스로 일본의 속국화로 전락할 수 있다는 것이 일본 공사의 속셈이었다.

일본 공사는 일본군의 계속 주둔과 경부, 경인간 철도 부설권, 전라도 연안의 개항, 일본과 청국과의 전쟁에서 후속 군수 물자의 준비를 요구하며 가칭 일한조약의 체결을 강요했다.

그와 동시에 조선에 차관 300만 원을 제시하고 만약 이를 갚지 못할 경우 지방의 제정권을 담보로 요구하였다. 개혁파의 박영효, 유길준은 강력히 반발하였고 일본의 속내가 드러나자 일본과 마찰을 빚기 시작했다.

또한 고종과 왕비 민 씨는 박영효의 개혁안이 조선을 망하게 하고 자신들을 옥죄는 것이었다. 그녀는 보고만 있지 않았다. 민 씨 일파가 다시 움직이기 시작했다. 주미대사와 주러대사를 통해 대사관을 드나들며 친분을 쌓기 시작하자, 박영효는 이들의 행위를 일본군을 통해 저지하려 했다. 30여 년 왕비로 지낸 민비였다. 박영효를 엮어 반역으로 몰자, 박영효는 일본으로 다시 망명하였다.

그 후 박영효는 미국으로 가 서재필을 찾아 귀국하기를 권했다. 이때 일본은 청일전쟁을 일으켜 요동 반도까지 진출, 청국을 압박하며 청일전쟁을 마무리 졌다. 일본의 요동반도 진출은 러시아, 독일, 프랑스 등 3국의 견제를 받으며 청국에 다시 반환하였다. 일본이 조선에 진출 후 청일전쟁을 일으키며 기염을 토했으나 3국의 간섭으로 별 재미가 없었다.

국내외 정세의 변화와 함께 조선에서 일본의 영향력이 축소되자, 왕후 민비가 활동을 재개하였다.

고종은 1895년 1월 7일 새해를 맞아 왕비와 세자 및 대원군, 그리고 문무백관을 거느리고 종묘에 나가 시대의 변혁에 맞춰 왕조의 개혁을 고하고 홍범14조를 발표했다.

내용은 국문과 한문, 국한문 혼용 등으로 전국에 선포하였다.

(1) 청국과의 관계를 끊고 자주 독립의 초석을 다진다.

(2) 왕실 규범을 제정하여 왕위 계승과 왕과 친족 간의 관계를 명백히 한다.

(3) 국왕은 정전에 나와 국사를 보고받고 각 대신과 국정을 논의하고 종실, 인척 등의 간섭을 허용치 않는다.

(4) 왕실과 국정의 업무를 엄격 분리한다.

(5) 의정부 및 각 아문의 직무와 권한을 명백히 제정한다.

(6) 인민의 조세는 법으로 정하고 그 외 함부로 세금을 걷지 않는다.

(7) 조세의 부과와 경비의 지출은 모두 탁아지문에서 관장한다.

(8) 왕실의 경비는 솔선수범하여 절약하고 각 아문과 지방관에 모범이 되게 한다.

(9) 왕실과 각 부서는 연간 예산을 작성하여 재정적 기초를 확립한다.

(10) 지방 관제를 개정하여 관리의 권한을 명확히 한다.

(11) 우수한 인재를 발굴하여 외국에 보내 선진 기술을 익힌다.

(12) 장병을 교육하고 징병을 실시하여 군제의 기초를 다진다.

(13) 민법과 형법을 제정하여 구시대의 악습을 철폐하고 인민의 생명과 재산을 보호한다.

(14) 문벌에 상관없이 널리 인재를 등용한다.

위의 홍범14조를 통해 조선은 근대국가로 한발 다가선다.

4. 을미사변

1895년 고종과 민비는 인아거일引俄拒日의 정책으로 러시아를 끌어드리기 위해 그들과 친근한 이범진, 이완용 및 미국과 사이가 좋은 박정양을 내각에 입각시켰다. 민비가 다시 실권을 쥐고 러시아와 미국 공사를 불러들여 접촉하기 시작했다. 일본은 개밥에 도토리가 되자, 조선을 지배하는데 걸림돌인 왕후 민비를 제거하기 위해 좀 더 과격한 군 출신 인물을 조선공사에 임명했다.

일본은 그들의 점령 하에 있는 조선에서 생각할 수 있는 방법을 다 동원하고 있다.

(1) 왕후 민비와의 제거를 위해 정적인 대원군을 끌어들였다.

(2) 조선군 훈련대 지휘관 우범선과 이두황을 전면에 내세웠다.

(3) 서울에 주둔한 일부 수비 병력을 공사관 인력으로 대체했다.

(4) 서울에 거주하는 낭인 패와 장사꾼 등의 역할 분담을 통해 대본을 만들어 위장하려 했다.

일본은 전날 고종과 민비의 처소를 정확히 확인하고 있었다.

대원군을 궐 밖까지 데려다 놓고 1895년 8월 20일 새벽 을미사변을 일으켜 왕후 민비를 시해하였다.

일본인들에 의한 일련의 사건은 대원군이나 우범선, 이두황 등은 확인할 위치에 있지 않았다. 그들의 각본에 대한 대역이었다. 그러나 이 사건을 직접 목격한 미국인 고문 다이와 러시아 기사 사바친이 현장을 목격하고 폭로하였다.

서울 주재 러시아, 미국, 독일, 영국 등 외교관들의 일본 문책론에 일본 정부는 일본 공사 미우라 등 40여 명을 소환해 수감 후 재판에 임하나 훗날 모두 무죄 석방하였다.

당시 고종은 왕비가 일본의 야비한 폭력에 죽었지만 왕비의 죽음을 슬퍼할 시간도 없었다. 경복궁에 유폐되어 언제 자기에게도 닥칠지 모르는 죽음에 대한 불안감에 휩싸여 잠 못 이루는 날이 하루 이틀이 아니었다.

조선의 국왕이 일본의 포로가 되어 이렇게 비참할 줄이야. 이에 일부 정동파와 고종의 친러 세력에 의해 고종의 탈출을 시도하였으나 실패했다. 왕비의 죽음도 모를 정도로 2, 3개월간 소문만 무성하였다.

전국적으로 민심이 흉흉해지고 조선의 절망적인 모습이 보이자, 김홍집과 유길준 내각은 왕비의 죽음을 알리고 1895년 11월 15일 단발령과 함께 복제 개혁을 단행했다.

분위기 일신을 위해 급진개혁을 실시하며 단발령은 위생에 도움이 되고 복식 또한 거추장스런 것을 활동하기 편하게 개조할 것을 선포하였다. 그러나 조선 민중에 있어 신체는 부모가 자식에게 물려준 소중한 신체 일부라 생각했다.

민중은 부모에 대한 효도를 절대시하는 민족으로 단발령은 참을 수 없는 수치로 생각하였다. 효孝에 대한 망각으로 금수나 할 수 있는 일로 받아들여졌다. 그동안 왕비 시해에 대한 구구한 억측만 난무했던 사건이 일본 공사와 낭인들이 개입해 저질러진 야만적인 폭거였다는 사실이 밝혀졌다.

일본의 예속화를 위한 강요된 개혁과 민비의 죽음은 극도로 일본의 조선 침투에 경각심을 일으켰다. 한동안 조선 국내에서 일본인들이 발을 붙일 수 없는 상황까지 이른 과도 체제였다.

민심은 조선의 몰락이 불 보듯 하자, 그동안 잠잠히 지켜보던 유림인 선비들이 나섰다.

그들의 선비정신이며 충효사상인 의義 정신이 발현되면서 전국적인 민중 봉기가 일어났다.

5. 아관파천

왕비의 시해가 일본의 행위로 소문이 돌기 시작했다. 또한 단발령에 의해 전국적으로 상투가 마구 잘리자 유림과 민중의 저항이 거세졌다. 의병항쟁이 일기 시작했다.

당시 고종은 왕비가 시해된 후 경운궁에 유폐되다시피 한 상태에서 생명에 위협을 느끼자, 고종과 친러파는 러시아 공사와 접촉을 갖기 시작했다. 특히 친러파의 이완용, 이범진 등은 러시아 공사 베베르와 접촉 후 고종을 러시아 공사관으로 어전御殿하기로 모의하였다.

이에 러시아 공사 베베르는 인천에 정박 중인 러시아 군함에 연락을 취하였다. 그들은 공사관 경비 명목으로 병력 120명을 차출하여 서울에 진입시켰다.

건양 1년 1896년 2월 10일 친러파 이완용, 이범진 등은 극비리에 엄상궁을 통해 러시아 공사관으로 왕과 세자의 거처를 옮겼다. 이러한 친러파의 행동을 개화세력과 일본대사관은 까맣게 모르고 있었다.

고종이 세자와 함께 러시아 공사관으로 자리를 옮기자 친러 세력이 정권을 잡으면서 2월 11일자로 개화세력에 대해 체포, 구금을 명했다. 내각의 영상인 김홍집과 정병하가 민중에 맞아 죽고, 어윤중 또한 거리에서 민중 손에 죽었다. 김윤식은 제주도로 유배를 갔으며 유길준과 그 외 인사는 일본으로 망명하였다.

하루아침에 친일 정권이 무너지고 친러 정권이 들어섰다. 고종이 러시아의 치외법권이 있는 공사관에서 병사들의 엄중한 경비 하에 정무를 보게 되자 자연히 러시아 공사와 친러 세력의 요구조건을 들어주게 되고 정무가 이들에 의해 좌지우지 되었다.

일본은 동학민중혁명을 핑계로 조선에 군대를 진입시킨 후 전쟁까지 치르면서 청국을 조선에서 완전히 손을 떼게 했다. 그런데 난데없는 불청객인 러시아가 기다리고 있었다.

일본은 닭 쫓던 개꼴이 되니 급해졌다. 이토가 러시아로 날아가 1차 협상을 하나 러시아의 입장만 세워준 꼴이 되었다.

제2차 협상을 다시 시작하며 일본은 조선 분할안을 제시했다. 양측이 조선을 분할하여 점령하자는 의도였다. 일본은 급한 김에 야비하고 천박한 침략적 의도를 갖고 참여하였던 회담이었다. 러시아의 거절로 제2차 협상도 별 소득이 없자 제3차 협상을 통해 러시아는 그동안 일본이 조선에서 쌓은 통상관계인 경제 분야의 실적을 인정하였다. 러시아의 존재 또한 서로 인정하며 한반도에서 세력 균형을 유지하는 가운데 조선엔 역사적인 천혜의 공간이 생겼다.

6. 을미의병

1894년 일본군의 경복궁 침입과 청일전쟁 및 갑오개혁, 1895년 을미사변 그리고 단발령 단행 등 약 1년 사이 국가와 민족이 위기에 몰리자 일부 유림들 사이에 구국을 위한 민족정신이 발현되고 있는 것을 볼 수 있다.

조선은 임진왜란과 병자호란 후 약 200여 년에 걸쳐 성리학이 각 지방마다 학파를 유지하고 있었다.

대표적인 학파로 화서학파, 남당학파, 정재학파, 노사학파 등이며, 학문, 지역, 혈연 등으로 나뉘었다.

1894년 갑오변란[일제의 경복궁 침입]은 국가와 민족에 대한 절대 절명의 위기였다.

이런 위기에 대처하기 위해 1895년 7-8월 평안도에서 관리 출신 김원교에 의한 상원의병과 9월 유성에서 문석봉의 유성의병 등이 의병을 일으키니 분명 민족정신 발현됨이었다.

이들의 의병항쟁이 대일 항쟁의 신호탄으로 이후 6-7개월간 전국적인 항쟁의 깃발을 출렁이며 뒷날 의병항쟁의 밑거름이 되었다.

무너지는 왕조 체제에서 시대의 변천에 귀를 막고 유교의 전통만을 고집하던 재야유림들이 의병 항쟁에 참여하기 시작했다.

각 지역별로 학파 간에 의병 항쟁을 도모하게 되나 1895년 8월 20일 을미사변과 11월 15일 단발령을 계기로 본격적인 의병항쟁이 시도되었다.

이를 을미의병이라 하였다. 그러나 1896년 2월 20일 고종의 아관파천으로 그들의 투쟁목표가 사라지고, 고종 또한 5월에 들어선 의병항쟁에 해산명령을 내리자 의병항쟁도 힘을 잃게 되었다.

중부 이남에서 의병 지역은 강원과 충북, 충남, 경상, 호남 등으로 나눌 수 있었다.

화서학파: 1896년 1월 조선 말기 유학의 중심에 있던 이항노학파의 유중교와 이소응이 춘천에서 의병을 일으켰고, 유인석은 조선 고유의 유교 전통과 예법을 무시하고 왕비를 시해하니 이제 조선은 몰락의 길을 걷게 되었다. 이에 어찌 유림들이 궐기하지 않겠는가. 하며 제천에서 의병을 일으켰다. 그는 전국에 통문을 보내고 발대식을 갖는 한편 총대장으로 의병봉기에 앞장섰다.

충주, 제천, 영월 등에서 활약하였고 서울 진격을 목표로 했으나 실패 후 유인석은 만주로 떠났다.

남당학파: 1895년 11월 28일 홍주의병은 안병찬과 채광묵에 의해 약200명을 모집 후 홍주성으로 가 입성했다. 여기에 전직 관료 김복한, 이설 등이

참석하자 창의소를 설치하였다. 김복한을 대장으로 이설, 안병찬, 채광묵, 임승주 등에 의해 거의擧義가 이루어졌다. 그러나 관찰사 이승우의 배신으로 홍주의거는 물거품이 되었다.

정재학파: 영남에서 퇴계학통을 이어받은 안동지역의 정재[유치명]학파는 1895년 12월 안동지역 대표적 유림들에게 통문을 돌리고 안동향교에 모일 것을 통고하였다.

12월 6일 인근 백성 등 약 10,000명이 창의소를 결성하였다. 대장에 권세연, 부장에 곽종석을 임명했다.

12월 13일 관군 300명이 안동부를 공격하자 무기에서 열세였던 창의군은 접전은 했으나 와해되면서 사방으로 흩어졌다.

그러나 인근 예천의 예안의진과 연합의진을 결성한 후 안동부를 공격, 관찰사가 도망하면서 무혈입성하였다.

안동부에 입성하게 되자 인근 주위에서 의병을 결성한 예천의병, 봉화의병, 제천의병, 풍기의병, 호서의병들과 연합의진을 결성한 후 예천에 집결하였다. 이는 태봉에 있던 일본군을 공격하기 위함이었다.

일본군 100여 명도 전투태세를 갖추고 강을 사이에 두고 접전을 벌였으나 화력이 좋은 무기에 연합의진이 패하였다. 일본군은 안동부에 입성하자 인간으로 할 수 없는 만행을 저질렀다. 안동부에 들어가 마을마다 다니며 갖은 만행을 부리고 증거를 없애기 위해 집집마다 불을 질러 천여 호가 불에 타 잿가루만 남는 참상을 빚어, 뒷날 《독립신문》 등에 보도되면서 일본군에 의한 참혹함이 세상에 알려졌다.

노사학파: 1896년 3월 노사 기정진의 학문을 따르는 학파로 기우만, 고광순, 기삼연 등에 의해 창의하였다.

기우만은 인근 지역에 통문을 돌리고 의병에 참여할 것을 독려하니, 이에 나주의진이 결성되었다. 기우만이 200명의 의병과 함께 나주에 도착하자 그들은 사기충천했다. 기우만은 광주로 가 광주향교를 중심으로 의병을 모집 후 기우만은 광주부를 장악하고 또 한편의 의군은 나주를 장악하나 관군에 의해 무참히 진압되었다.

이 시기 고종은 을미사변 후 경복궁에 유폐되다시피 하자 친러파들에 의해 1896년 2월 10일 러시아 공사관으로 고종을 이어移御하였다. 실제 아관파천은 유림의 의병항쟁 입장에선 이율배반적인 행동이었다.

의병항쟁의 명분이 고종의 아관파천으로 사라졌지만 의병들은 계속 항쟁을 멈추지 않고 있었다. 이에 정부에선 관군과 일본군을 의병항쟁에 투입하였다. 고종의 아관파천으로 일본군이 조선에 머물 이유가 없어졌다. 그러나 조선에 머물면서 관군과 협력하는 것을 보면

(1) 시기적으로 철수할 시기를 못 맞춘 것과

(2) 고종의 러시아 공사관 생활을 짧게 보았고 다시 고종이 왕궁으로 돌아 올 때를 대비하였던 것 같다.

그러나 고종은 약 1년간 러시아 공사관에 머물며 정무를 보았다. 위와 같은 고종의 행동은 1905년 을사늑약 같은 국가의 직접적 위기 속에 의병들이 국가를 위해 신속한 행동을 취한 게 아니라 고종의 밀서를 받고서야 움직이는 결과를 가져왔다.

[새옹의 변]

동학민중혁명-갑오개혁-을미사변-단발령-의병투쟁-아관파천 등 1894년 6월-1896년 2월까지 숨 가쁘게 이어지는 사건은 조선의 몰락과 함께 유교문화의 쇠퇴를 의미하고 있다.

조선 왕조는 성리학을 단일 사상으로 하여 500여 년을 유지했다.

건국이념이 참신하고 진리라고 믿었어도 세월이 흐르고 시대가 바뀌면 변해야 했다. 그러나 조선은 양반 중심사회로 삼강오륜에 의한 충효사상의

이념과 엄격한 신분사회로 물질을 멀리하고 노비를 상품화시켰다. 위의 사실로 보아 조선의 선비사회는 그들의 이상향이었으며 양반[선비]들은 나라가 망하는 한이 있어도 그들의 기득권을 포기하지 않았다.

이념은 천륜이요 진리라고 믿고 있었다.

우리는 영, 정조 시대를 민족중흥과 문예부흥 시대라고 하나 꽃이 봉우리만 맺고 활짝 만개하지 못했다.

이렇듯 이념이 수백 년이 흘러도 변화 없이 물질 또한 멀리하자 꽃이 봉우리만 맺을 수밖에 없는 이유였다.

그러나 시대의 변혁은 끈임 없는 민중의 도전을 가져왔다.

이 나라의 민중은 신분상의 불이익을 종교를 통한 신앙으로 버텼다. 모든 인간은 평등하다는 신념을 가지고 배교치 않고 죽음으로 저항했다.

참으로 시의 적절하게 동학이 창건되었다. '인내천'의 사상으로 민중의 마음을 사로잡았다. 어두운 시대를 통과하며 모든 인간은 평등하다는 신념을 갖게 했다. 이는 동학민중혁명을 가져왔고 집강소가 설치되면서 실현되었다.

젊은 사대부의 정변 주역들은 조선의 근대화를 위해 자신의 온 몸을 국가에 던졌다. 한 번의 실패는 병가상사라, 역시 젊고 패기 있는 주역들로 조선의 몰락과 함께 근대 국민 국가 형성의 기틀을 마련했다

앞에서 지적한 바와 같이 수백 년 동안 이념[성리학]의 고수는 세월이 흐르며 많은 문제점을 내포하고 있었다. 조선의 몰락은 유교문화의 쇠퇴와 함께하고 있었다는 사실이다.

실제 성리학에서 사회규범인 삼강오륜을 통한 충효사상은 양반들의 전유물이었다. 조선에서 유림[선비]의 최고의 덕목은 국가의 위기시 선비정신인 의義 정신으로 한편 충의忠義정신이라 하였다.

성리학은 퇴계와 율곡을 정점으로 현실 규범을 사회에 적용하기 시작했

다. 임진왜란 때는 민족 모두가 거국적이었다. 진정 충의忠義정신의 진면목을 보여주는 전쟁이었다고 볼 수 있다. 전쟁이 약 7년간 계속되면서 조선에선 신분제가 잠시 정지된 상태였다.

피지배계급인 민중은 왜적에 대항해 의義 정신을 발휘해 충忠을 위한 많은 인물들이 역사에 기록되고 있다. 그러나 수십 년이 지나 병자호란 땐 변변한 전쟁 한번 못하고 청에 무릎을 꿇자, 충효사상도 그 진가를 발휘하지 못하였다. 승패에 관계없는 충忠을 위한 싸움을 내세웠다.

이는 청국과 싸워 민족을 구하겠다는 의지가 아닌 나만 홀로 충忠을 위해 의義를 내세우며 '나라는 어떻게 되든지' 싸우다 죽으면 된다는 극복의 의지가 없는 충忠이었다.

그러나 義개념에서 가장 큰 의미는

(1) 백성들에게 풍요로운 삶을 제공하는 것

(2) 사회규범의 근본인 충과 효의 사상

(3) 사회규범인 가치의 기준이 되는 것

(4) 행위의 가치인 옳고 그름에 있었다.

위의 행위에서 보듯 조선의 충효사상은 한 사회체제를 유지하는 데는 필요했지만 한 국가를 유지 발전시키는 데는 한계가 있었다.

결국 충효사상忠孝思想은 한 사회 체제를 유지하는 사회규범으로 선제 대응 능력이 없다는 사실이었다. 이것은 충효사상의 큰 맹점으로 사건이 터지기 전 수습이 아니라 나타내는 것이었다.

위와 같은 이치를 처음에는 알 수 없었고 수백 년이 흐르면서 충효사상인 의義 정신의 장단점이 나타나기 시작했다.

(1) 물질과 화합이 되지 않았다.

(2) 공존이 불가능해 모두가 가난하고, 가진 자는 힘에 의존 부정부패로 얼룩졌다.

(3) 충효가 말하듯 윤리, 도덕에 모든 것을 맡기고 있다.

(4) 종적이며 수직적이다.

(5) 상명하복, 즉 명령에 무조건 복종하여야 했다.

(6) 사회사상이 한 우물만 파고 있다.

(7) 주위와 단절되었다.

(8) 수직관계는 계단형식을 밟아야 올라갈 수 있다.

(9) 상류층인 지배계급을 위한 사상이었다.

(10) 사회체제의 시야가 좁다.

(11) 한 사회를 유지하는데 필요하지 국제적으론 적합지 않다

(12) 인구증가 시 사회체제 유지가 어렵다.

(13) 외곳으로 부정적이었다.

(14) 선비들만의 의義 정신으로 적과 대치했을 때 극복의지가 없었다.

조선 말 유림은 500년을 지내오며 그들의 이념인 충효사상[의義 정신] 자체가 낡고 늙어 있었다. 그들은 국가의 보위와 사회의 규범도 지키지 못하고 조선이 몰락하게 되자, 충효사상[의義 정신]은 행위의 가치로 절하되니 민족이 살아있다는 의미로 밖에 받아들일 수 없었다.

그러나 의義 정신은 서재필에 의해 독립협회가 창설되면서 근대 이념인 인권과 물질이 제시되었고 이를 정신으로 승화시켜 다시 계승하게 되었다. 조선의 선비정신인 의義 정신이 부정적이었다면 이제 근대 이념에서 제시한 의義 정신은 긍정적으로 극복의 의지를 갖고 있다.

●● 참고문헌

강재언. 『한국근대사』. 한울, 1995.

김상기. 『한국독립운동의 역사』. 한국독립운동사 연구소, 2009.

김정환. 『근대로 가는 길』. 푸른 숲, 1997.

박은식. 김승일 옮김. 『한국통사』. 범우사, 1999.

변태섭. 『한국사통론』, 삼영사, 2008.

유홍종. 『명성황후 이야기』. (주)현대문학, 1999.

윤내현 · 박성수 · 이현희. 『새로운 한국사』. 집문당, 2005.

이기백. 『한국사 신론』. (주)일조각, 2012.

이덕일. 『교양한국사』. 휴머니스트, 2005.

이성무 『조선왕조사』. 동방미디어(주), 1998.

이이화. 『한국사이야기』. 한길사, 2005.

한국근현대사연구회. 『한국근대사 강의』. 한울, 1998.

한국정치외교사학회. 『한국근대정치사의 쟁점』. 집문당, 1995.

한영우. 『명성황후, 제국을 일으키다』. 효형출판 2006.

한우근. 『한국통사』. 한국학술정보, 2003.

황현. 허경진 옮김. 『매천야록』. 한양출판, 1996.

제8장

근대국가 이념과 민족정신 형성

1. 서재필의 귀국과 국내외 정세

1) 서재필의 귀국

송재 서재필은 1863년 11월 외가인 전남 보성군 문덕면 가천리에서 태어났으나 고향은 충남 논산군 구지곡면 금곡리였다.

그는 서광언徐光彦의 4형제 중 둘째로 어려서 아저씨뻘 되는 서광하의 양자로 갔다. 얼마 후 서울로 올라가 삼촌댁에서 공부하게 된다. 그는 어려서부터 총명하여 18세에 과거에 급제하였다. 당시 외가댁인 김성근은 판서까지 지낸 인물로 김옥균과 인척관계였으며, 서재필은 김옥균과 아저씨뻘 되는 서광범을 만나게 된다. 김옥균은 영리해 보이는 서재필이 동생과 같이 생각되었다. 정부에서 사관생을 모집하자, 서재필에게 일본 유학을 권유하였다. 그는 일본 동경으로 건너가 도야마 육군학교에 입학하였다. 일 년 후 정부는 신식 군사 훈련을 배우고 돌아온 그에게 사관학교 교장 자격인 사관장에 임명하려 했으나 청국의 압력으로 사관학교는 설립하지 못하고 그해 12월 갑신정변에 가담하게 된다.

서재필은 김옥균과 12살 차이였다. 김옥균은 동시대 인물인 김홍집. 김윤식, 윤치호 등 온건한 인물들은 갑신정변에 참여시키지 않았다. 그러나 12살 차이가 나는 서재필을 동지로 포섭한 것을 보면 그가 얼마나 명석하고 단호한 인물인가를 알 수 있을 것 같다. 21세의 나이로 갑신정변에 참여하나 실패하였다. 이에 멸족의 화를 입고, 김옥균, 홍영식, 박영효, 서광범 등과 함께 5적의 한사람으로 지목돼 일본으로 망명하였지만 생명의 위협을 받게 되었다.

서재필은 갑신정변이 일본의 배신으로 뜻을 이루지 못하자 더 이상 믿을 수 없는 존재라는 생각이 들었다. 박영효, 서광범과 함께 미국으로 떠난다. 미국에 도착 후 3인은 각자 헤어져 있었다. 그러나 박영효는 다시 일본으로 돌아갔다.

멸족의 화를 입고 이국땅에 홀로선 청년 서재필은 젊음 하나로 온갖 고난을 겪으며 자신의 삶을 개척한다. 10여년 후 의과 대학을 졸업하고 가정을 갖게 되며 의사 생활을 시작하였다.

1894년 조선의 상황은 동학민중혁명이 일어나 혁명군과 정부군 사이에 전주화약이 체결되는 시기였다. 이를 빌미로 일본이 개입하게 되고 결국은 제국주의자로 돌변하면서 청일전쟁을 일으켰다. 청국이 패하자 조선에서는 민씨 정권이 무너지고 대원군을 집정으로 한 온건 개화파가 집권하게 되었다.

대원군은 집권하나 개화파와 별도로 일본에 적대적인 감정을 갖고 북으론 청국과 내통하고, 남으론 동학 혁명세력과 내통하여 일본을 협공하고 대항하려 하였으나 내통 사실이 발각되자, 권좌에서 물러났다. 1895년 일본은 갑신정변의 주역인 박영효[내무], 서광범[교육]을 불러들이고 서재필에게 외무를 섭외하였지만 서재필은 거절하였다.

박영효와 서광범은 10여 년 일본과 미국 생활을 통해 한참 뒤떨어진 조선 왕조를 볼 수 있었다.

박영효[내무]는 과감한 체제 개혁을 통해 조선의 변혁을 추구하며 고종에게 개혁 정책인 홍범14조를 제시했다. 이는 왕실과 정부를 분리시키는 개혁 정책이었다.

고종과 민비는 동요하였고 러시아 및 미국 공사와 접촉하기 시작했다. 박영효는 이를 알고 그들과의 접촉을 차단하기 위해 왕궁 수비를 일본군으로 교체하려하자 노련한 민비는 이를 역모로 몰아 붙였다. 이에 박영효는 다시 일본으로 망명한 후 미국으로 건너가 10여 년 만에 워싱턴에서 서재필을 만났다. 박영효는 서재필에게 갑신정변의 주역으로 조선의 현실을 직시하고 다시 한 번 조선의 변혁을 추구할 것을 설득하였다.

그는 혁명가였다. 갑신정변 때를 떠올리며 오늘 자기가 서 있는 위치에서 할 일이 무엇인지 생각했다.

(1) 갑신정변의 실패 원인이 무엇이었던가.

(ㄱ) 민중의 호응이 없는 지배계급내의 정변이었다.

(ㄴ) 외세인 일본을 너무 믿었다는 사실이다.

(ㄷ) 독자적인 힘이 너무 부족했다.

자신들의 정변에 대한 정당성을 민중인 백성들은 이해하지 못했다.

(2) 격동의 시대였다. 1894년 동학민중혁명은 전국을 혁명의 도가니로 몰아넣었다. 동학이 집강소를 설치하면서 조선 5백년 역사상 처음으로 민중들에 의해 철저히 신분제 사회가 혁파되는 시기였다. 모든 인간의 평등을 실천하고 있었다. 반면 수백 년 걸쳐 조선을 속방화시켰던 청국이 물러가고 일본이 들어서며 온건개화파가 득세하고 있는 실정이었다.

(3) 그는 10여 년 넘는 미국생활을 통해 제3국에서 객관적으로 조선을 볼 수 있었다. 유교이념에 매몰돼 세계 정세의 흐름엔 아랑곳없이 오로지 홀로 독야청청하는 조선 지배계층의 한심한 모습을 볼 수 있었다. 서구 제국의 먹이 사슬이 될 수밖에 없었던 현실을 냉정히 깨닫게 된다.

(4) 10여 년간 선진국인 미국에서 세계의 시대 흐름인 자유민주주의에 대한 사상을 체험과 체득을 통해 습득한 자신이 아닌가. 다시 조선에 돌아간다면 자신이 할 수 있는 일이 무엇인가 떠오르기 시작했다.

자신은 갑신정변의 주역이었다. 조선의 변혁을 위해 인간의 평등과 부국 강병을 이루는 것을 목표로 정변을 꾀하지 않았던가. 현재의 조선의 현실은 인간의 자유와 평등이 신분상의 혁파를 통해 초보 단계에 있었다. 이를 정착시킬 의무가 나에게 있지 않은가. 조선에 돌아가면 결코 권력에 집착하지 않을 것이다.

급변하는 정세에 개화파에 섞여 각료로서 조선의 변혁을 이끈다는 것이 지난날 수구파와 개화파의 권력투쟁으로 재현된다면 자신이 조선에 갈 이유가 없었다.

그 옛날 김옥균이 말한 조선은 유럽의 프랑스가 되어야 한다. 아직도 늦지 않았다. 그의 명석하고 단호한 성격은 돌아가되 왕조 체제를 시대에 맞게 변혁시켜 수백 년 지배계급의 압제에서 살아온 민중을 계몽시키는 것이었다.

서구의 근대사상을 널리 습득시킨 후 근대 국민 국가 수립을 위한 사상과 이념의 정립이었다.

그가 귀국을 결심하자, 개화 정부는 100만 명의 원군을 얻은 듯 기뻐하였다. 그에게 외무협판 자리를 마련하여 주었지만 서재필은 사양하고 1895년 12월 26일 중추원 고문인 외국인 자격으로 조선에 돌아왔다.

2) 국내외 정세

1894년 조선에서 동학민중혁명은 조선왕정을 무력화시키고 민중에 의한 집강소가 설치되어 민중의 평등이 실현되는 시기였다. 이때 일본의 침입으로 민 씨 정권이 무너지고 개화 정권이 들어서 개혁 정책을 통해 근대국가로 이행하는 과정이었다.

또한 일본은 조선에 주둔해있던 청국 군과 싸움을 걸어 청일전쟁을 일으키며 요동반도까지 진격하여 청국을 굴복시키고 있었다.

당시 경복궁에 유폐되었던 고종은 1896년 2월 아관파천을 통해 러시아 공사관에서 정무를 보기 시작했다. 이런 국내외 정세는 서재필이 귀국 직후 일어난 일이었다.

그는 민주주의 선진국인 미국에 10여 년 머물면서 서구의 근대 국민 국가 사상을 체험을 통해 체득한 후 고국에 돌아온 갑신정변의 주역이었다.

조선의 정국이 자신에게 쏠리는 시선을 의식해 그는 '인민의 계몽'과 '풍속 교정'에 뜻을 두고 인민의 한사람으로 신문 발행에 종사할 것을 선언한다. 정치계는 물론 온 사회가 그의 위와 같은 제의에 흥분했고 젊은 혁명가의 일성이 인민의 계몽에 있었기에 적극적으로 환영했다. 개화 정부는 짧은 기간 동안 자신들의 업적을 홍보할 수단의 필요성을 느꼈다. 이런 시기에 서재필의 인민계몽을 위한 신문 발행 계획과, 그가 권력과 재물에 탐욕이 없음을 알자 개화 정부의 김홍집 내각과 내무대신 유길준은 신속하게 그의 신문 발행 사업을 정부 예산으로 지원해 주기로 결정한다.

또한 서재필의 국내 신분과 생활 안정을 위해 지금까지 이름만 있었던 중추원 고문으로 임명한 후 10여 년간 월봉 300원을 주는 조건으로 계약하였다.

1896년 1월 들어 개화 정부의 내무대신 유길준과 서재필은 신문사의 설립준비를 서둘렀다. 일본 오사카에서 인쇄기와 활자판을 주문하고 사옥은 경운궁 옆 정동에 있는 정부 소유 건물을 임대하여 쓰기로 합의했다.

신문은 한글로 4면을 발행하고 1면을 영어판으로 활용하기로 하였다. 서재필은 현 정세 아래서는 문서로 확인된 것 이상 중요한 게 없다 생각하고 개화 정부의 유길준으로부터 '신문사 설립 예산 지출서'를 문서로 받아 두었다.

당시 일본 정부는 박영효의 권유에 의해 귀국한 그를 경계 대상의 인물로 그의 행동을 주시하며 달가워하지 않았다.

그는 갑신정변 때 일본의 배신으로 정변이 실패로 돌아가고 그의 가족 모두가 멸족의 화를 입었다. 미련 없이 일본을 떠나 미국으로 건너가 온갖 역경을 딛고 자립에 성공한 인물이었다.

그의 '인민 계몽'과 '풍속 교정'을 위한 신문 발행 계획에 대해 일본은 조선에서 발행하고 있는 《한성신보》로 충분하다고 생각하고 내무대신 유길준에게 압력을 가하고 있었다. 또한 서재필에게도 일본 공사 소촌은 민도가 낮은 조선 백성에게 지나치게 인권을 강조해서는 안 된다는 말로 위협했다. 《독립신문》 발행을 저지할 목적으로 신변에 대한 협박과 폭력도 불사하겠다고 경고할 정도였다.

이러한 시기에 1896년 2월 10일 친러파인 이범진, 이완용, 이윤용 등에 의해 아관파천이 단행됐다. 박정양을 내각 서리로 한 친러 정부가 러시아 공사관에서 조각되었고 다음날 개화 정부는 붕괴되었다. 조선에 있어 개화 정책, 왕후 민비 시해, 단발령 등은 조선사회의 몰락을 의미했고 전국적인 의병들의 봉기가 일어났다.

위와 같은 일련의 사건들을 조선민중은 일본에 의해 저질러진 사건으로 보고 친러 정부가 세워진 후 일본인의 내지활동 즉 서울이나 지방에서의 활동이 거의 불가능할 정도로 조선민중은 일본을 증오했다.

당연히 일본 측의 조선에서 활동은 위축되어 그들의 조선에 대한 영향력은 하루아침에 소멸되고 러시아의 간섭과 영향력이 증대되었다.

이와 같은 결과 조선에선 1896년 2월 11일-1905년 7월까지 약 10년간 세력 균형이 이루어지며 천혜의 역사적 공간이 이루어졌다.

서재필의 귀국 후 거취를 보면 권력과 재물을 포기하면서 정계에 적을 두지 않았다. 그는 아관파천 후 친러 세력인 이범진, 이윤용, 이완용 및 기타 사회 세력인 건양협회와 정동구락부의 인물인 박정양, 안경수, 윤치호, 이상재, 김가진 등의 적극적인 지원을 받게 되었다.

박정양 내각이 할 수 있는 일이란 고종이 러시아 공관에 있는 상황에서 한계가 있을 수밖에 없었다. 유일한 창구가 있다면 서재필을 적극도와 신문을 발행케 하는 것이었다.

고종이 서명한 '신문사 설립 계획안'을 재 인준하고 정부예산에서 《독립신문》사 설립자금 3,000원과 기타 경비 1,400원을 합쳐 4,400원을 서재필에게 지급하였다. 신문사 사옥 또한 개화 정부에서 승인한 정동에 있는 정부소유 건물을 무상으로 대여하여 주었다. 정부는 신문의 권위를 높이기 위해 서재필을 3월 3일 부로 농상공부 임시 고문에 임명하고 《독립신문》 운송비도 다른 인쇄물보다 저렴하게 책정하였다.

《독립신문》 사장과 주필에 서재필과 국문판 조필에 주시경, 시정 출입 기자에 손승용과 약간의 인쇄 직공을 두었다. 마침내 1896년 4월 7일 역사적인 《독립신문》 창간호가 국문판 3면과 영문판 1면으로 발행되면서 한민족의 새로운 근대 국민 국가 수립 운동이 시작되었다.

《독립신문》의 발행과 독립협회의 활동은 근대국가 이념과 제도의 정착에 있었다. 또한 《독립신문》은 근대이념에 따라 민중의 의식 변화를 요구한 반면 독립협회는 의식의 변화를 정착시키는 역할을 하고 있었다.

《독립신문》은 그 시대의 상황을 가장 정확하게 진단하는 기사들로 채워졌다. 또한 독립협회가 조직되기 전 계몽과 교육을 통해 민중의 의식 변혁에 앞장서 선도적인 활동을 했다. 독립협회 조직 후에는 기관지의 역할을 하고 있다. 결과적으로 독립협회와 《독립신문》은 근대이념을 정착시키고 이를 민족정신으로 승화시켜 시대를 뛰어넘는 역사적 사명을 수행하였다.

《독립신문》과 독립협회를 한데 묶어 시기별로 구분하면

(1) 1896년 4월 7일－1897년 2월 20일까지. 근대국가 이념의 정착화

《독립신문》, 독립협회, 독립문 건립 등이 이 시기에 이루어졌다. 모든 계층을 인민으로 부르며 민중의 기본권[인권]이 확고하게 이 땅에 심어졌음

을 논설을 통해 알리고 있다. 이를 위해 독립협회가 조직되고 독립문이 건립되었다. 근대국가 이념의 정착화에 있었다.

(2) 1897년 2월 21일-1898년 2월 20일까지. 근대국가제도의 정착화

근대 사상과 이념, 제도의 정착화를 위해 정부조직에서 행정과 사법의 분리를 《독립신문》과 협회를 통해 강력하게 요구하고 있다. 이 시기는 끈질기게 근대국가 제도의 정착화를 모색하였다.

(3) 1898년 2월 21일-1898년 12월까지. 의회설립운동 시기

독립협회가 의회설립 안을 제시한다. 근대국가 수립 운동파와 대한제국 정부가 대립하며 의회설립 안이 거의 성사단계에 수구파의 무고로 실패하고 독립협회는 해체되었다.

비록 독립협회는 해체되나 협회가 남긴 이념은

(1) 100여 년 투쟁하여 획득한 민중의 기본권인 인권과

(2) 개항 이후 서구 문물에 관심을 가진 개화파 인사들과

(3) 개신교 수용 후 신학문을 학습한 청년층 등에 의해 근대국가 이념은 민족정신으로 승화되었다.

몇 년 후 을사늑약의 체결 때 두 갈래의 민족정신이 발현된다.

2. 근대국가 이념의 정착화
[1896년 4월 7일-1897년 2월 20일까지]

1) 《독립신문》
1896년 4월 7일-1897년 2월 20일[이념의 정착]

《독립신문》은 논지에서 '인민계몽'과 '풍속교정'을 목표로 정하고 창간호에서 독립이라는 자체 언어를 활용하여 홀로서기를 강조한다. 앞에서도 강조한 것과 같이 홀로서기는 독립을 의미하였다.

(1) 엄격한 신분사회에서 굴종의 삶을 산 민중에게 인간의 평등과 홀로서기인 독립을 강조하고 있다. 인간의 평등을 통한 홀로서기는 곧 각자의 독립된 자세를 의미하였다.

(2) 홀로서기는 자강을 통해 스스로 강해져야 한다. 이는 서재필 자신이 미국으로 망명하여 10여년 홀로서기를 통해 스스로의 활로를 개척한 것과 같은 의미였다.

(3) 《독립신문》은 당시의 정세와 정치상황의 변화에 따라 주도적으로 논지를 제시하고 독립협회를 통해 인민의 의식 변화를 추구하고 있었다.

(4) 또한 논설을 통해 500여 년 거대 중국에 휘둘려온 조선의 나약한 모습을 떨쳐버리기 위해서도 독자적인 길인 독립을 강조하며 이의 실천을 위해 독립문 건립을 제의하고 있다.

(5) 《독립신문》은 인간의 홀로서기를 강조하며 인민에 가장 큰 비중을 두고 논지를 펼쳤다. 근대 국민 국가 이념을 계몽 정착시키는데 심혈을 기울이고 있었다.

(6) 결과적으로 독립협회의 정강은 독립, 민권, 자강 등으로 나타나고 있다.

서재필은 《독립신문》 창간호에서 논설을 통해 《독립신문》의 취지를 아래와 같이 설명하고 있다.

(1) 1896년 4월 7일 《독립신문》을 창간하면서 제일 먼저 신문의 공정성을 제시했다. 그는 정치적 여러 단체에 상관없이 정부가 하는 일을 인민에게 정확하게 사실대로 알려야 했다. 또한 어느 한곳 서울이 아닌 전국 모든 곳에 알리고자 신문 발행의 의미를 부여했다.

그가 1884년 갑신정변을 일으켰을 때

첫째 조건이 청국으로부터 대원군의 소환이었다.

둘째 인간의 평등과 부국에 의미를 두었다.

개화의 첫걸음은 독자적인 행위를 통한 주체성에 있었다. 조선은 그 후 10여 년 동안 숨 돌릴 사이 없는 변화를 가져왔다.

1885년 개신교의 수용은 조선에 서구의 문물이 도입되며 학교와 병원이 세워졌다. 이후 개화의 물결은 근대 교육을 목표로 10여 개 넘는 학교가 설립되었다.

이제 조선은 개화의 벽을 넘어 근대 초입의 진출에 멈춰서있는 상황이었다.

서재필의 《독립신문》의 창간은 홀로서기=독립을 위한 근대국가 이념인 인간의 자유와 평등을 조선사회에 확실하게 정착시키는 것이었다. 그동안 왕조 체제에서 굴종의 삶을 살아온 인민을 계몽하며 궁극에는 인민에 의한 국가 건설 즉 인민이 주권을 가진, 국가의 주인이 되는 근대 국민 국가 건설에 있었다. 서재필은 《독립신문》 창간호를 발행하면서 왕조시대 신분제에 의한 사士, 농農, 공工, 상商 및 천민 등에 따른 다양한 호칭을 일반적인 백성에서 '인민'으로 통합하여 부르고 있다.

이 자체가 지금까지 억눌려 살아온 조선 백성들이 누려보지 못한 보이지 않았던 신분제의 굴레에서 벗어남을 의미했다.

이를 논설을 통해 구구절절 반복하여 그동안 신분차별에 대한 인민의 의식을 희석시키면서 인간은 평등하다는 의식을 강조하고 있다.

《독립신문》은 창간호에서

(1) 편벽되지 않고 상하 귀천을 달리 대접하지 아니하고

(2) 이 신문 모두 언문으로 쓰기는 남녀, 상하, 귀천이 모두 보게 함이요.

(3) 이 신문은 조선을 위함이며 이 신문을 인연으로 하여 내외, 남녀, 상하, 귀천이 모두 조선 일을 서로 알리려 함이요.

(4) 우리 신문이 한문은 아니 쓰고 다만 국문으로만 쓰는 것은 상하, 귀천이 다 보게 함이요.

(5) 이 글이 조선 글이니 조선 인민들이 알아서 백성은 한문 대신 국문을 써야 상하, 귀천이 모두 알아 보니라.

(6) 부인들은 한글을 배우고 익히면 빈부귀천 간에 남자들보다 나아질 수 있다.

(7) 우리 신문은 빈부, 귀천 다름없이 이 신문을 보고 외국 물정과 내지 사정을 알게 하려는 뜻이니 남녀, 노소, 상하, 귀천 간에 우리 신문을 하루 걸러 몇 달만 보면 새 지식과 새 학문이 생길 걸 미리 아노라.

서재필은 《독립신문》 창간호에서 8번이나 남녀, 노소, 상하, 빈부, 귀천 이란 단어를 반복하여 사용하며 모든 인간은 평등하다는 의식을 강하게 설파하고 있다. 그동안 굴종의 삶에서 이념은 사상의 계몽과 반복 의식을 통해 근대 사회로의 지향을 의미한다고 볼 수 있다.

서재필의 독립=홀로서기의 근본은 인간의 평등에 있었다.

만인이 평등할 때 각자 스스로 독립된 객체로서 우뚝 설수 있으며 독립도 가능하고 이를 위한 자강도 실천할 수 있었다.

모든 인간의 평등에는 두 가지 길이 있다.

(1) 나면서부터 인간은 자유롭고 평등하다는 천부인권설에 의한 평등이다. 이는 조선의 신분제가 혁파되면서 실천에 옮겨지고 있는 현실이다.

(2) 모든 인민은 법 앞에 평등하다.

현실에서 인민은 평등하지만 법의 보호를 받지 못하면 아무 의미가 없었다. 모든 인민은 법 앞에 평등함을 설파하기 위해 《독립신문》 창간호에 충신과 역적의 차이를 설명하고 그 기준을 법률에 두고 있다. 다음날엔 법을 시행하는 관찰사나 원님은 백성[인민] 위에 어느 누구도 존재하지 않음을 확신시키기 위해 '관찰사와 원님은 백성의 종이다.'라고 쓰고 있다.

이를 보면 서재필이 얼마나 만민 평등에 심혈을 기울려는지 알 수 있다. 인민의 평등이야말로 근대 국민 국가 이념의 핵심이며 모든 인민이 각자 홀로서기=평등을 통해 독립과 자강도 이룰 수 있다고 보고 있다.

서재필은 《독립신문》을 창간한지 일주일도 되지 않아 자기 속에 품었던 생각을 논설로 토로하기 시작했다. 신문의 생명은 시대 상황을 떠나서는 존재할 수 없었다.

당시 친러 세력이 아관파천을 단행하여 고종을 러시아 대사관에 모셔 놓고 친러 정부를 구성하여 정무를 보던 시절이었다. 밖에서 본 친러 정부의 정책은 불안하고 위험하기 짝이 없었다. 고종이 러시아 대사관에 볼모로 잡혀있는 상황에서 누가 누구를 위한 정책이 시행되는지 구별되지 않았다.

이에 1896년 4월 11자 논설을 통해 충신과 역적의 차이를 분명히 제시하고 그 기준을 법률에 두었다. 그러나 "법률을 지키는 것이 충신이요 법률을 지키지 않는 것이 역적이라" 정부에서 만든 법률을 군주가 재가하면 상하 귀천 모두가 그 법률에 순종하여야 한다. 정부가 만든 법률이 인민의 생각에 마땅치 아니하면 자기 소견을 신문에 기록하든지 다른 인민에게 연설하는 것은 허락되나 정부를 해하든지 정부가 보낸 관장을 욕하고 죽이는 것은 역적이 하는 일이다.

"충신이 되려면 나라 법률과 명령부터 순종함이 상책이요 충신이 된다고 임금께 아첨하여 임금의 성의를 어둡게 하고 법을 범하는 일을 가만히 행하는 자는 반드시 역적이라 할 만한 사람이니라."

여기서도 그 기본은 상하, 귀천 모두 인민이며 모든 인간은 평등하다. 고로 인민에 충신과 역적의 차이는 법률에 그 기준을 두고 있다.

또한 4월 16일 자 논설에서 서재필은 관찰사는 백성의 종이라고 선언하고 있다. 관찰사와 원님이라고 하는 것은 임금이 백성에게 보내는 사신이요. 법 지키는 백성에게는 종이요 무법한 백성에게는 법관이라.

원님과 관찰사는 법을 지키는 백성의 종으로 그 백성을 위하여 임금이 각 지방에 보내신 즉 그 사람은 다만 임금의 심부름을 할 뿐만 아니라 백성의 심부름도 하라 한 것이며, "첫째는 임금이 그 사람의 상전이요 둘째는 백성들이 그 사람의 상전이라, 한 상전만 잘 섬기고 그 다음 상전을 잘 못 섬기면 잘못 섬긴 상전이 반듯이 죄를 주나니 임금을 잘못 섬기면 임금이 죄를 주실 터이요. 인민을 잘못 섬기면 백성이 죄를 주되 그 형률인즉 정부가 쓰는 형률보다 더 혹독한지라 어찌 삼가지 아니 하리오."라고 쓰고 있다.

다시 말해

(1) 인민[백성]이 법을 지킬 때

관찰사는 종이 되어야 하며 이 같은 행위가 곧 충신이다.

(2) 만약 인민[백성]이 법을 안 지킬 때

관찰사는 법관으로 법률에 의해 인민[백성]을 처벌해야 한다.

(3) 인민[백성]이 법을 지키고 관찰사가 법을 안 지킬 때

관찰사는 법관으로 자의적인 판단을 할 때 역적이 될 수 있다.

(4) 인민[백성]도 법을 지키지 않고 관찰사도 법을 어겼을 때

관찰사가 자의적으로 인민[백성]이 법을 어기자 형벌을 가하지만 결코 충신이 될 수 없다.

관찰사와 인민[백성] 모두에게 생활의 기준을 법률에 두고 있다. 당시 이같은 법의 강조는 행정이 사법과 분리 되지 않는 초보단계에서 이의 분리를 위한 전초전 성격이 있다.

어지러운 시대 상황에서 충신과 역적의 기준 또한 법률에 두고 있다. 이런 대 전제 하에 상하, 귀천 모두 인간은 평등하다. 인간 평등의 기본이 이루어질 수 있는 사회 여건은 법에 의해 보호 받아야 한다고 본다. 그러나 법의 보호는 법률에 의한 보호를 의미하며 여기에 재판관이 존재한다.

조선 왕조 체제에서 재판관은 관찰사나 원님에 의해 이루어졌다.

다시 한 번 서재필은 모든 인민[백성]은 평등하며 관찰사와 원님은 인민[백성]의 종이라고 선언한다.

비록 관찰사와 원님이 재판관이지만 시대의 변화에 따라 인민[백성]은 평등하며 재판관은 인민의 종으로 조금도 우월하지 않다고 선언하고 있다.

이러한 서재필의 의도는 근대 국민 국가 이념을 정착시키면서 제도의 변혁으로 먼저 행정과 사법의 분리를 강조하고 있다. 이후 만민공동회를 통한 의회 설립으로 이어져 근대 국민 국가의 이념과 제도의 정착을 위해 3권 분립의 초기 변화의 모습을 볼 수 있다.

다음 4월 21일에서 만인 평등의 실천 원리로 남녀의 불평등 관계를 불쌍한 조선 여편네를 통해 조선이 유교사상에 젖어 여필종부니, 남녀칠세부동석이니 하며 여성에 대한 비하를 냉정하게 비판하고 있다.

"여편네가 사나이보다 조금도 못한 인생이 아닌데 사나이들이 천대하는 것은 다름 아니라 사나이들이 문명개화가 못되어 이치와 인정은 생각지 않고 다만 자기 팔심만 믿고 압제하는 것이니 어찌 야만과 다름이 있으리오."

"사람이 야만과 다른 것은 정의와 예법과 의리를 알아 행신을 하는 것이다. 정情도 없고 예禮도 없이 참 사랑하는 마음도 없이 천한 사람으로만 대접하고 무리하게 압제하는 풍속과 억지와 위엄으로 행하는 일이 많이 있다. 그렇게 여편네들을 대하니 어찌 불쌍하고 분한 마음이 없으리요."라고 적고 남녀 차별에 대해 강하게 비판하고 남녀 모두 평등함을 강조하였다.

이의 실천을 위해 다음 호에 '여식에게도 교육을 통해'라는 논설을 썼다. 지금까지 100여 년 민중의 투쟁으로 이어온 근대 국민 국가 이념인 남녀 모든 인민은 법 앞에 평등함을 선언하고 이의 구체적인 방법으로 교육의 중요성을 제시하고 있다.

1896년 5월 19일 서재필은 언더우드의 요청으로 배재학당에서 개화교육에 대한 강의를 시작하였다.

주제 발표를 정해 모임을 갖고 매주 토론을 시작했으며 근대사회 활동의 모임을 갖도록 협성회를 조직하였다.

그는 《독립신문》의 논설을 통해 교육적 계몽적인 내용을 수록한다. "목수가 헌집을 고치는 순서는 일시에 모든 구 관습이나 제도를 개혁해서는 안된다." 지난날 갑신정변에 의한 충격적인 방법으로 정변의 문제점을 알고 있었기에 서재필은 목수가 헌집 고치는 순서를 통해 개혁의 방법으로 점진적 개혁을 제시하고 있다. 헌집의 네 기둥을 한꺼번에 자를 것이 아니라 개량적인 방법에 의한 개혁을 주문하고 있다.

그는 용의주도하였다. 이제 40여 일 지나 《독립신문》이 안정된 위치에 정착하고 "신문의 논설"을 통해 "모든 인민의 남녀평등은 교육을 통해 실천하자."는 논지를 써 인민을 설득하고 개혁의 주역으로 자리매김하게 되자 내외 정세를 살핀 다음 서재필은 조선 독립의 상징으로 독립문 건립을 정부 인사와 개혁 인사들에게 제의하였다.

서재필의 독립문 건립 계획은 공적인 일로 당시 정세로 보아 조선의 관료 및 인민 모두가 반대하는 자가 없었다. 그만큼 인민의 열광적 지지를 받으며 갑오개혁 후 개화파 정부에 의해 청국과 대등한 관계로 돌아서자, 그동안 청국사신을 영접하던 모화관 안에 있던 영은문을 헐고 기둥만 남은 자리에 독립문을 건립하여 내외에 조선의 독립을 천명하는 상징으로 세우려 했다.

서재필은 정부 관료 및 인민이 동의하고 나섰지만 더욱 확실하게 하기 위해 국왕의 서명을 요구했다. 고종도 여기에 동의하자 독립문 건립을 위한 모임을 만들기 시작하여 독립협회를 조직하였다.

개화의 중심에 서있던 서재필이 독립협회의 필요성을 제의하자, 그동안 사적인 모임을 가졌던 건양협회 및 정동구락부 그리고 정부 관리들이 참석했다.

《독립신문》 6월 20일 자에는 모화관 자리에 있는 영은문을 헐고 독립문을 세우는 것은 새로운 독립국의 선포와 승전 같은 경사스런 일이었다.

이 비를 보고 인민이 자기 나라의 권리와 명예 그리고 영광과 위엄을 생각할 것이요, 더 튼튼히 길러 후생들이 이것을 잊어버리지 않게 하는 뜻이라고 적고 있다.

1896년 6월 26일경 독립문 건립이 국왕의 승인이 나자 서재필은 더 인디펜션 신문에 독립문 건립 결정에 다음과 같이 기사를 쓰고 있다.

오늘 우리는 국왕이 서대문 밖의 영은문 터에 독립문 건립을 결정한 사실을 경축하는 바이다. 이 문은 다만 중국으로부터 독립을 의미할 뿐만 아니라, 일본, 러시아 그리고 유럽 열강으로부터 독립을 의미하는 것이다. 그것은 조선이 전쟁의 폭력으로 열강에 대항하여 승리할 수 있다는 의미가 아니라 조선의 위치가 평화와 인도주의와 진보를 위해 조선 독립이 필요하며 조선이 동양 열강의 이해가 교차되는 위치에 있다는 의미이다. 전쟁이 조선 주변에서 일어날 수 있을 것이다. 아니 조선 머리 위에 쏟아질지도 모른다. 그러나 힘의 균형 법칙에 의해 조선은 손상 받지 않고 다시 일어날 것이다. 독립문이여 성공하라 그리고 다음 세대들로 하여금 잊지 않게 하라. [더 인디펜던트] 96. 6. 20.

2) 독립협회 창립

1896년 7월 2일 정부 건물을 빌려 독립협회를 창립하고 회칙을 만들어 공포한 다음 임직원을 선출하였다.

회의 목적은 독립문의 건립과 독립공원[독립관] 조성 사업으로 정했다. 임원으로 고문에 서재필, 회장 및 회계장 안경수 위원장, 이완용 위원, 김가진, 김종한, 민상로, 이채연, 이상재 등 8명과 간사원 송헌빈, 남궁억, 심의석, 오세창, 전현필, 박승조 등 10여 명이 선출되었다. 위원은 모든 안건을 다수결로 결정했다. 회원은 남녀, 노소, 누구를 막론하고 독립문 건립에 보조금을 낸 사람으로 하였다.

임원진 대부분의 경력을 보면 고종 집권시절 사절단 및 유학생으로 해외 사정에 밝고 정부 내에서 근무하며 갑오개혁이 있자 대부분 여기에 협조한 인물로 개혁 성향이 강한 인물이었다.

내외적으론 조선 독립의 상징으로 독립문 건립을 위한 친목을 도모하는 단체로 알려졌으나 실제론 《독립신문》이란 언로를 통한 막강한 영향력을 발휘하며 인민을 계몽, 근대 국민 국가 이념을 정착시켰다.

독립협회가 창립된 후 여기에 불만을 품은 유학자 출신 진골 사는 진사 정성우가 정부 대신 박정양, 조병직, 이윤용, 중추원 의관 안경수, 독립문 사장 서재필 등을 황당한 말로 험담하여 상소하였다. 이전에 이런 인언[남의 말 소문]이 있으면 재판할 생각이 없고 '처의한다' 하고 사직상소를 한다든지 그렇지 않으면 상소한 사람을 재판 없이 몰아 정배를 보낸다든지 죽인다든지 할 터인데, 이번에는 이 상소를 법률로 공평히 재판한 뒤, 증거 있어 분명하면 비록 높은 관헌이라도 법률을 쫓아 형벌을 입을 터이요.

다만 옛 풍속만으로 경계 없이 그저 얽어 상소하였을 것 같으면 죄를 입을 터이라 이렇게 일을 조치한 후에 누가 죄를 입든지 그 사람이 어찌 한탄하리오.

우리 생각에는 이번에 이 재판을 하는 것을 보니 대 조선 오백년 사기史記에 제일가는 경사라.

《독립신문》 창간 초에 강조한 법 앞에 만인은 평등하다는 선언은 실제 정성우 사건을 통해 인민에게 법 앞에 모든 인민의 평등과 또한 조선 오백년 사에 근대 국민 국가 이념이 무엇인지를 실제 고등재판소를 통해 인민에게 보여주고 있다.

한편 러시아 공사관에서 정무를 보던 고종으로선 아관파천을 통해 일본의 압력에선 벗어났지만 또 다른 러시아의 위협과 협박 속에서 정무를 보며 조선 인민 중에 애군하는 인물을 볼 수 없던 중 독립협회의 창립으로 조선의 독립을 외치자 마음속으로 기쁨을 감추지 못했다. 그러나 정성우의 상소로 독립협회에 대한 시비가 일자 7월 20일경 왕실은 왕태자 명의로 거금 1,000원을 하사하게 된다. 이를 계기로 정부각료 및 개화에 뜻을 품은 학생, 교사, 그리고 일반인 등이 동참하게 되었다. 이에 독립협회는 인민의 성금이 답지하자 9월에 들어 서재필과 독립문 건립을 위해 독립협회와 계약을 체결하였다. 동시에 매주 토요일 오후 2시에 정기회의를 개최하고 독립문과 독립공원의 건설 등을 논의하기 시작했다.

서재필은 정성우의 사건을 생각하며 8월 들어 논설을 통해 수백 년 왕조 체제 아래서 굴절된 삶 즉 "밤낮 남에게 빈정거림을 받고 업신여김을 받으면서 약하고 가난하고 무식하고 어리석고 병신구실을 하면서도 그것을 즐겁게 여기고 있다." 또한 "남이 업신여겨도 분히 여기는 생각도 없고 남이 욕을 하여도, 야만으로 대접하여도 그것을 극락으로 알더라." 하고 살며 권력에 비굴해지고 벼슬만 조금하면 남 역시 업신여기는 풍속을 고쳐 권력의 유무 간에 공평하고 정직한 도리만 가지고 빈부, 귀천이 서로 교제하게 만들어야 한다고 역설하였다.

독립된 개체로서 모든 인민이 평등한 가운데 홀로서기를 강조하며 과감하게 지난날의 풍속과 법률 등 제도의 변혁을 통한 문명개화를 강조하고 있다.

11월 24일 법과 행정의 분리와 법의 중요성을 강조하며 근대 국민 국가 이념의 정책과 제도의 개선에 노력하는 동안 독립문에 주춧돌을 놓는 기공식이 1896년 11월 21일 오후 2시 회원 및 정부관료, 학생, 시민 등 5,000명 이상이 참석한 가운데 성대히 거행되었다.

서재필은 연설을 통해 나라가 독립하려면 사람이 홀로 서는 것과 같이 다리가 튼튼해야 하며 '다리는 곧 백성이요 머리는 정부라' 서로 도와야 그 몸이 튼튼한 것 같이 정부와 백성이 서로 위해 주어야 나라가 튼튼해지고 독립이 될 터이다.

독립문 또한 독립문이 혼자 섰으나 그 문지기는 돌덩이가 여러 백 개 들어 있다. 서로 회와 모래를 합해야 서로 튼튼히 부쳐 무게를 서로 받치고 돌덩이마다 크고 잘고 다 힘을 써서 제 직분을 해야 한다. 그 문이 여러 천년되어도 무너지지 않고 혼자 섰다. 대소 인민이 사람마다 제 직분을 다해야나라가 영구히 독립이 되어 유지될 수 있다고 쓰고 있다.

《독립신문》은 96년 한 해를 보내며 12월 8일 논설을 통해 지금까지 인민들이 재산을 모으지 못하는 이유로

(1) 권력 있는 자에 빼앗기고

(2) 친척 있는 자에 빼앗기고

(3) 집사람이라고 무던히 놀고먹는다.

이렇듯 세상에 놀고먹는 사람이 많음을 비판하면서 제 힘, 재주, 밑천으로 홀로서기를 할 때 자주 독립 또한 이루어질 수 있음을 역설하고 인민을계몽 교육해 왔음을 적고 있다.

12월 31일 자 논설에서

처음으로 조선 사람이 사사로운 협의와 편당을 잊어버리고 독립협회를 시작할 때는 불과 5-6인으로 시작하였으나 지금은 회원이 근 2,000명이요. 회의 목적인즉조선인민을 유조한 학문으로 교육시키고 자주 독립하자는 게 본의라 하고 있다. 독립문을 세우게 되고 월보를 시작하야 인민이 읽고 배울 말을 만들어 주니 어찌 나라에 유조한 일이 아니리요.

독립문 주춧돌 놓는 날 예식을 시행하여 세계 각국 사람들을 다 청하야 조선 관원들이 학문있게 연설하야 조선 사람들도 조선 독립을 위하여 축사를 말하게 하였으니 어찌 나라의 영광이 빛나지 안 하리요.

라고 적고 있다.

1896년 12월 31일 서재필은 고국에 돌아온 지 1년이 지나면서 《독립신문》을 통해 일 년간의 활동을 나라의 독립과 인민의 자유권에 두었음을 내외에 선언하고 있다.

1897년 1월 12일 자 논설에선 이익에 대해 장사를 해서 남는 것만 이익이 아니라 목숨과 재산을 보호하고 높은 명예를 얻는다든지 의리에 올라타든지 나라 명예와 영광에 생각이 있다든지 남을 도와주어 하나님께 옳게 보이는 것이 모두 이익이라고 설명하고 있다.

밖으로 국가는 국가대로 홀로 설 때 독립을 쟁취할 수 있으며 안으로 인민 또한 남녀, 노소, 상하, 빈부, 귀천할 것 없이 평등할 때 홀로서기는 가능하며 자유 또한 누릴 수 있다. 또한 각자 재능을 갖고 홀로 설 때 자강도 가능하다고 설파하고 있다.

1월 19일 자 논설에선 일 년 동안 자신의 활동을 통해 조선학도들이 개명의 조짐을 보이자 나라의 중흥을 기원하는 논설을 적고 있다.

조선 인민이 독립이란 것이 무엇인지 모르더니 근일에 각 학교 학도들이 비로소 독립의 뜻을 알고 독립된 것을 경축하더라.

십여 년 이렇게 되기를 바라 세계에 흉악한 고생을 다 해보고 다시 고국에 돌아온 사람의 눈에서 눈물이 나옴을 금할 수 없더라. 라고 적고 있는 것을 보면 그의 진심을 읽을 수 있다.

그는 또한 하나님께 조선 인민의 목숨과 평등, 자유권과 조선 정부의 지체와 명예, 영광과 위엄이 내외에 빛나고 튼튼하게 보존하기를 죽는 날까지 빌 터이다. 서재필이 고국에 돌아온 진심과 나라 사랑하는 마음을 적고 있다.

독립협회가 창립된 후 1896년 12월 독립협회보[12월 17일 《독립신문》 광고를 발간하면서 회장 안경수는 협회보 취지문에서,

(1) 근대민족정신을 뛰어넘는 독립정신 계발을 촉구하고 있다.

(2) 자주 독립은 조선에서 강대국들의 이권利權 개입을 막을 수 있다.

(3) 자강을 위해 근대 각 분야 별로 정치, 경제, 사회 ,농학, 의학, 수학, 지리학 등으로 인민의 재능에 따른 계발을 강조하고 있다.

서재필이 고국에 돌아온 후《독립신문》발행은 그 자체가 근대로의 '인민 계몽'과 '풍속 교정'에 있었다.《독립신문》발행은 인민을 계몽시키는데 가장 큰 효과를 가져왔다. 신문에 인권에 대한 글을 쓰고 인민이 신문의 기사를 읽고 주위 사람들에게 말할 수 있고 행동으로 옮길 수 있다면, 그것이 바로 근대로의 인민 계몽이며, 이의 반복적인 행동을 통해 근대민족정신으로 승화되고 있음을 볼 수 있다.

그 주된 내용은 모든 인민의 평등과 자유 그리고 홀로서기 즉 자강에 있었다.

서재필은 6월 20일 자 논지를 통해 독립문 건립이 새로운 독립국의 선포와 승전 같다고 하였다. 또한 인민이 독립문을 보면 자기 나라의 권리[주권]와 영광을 생각할 것이다. 라고 쓰고 있다.

6월 26일 자에서는 조선의 평화와 인도주의 및 진보를 위해서도 조선의 독립은 필요하다고 하였다. 이는 무엇을 의미하는가?

서재필의 독립문 건립은 조선의 독립을 의미하는 것이 아니라 근대국가 건설을 위한 독립문의 의미를 갖고 있다고 볼 수 있다.

그가《독립신문》을 통해 근대국가 이념을 계몽하고 있는 상황에서 다시 왕조 체제로 되돌릴 수는 없었다. 그의 가슴속에는 왕조 체제를 떠난 근대국가 건설의 선포였으며 그 상징으로 생각하였기에 새로운 독립국의 선포와 승전 같다고 표현하고 있다.

또한 인민이 독립문을 보면 자기 나라의 권리[주권]와 영광을 생각할 것이다. 라는 글이 이를 증명하고 있다. 이를 위해《독립신문》과 협회는 민족의 독립 즉 홀로서기를 기회 있을 때마다 강조하였다.

독립정신의 계발에 있어 독립은 민족, 영토, 주권 등 3대 요소가 갖추어져 있을 때 어원으로, 앞에서의 서재필의 논지를 보더라도 이미 어떤 형태든 근대민족정신이 형성되어 있음을 의미하고 있다.

그럼 왜 독립정신 계발을 촉구하고 있는 것일까?

당시 국내 정세는 열강의 각축 속에서 러, 일이 세력 균형을 이루는 가운데 독립협회의 주도로 움직이고 있었다.

그러나 동학민중혁명, 청일전쟁, 갑오개혁, 을미사변 등 1-2년 전을 생각할 때 국내 정세가 언제 어떻게 돌변할지 모를 급박한 가운데 평온이었다.

이때 독립협회의 독립정신 계발은 조선 민족이 신, 구사상을 가진 두 민족이 아닌 하나 된 민족임을 나타내고 있다고 볼 수 있다. 이는 조선의 선비정신과 근대민족정신을 아우르는 자주적 독립정신을 의미하였다. 또한 통합된 자주적 민족정신은 근대 문명의 사상인 인권의 보장과 각 개인의 홀로서기 즉 자강을 통한 자주적 독립을 목표로 하고 있다.

이는 독립정신이 언제든 근대민족정신과 결부될 수 있다는 것이다.

또한 《독립신문》과 협회는 근대 문명의 이념과 제도를 도입하면서 민중에게 자긍심과 자존감을 심어 주었다. 즉 만민공동회를 통해 할 수 있다는 가능성을 보여주고 있다.

그러나 이때나 지금이나 근대에서 현대로 이어지는 민족정신은 형성되었지만 그 표현이 요원한 가운데 이제 그 정신을 제시하고 있다.

3. 근대국가제도의 정착화
[1897년 2월 21일-1898년 2월 20일까지]
[정부와 사법의 분리 · 정착화]

이 시기는 고종이 러시아 공관에서 나와 경운궁으로 옮겨 실질적인 정무를 조선 영토 안에서 보기 시작하자 《독립신문》의 논조가 바뀌고 있다.

지금까지 계몽과 교육을 통한 홀로서기에서 재판과 법률을 강조하며 인권이 바로 설 수 있는 것은 정부의 공정한 법률 집행에 있다고 하며 민권을 강조하고, 이를 시기 별로 나눈 것은 《독립신문》의 언로가 독립협회가 조직되면서 실제 행위로써의 변화를 의미하였다.

근대국가 이념이 행정과 재판으로 분리 후 제도의 정착을 유도하며, 민중의 가슴속에 국가의 주권이 민중에 있음을 알리고 독립협회를 통해 정부에 강력히 요구하고 있었다. 이념의 정착은 한 단계 발전하면서 독립, 인권, 자강에서 자주, 민권, 자강으로 근대 국민 국가의 이념과 제도의 정착을 의미하였다.

고종 또한 조선의 정체가 거의 소멸된 상태에서 정무를 다시 보게 되자 국가 법률정비가 필요했다. 1897년 3월 수구파와 개혁파가 대화를 통해 구법과 개혁입법의 절충을 시도하면서 교전소 설치에 합의한다.

총재대원; 의정부 의정 김병시, 조병세, 정범조로 하고 부총재 대원; 박정양, 윤용선, 이완용과 실무위원; 김가진, 권재형, 윤치호, 이상대 등과 외국인 고문으로 이서득, 구례, 서재필 등을 선임하였다.

교전소 1차 회의가 4월 12일 열리자 서재필은 박정양을 의장에 선출하고 참서관엔 자신이 임명되었다.

이때 서재필은 독립협회원들을 대폭 참여시켜 제도와 법률의 전반적 개혁과 군주권 제한 및 민권신장의 개혁을 시도하였다. 전문16조와 부칙5조로 의사 규칙을 제정하였으나 이에 수구파가 불복하고 회의에 참석치 않자 2, 3차 회의가 유명무실하여졌다.

고종은 자신이 원하던 대로 되자, 즉시 내각을 의정부로 교체한 후 군주정을 선포하였다.

교전소의 설치에 즈음하여 3월 18일 논설을 통해 나라에 법률과 규칙 등 장정을 만드는데 인민의 자유와 평등을 주장하고 참여를 호소하고 있다. 4

월 27일엔 한성재판소가 법률을 가지고 백성의 시비를 재판하지 않고 있음을 보고 초기 재판소의 역할에 있어 법률 적용의 문제점을 비판하고 있다.

5월 1일에는 《독립신문》을 통해 가장 명쾌하게 주권이 인민에게 있고 인민이 나라의 주인임을 설파하였다.

6월 10일에는 법률로 민권을 보호하면서 모든 인간은 평등하여 빈부, 귀천에 상관없이 자유권을 소유한다. 또한 자기 직분을 수행하는데 누구에게도 천대받을 권리는 없다. 라고 적고 있다.

6월 15일엔 고등 재판소의 문제점을 지적하고 있다.

나라에 법률이 없다면 인민이 어찌 재산을 보전할 수 있겠는가.

고등 재판소는 전국 법률을 맡아 명백히 가리는 곳이다.

청탁을 통해 재판이 공평하지 않다면 백성이 그 나라 안에서 다시 무엇을 믿을 것이요. 나라가 진보해 갈 도리가 있겠는가. 하고 반문하며 법률에 의한 재판을 촉구하고 있다. 이는 근대국가로 가는 과정에서 재판소 역할의 중요성을 의미함이다. 당시 억울한 재판이 수도 없이 많았음을 지적하였다.

9월 18일 조선의 독립이 남의 힘에 의해 이루어져 있음을 정확하게 인식하고 10월 9일에는 인민의 주권 의식, 19일, 26일에는 자주 독립국이 되기 위해 인민의 권리를 강조하고 있다.

12월 11일에는 나라의 지탱은 법률에 있으며, 법치주의는 인민의 기본권과 법 앞에 만민이 평등하다는 원칙을 제시하였다.

위의 예에서 보듯 《독립신문》이 독립협회 창립을 위한 근대 이념의 정착에 있었다면 창립 후에는 기관지 역할의 임무였다.

독립협회는 이 시기 근대 이념과 제도의 정착을 위해 국민의 주권 사상과 민권 신장에 힘쓰고 있음을 볼 수 있다.

한편 교전소의 설치가 고종에 의해 물거품이 되자, 독립협회는 1897년 5월 모화관을 개, 보수하여 독립관으로 정하고 매주 1일 모임을 갖도록 규정하였다. 그러나 이런 모임은 친목 단체와 별로 차이가 없었다. 협회의 움직임이 정체되자 서재필은 《독립신문》을 통해 이념과 제도의 정착화에 들어갔다.

이때 마침 배재학당에서 1년간 수업이 끝나고 졸업기념 토론회가 열렸다. 서구 사회의 의회 토론과 같은 민주질서에 의한 토론 방식을 도입하여 1년간 서재필에 의해 지도받았다.

교내외 민중을 위해 주제를 놓고 찬, 반이 나뉘어 준비된 토론을 시작하자 그들의 질서정연한 토론과 열띤 찬반 공방은 이 자리에 참석한 당시 국내외 인사들의 놀라움과 시대 변화에 대한 경종을 울렸다. 이 같은 토론 방식을 독립협회에 도입하면서 독립협회가 사회 주체로써 그 역할을 다 하게 되었다.

또한 협회의 활성화를 위해 윤치호와 협의하고 매주 일요일 오후 3시 독립관에서 사회에 필요한 주제를 놓고 찬, 반 두 명씩 선출, 일주일 동안 연구한 후 주제 발표와 토론을 통해 대안을 제시하게 했다.

1년간 배제학당에서 가르친 보람이 있어 협회에서의 토론회는 질서정연하고 누구나 서로 거리낌 없이 자신의 생각과 의견을 제시하며 지금까지 상명하달 방식에서 벗어나 자유롭고 모든 민중이 평등한 가운데 자신의 의사를 개진하였다.

동년 8월 독립관에서 대중 토론회가 일주일에 한번 매주 다른 주제를 놓고 쌍방이 찬, 반으로 나뉘어 열띤 토론을 하였다. 주제에 대한 구체적인 방향까지 제시하며 당시 사회의 이목을 집중시켰다.

협회 8월 29일 첫 주제는 "조선의 급선무는 교육이다."를 시작으로 34회의에 걸쳐 진행되었다.

근대 문명에 필요한 주제들로 민권, 독립, 주위 환경과 자립 등을 열거하여 근대 국민 국가 이념과 제도의 정착을 위해 큰 기여를 할 수 있었다.

토론회는 회가 갈수록 회원 및 방청인 수가 독립관을 메우고 열띤 토론을 전개하였다.

예전에는 듣지도 보지도 못한 주제를 갖고 토론을 통한 결과를 수용하여야 했다. 이는 조선 민중의 한사람으로 조선의 법률과 종교, 관습 및 제 문제를 토론을 통해 민중의 한 사람 한 사람에게

(1) 주체성과

(2) 민족의 자긍심

(3) 할 수 있다는 의지

(4) 근대 문명 세계의 이념과 제도를 습득할 수 있었으며

(5) 자유롭고 평등한 가운데 토론을 통해 현재의 조선이 처한 현실을 이해할 수 있었다.

토론회가 진전되면서 정치, 경제, 사회, 문화 등 모든 분야에 논제들을 고루 다룬 토론회의 결과와 함께 서재필의 연설은 신지식을 갈망하던 청중들에게는 단비와 같았다. 결과적으로,

(1) 그의 근대 사상에 입각한 연설은 조선 민중들에게 정치의 중요성을 인식하게 되고 정부의 행사에 관심을 갖기 시작했다.

(2) 민중의 국가에 대한 의식 변화는 황제와 고루한 관료 및 외국 사신을 놀라게 하였다고 적고 있다.

(3) 독립협회의 적극적인 사회활동은 정치색을 띠면서 국가 운영의 주체인 황제와 관료들을 비판하고 있다.

이런 문제는 현실로 이어졌다. 매주 일요일 토론회의 결과에 상관없이, 토론회가 끝난 뒤 서재필은 약간의 시간을 이용하여 현실에 대한 냉정한 비판을 하기 시작했다. 당시 청중들은 이를 듣길 원했다. 토론회장에 청중들이 구름같이 모여 그의 현실 비판을 듣고 모두가 공감할 정도로 우상화되었다.

1897년 한 해는 서재필의 열성과 노력으로 조선의 학생과 지식인들이 놀

라울 정도로 근대 사상에 접근해 있는 모습을 볼 수 있었다. 이를 보고 서재필은 새로운 결심을 하게 된다.

(1) 고종의 아관파천 후 러시아 대사관에서 김홍륙, 이용익, 조병식 등이 제정 러시아 및 유럽 여러 나라와 결탁, 국가의 이권과 인민수탈 및 국정문란을 신랄히 비판하였다.

(2) 1897년 가을 러시아 공사 스페에르가 부임하면서 국내 사정이 달라지기 시작했다. 스페에르는 고종을 협박하여 러시아에 우호적인 조병식과 민종목을 법무 및 외무대신에 임명하게 하고 대한제국의 병권과 재정을 장악하기 위해 러시아 고문 알렉세에프를 재정고문에 임명하고자 했다.

독립협회가 이를 적극 반대하자, 러시아와 고종은 독립협회와 대립하게 되었다. 스페에르는 독립협회 고문 서재필을 공격하게 되고, 1897년 12월 13일 외무대신 조병식은 서재필을 중추원고문에서 해촉시킨 후 미국 공사 알렌에게 서재필의 본국 송환을 요청했다.

한편 러시아의 적극적인 한반도 개입 정책이 있자, 미국, 영국, 일본 등은 덩달아 대한국에 간섭하며 이권을 챙기려 했다.

이들의 공통된 견해는 서재필과 독립협회가 존재하는 한 그들의 이익이 실현될 수 없다는 사실이었다.

한편 서재필은 이들 국가정책을 신랄히 공격하고 자주독립과 민권, 그리고 자강의 필요성을 강조하였다.

이에 서재필에 대한 국제적인 추방운동이 벌어졌다.

(1) 조선의 국왕과 수구파들은 1897년 8월부터 미국 공사에 《독립신문》의 폐간을 요청하고

(2) 러시아 또한 《독립신문》, 독립협회와 서재필이 있는 한 자신들의 남하정책이 조선 민중의 저항을 받을 것이기 때문이었다.

(3) 일본 또한 조선의 침략이 서재필에 의해 방해물이 되었다.

(4) 미국 역시 자국의 이익에 배치된다 하여 미국 공사 알렌은 서재필의 추방에 적극 동조하였다. 미국인들 일부는 그를 돈키호테에 비유하기도 했다. 그러나 그는 위와 같은 국제적 음모에 관계없이 독립협회를 통한 근대국가 이념과 제도를 정착시키려 하였다.

1897년 당시 독립협회 내의 운영과정을 보면 협회 내부에 국정을 비판하는 강경파와 온건파로 나뉘면서 현 관료출신으로 온건파인 이완용 외무대신, 이채연 한성부윤 등이 탈퇴하였다.

관료들이 협회에서 탈퇴 후 민간 출신의 혈기왕성한 개혁파에 의해 주도되면서 근대국가 이념과 제도를 더욱 구체화시켰다.

서재필은 자신을 축출하려는 세력이 국제적으로 움직이며 자신을 압박하여 오자, 서재필은 생각했다. 내가 다시 고국에 돌아온 지 2년이 넘었다.

조국의 인민들이 개화의 미몽에서 헤맬 때 《독립신문》과 독립협회를 통한 계몽과 교육의 효과는 2년이라는 기간을 넘어 놀라울 정도였다. 근대국가 이념과 제도의 정착을 위해 그동안 알게 모르게 얼마나 고뇌하였던가.

내가 떠나도 내가 심은 이 나라 인민에 대한 홀로서기 즉 근대국가 이념과 제도의 기본이 되는 독립, 민권, 자립 등 이젠 민족 스스로가 찾을 수 있다고 판단했다. 단 한 가지 남은 것이 있다면 의회 설립 안이었다.

근대국가 핵심은 국가의 주권이 인민에 있고 3권 분립의 제도가 실현되는 것이었다.

그러나 현실은 강대국들의 이권 침략이 구체화되며 몇 년 전과 같이 인민이 나락으로 떨어질지 모르는 상황이었다.

이젠 민중이 일어설 때다.

4. 독립협회의 의회 설립운동

1898년 2월 7일 서재필은 윤치호와 대담을 통해 독립협회가 이젠 계몽적 역할에서 벗어나 정치단체로써 민중의 구심점이 되어야 한다고 역설하였다.

국가의 주권이 위협받고 강대국들의 침탈이 날로 극성을 부리는 비상 시기였다. 독립협회와 별도로 민중을 조직하여 눈앞에 위협적으로 다가오는 외세를 막기 위해 친러 정권에 대한 민중세력의 성토가 필요했다.

1898년 2월 27일 독립협회 임원 임기가 만료됨을 계기로 새 임원을 선출함과 동시에 회원들에게 국가의 위급함을 알리고 고종에게 상소하였다.

서재필은 윤치호에게 독립협회를 주축으로 민중의 결집을 요구하는 한편 그 외 협회 임원인 정교에게도 민중의 결집을 지시하고 있었다.

1898년 3월 6일 협회는 토론의 주제가 대한국 토지를 외세에 넘길 수 없다는 것이었다. 이는 제정 러시아의 부산 절영도 조차에 반대한다는 뜻을 분명히 했다.

다음날 특별위원회에서는 한, 러 은행 철수 및 일본의 석탄고 철거와 친러파의 조병식과 민종묵을 규탄했다.

서재필은 우리의 다짐이 굳건해야, 적의 어떤 회유에도 흔들림 없어야 한다고 강조하고 체포와 투옥에 맞서 용기를 갖기를 바란다는 연설을 하였다.

그러나 실제 행동 통일의 어려움과 국왕 아래 3권 분립 형태에 의한 입헌군주제의 채택도 무방함을 역설하고 이의 실현을 위해 인민의 민권과 자립나아가 독립된 국가를 역설하였다. 이때 회의에 참가한 회원 및 방청객 160여 명은 죽음을 각오하고 협회와 나라를 지키겠다고 서명하였다.

독립협회의 정치단체로의 진입은 정부정책에 맞선 필연적 변화였다. 독립협회의 또한 그들의 정치적 결사체로써 활동은 협회와 별도로 1898년 3월 10일 종로 백목전 앞에서 민중에 의한 만민공동회가 열리게 되며 회장에 시장 상인 현덕호가 선출됐다.

독립협회 간부들에 의해 주도된 만민공동회는 약 1만 명에 달하는 민중의 참여로 대단한 열기와 함께 정부정책에 대한 비판으로 일관하며 그 시정을 촉구하기에 이르렀다.

국가 주권 수호를 위해 제정 러시아의 군사와 재정고문을 즉각 철수 할 것을 결의하고 외무대신에 해당 내용을 통고하게 하였다.

그러나 위와 같은 민중의 참여는 이틀 뒤 3월 12일 독립협회와 무관하게 민중 스스로 수만 명이 종로에 모여 만민공동회를 열고 또다시 제정 러시아를 성토했다. 이에 고종과 수구파 원로대신들은 뜻밖의 민중의 열기에 놀라움을 금치 못하고, 민중의 뜻을 러시아 정부에 전달하였다. 결국 제정 러시아는 대한제국에 대한 내정간섭을 포기하고 그 책임자로 러시아 공사 스페에르를 해임하였다. 일본 역시 민중의 열기에 눌려 석탄창고를 대한제국에 반납했다. 이로써 강대국들의 대한제국에 대한 침략적 이권개입이 일시 중단되는 효과를 가져왔지만 열국의 서재필에 대한 대한제국에서의 축출작업은 더욱 심해졌다.

1898년 5월 14일 서재필은 대한제국을 떠난다.

서재필이 고국에 돌아와 활약한 시기는 약 2년 5개월가량 되었다. 그는 조선 민중을 위해 혁명을 원했고 실패하자 모든 것을 다 잃었다. 10년 후 혜성같이 나타나 고국에 다시 돌아온 그는 용의주도하게 자신의 계획을 실천했다.

세상물정 모르던 조국 민중에게 국제 사회의 현실을 알리고 할 수 있다는 희망을 심어 주었다. 모든 인간은 태어나면서 평등하고 자유롭고 각자 홀로 서기 위한 자립과 독립을 갈망했다.

100여 년 전 천주교의 도입을 통해 천주님 아래 모든 인간은 평등하다는 의식이 100여 년이 지난 지금 현실적으로 얼마나 의식의 변혁을 가져왔을까. 노력하지 않는 한, 그리고 추구하고 투쟁하지 않으면 스스로 아무것도 얻을 수 없다는 사실이다.

100여 년 만에 서재필의 등장으로 이 나라 근대사의 주체성을 확인할 수 있었다. 또한 이 시기를 한민족과 대한민국을 이어주는 징검다리로써 귀중한 역사적 공간을 만들면서 그의 위대성이 증명되고 있다.

한편 대한제국의 고종은 이로 인한 외세의 간섭을 물리치자 한 뼘의 운신의 폭이 넓어졌다. 또 한 가지는 눈에 가시 같던 서재필이 고국을 떠난 것이다. 마음의 여유가 생겼다. 그러나 역사는 고종이 서구 열강과 어울려 서재필의 축출이 어리석었음을 몇 년 후 증명하고 있다.

윤치호는 《독립신문》 인수 후 소감에서 "《독립신문》; 국문판을 통한 서재필 사업, 아무리 높이 평가해도 과하지 않다."고 말하였다.

그는 억압받는 조선인들에게 모든 인간은 태어날 때부터 평등하다는 사실, 그것은 천부의 것이며 인류 보편적인 기본권이기 때문에 진리라는 사실을 가르쳐 주었다.

그는 조선 인민들에게 국왕과 양반을 위해 말이나 소같이 짐을 지거나 부림을 당하는 동물이 되어서는 안 된다고 강조하였다. 불가 양 권리와 번영은 우연히 길에서 줍는 것이 아니라 오랜 노력과 탐구 그리고 투쟁을 통하여 획득된다는 사실을 가르쳐주고 있다. 또한 그들이 만일 이러한 권리와 번영을 향유하기를 원한다면 그들은 이를 위해 땀을 흘려야 하며 아니 투쟁하고 싸워야 한다는 사실을 가르쳐 주었다. [더 인디펜던트] 1895년 5월 19일 자

1898년 7월 3일 독립협회는 정부에 의회 설립문제를 정식 제기하고 상소하였다.

입헌군주제 아래 의회설립을 요구하였다. 상소 후 중추원 의관에 윤치호, 윤하영, 이건호, 정교 등이 임명되었다. 1898년 10월 12일 의정부 참정 박정양 의정서리[내각총리] 군부대신에 민영환이 임명되었다. 이들은 독립협회에 동조적인 인물로 10월 15일 정부와 독립협회가 국정문제에 대해 협상

을 시작, 독립협회는 총대로써 남궁억, 안경수, 홍정후, 유맹, 박언진 등 5명을 선출하고 정부와 협상에서 1) 중추원 개편 2) 잡세 폐지 등 두 개 안을 제출하였다. 그러나 고종의 우유부단으로 정부정책이 갈지자를 걸으며 비실대다 다시 원점으로 돌아갔다. 이에 독립협회는 중추원 개조뿐 아니라 국정 전반에 관한 개혁을 만민공동회를 통해 해결하려 했다.

10월 28일 독립협회는 종로에 천막을 치고 한편 군중을 모으며 협회 대표를 정부 측에 보내 관민공동회 개최를 요구했다. 10월 29일 오후 2시 관민공동회가 어렵게 개최되었다. 정부 측에선 의정부 참정 박정양을 비롯해 현직 각 대신과 고관들이 참석하고 민간 측에선 각 협회, 각 학교, 학생 및 민의에 관심을 갖은 각계각층의 다양한 민중들이 10,000여 명 모였다.

관민공동회 의장에 회장 윤치호를 비롯 대표들과 정부 측 박정양을 비롯한 대신들이 마주앉아 의견을 교환하며 관민공동회 건의사항을 경청한 후 헌의6조로 정리하여 정부 측 요인들의 찬성 서명을 받았다.

국정에 관한 헌의6조의 내용은

(1) 외국인에 의존하지 말고 관민이 동심협력하여 전제 황권을 공고히 한다.

(2) 광산, 철도, 석탄, 산림 및 외국의 차관 및 조약 체결 등은 정부의 각 대신과 중추원 의장이 공동 협의하여 서명 날인하지 않으면 효력이 없다.

(3) 국가 재정과 조세는 탁지본에서 일괄 관리하고 예산과 결산을 인민에게 공개할 것

(4) 금후 중대 범죄는 공판을 통해 피고가 승복한 후 시행할 것

(5) 칙임관은 황제폐하가 정부와 상의한 후 과반수의 찬성 후 임명할 것

(6) 장정 "중추원 개조에 의한 의회 설립 안"을 실천할 것 등이었다.

이에 정부의 관리와 독립협회대표 사이에 협의가 이루어져 헌의6조를 발의케 하였다.

고종은 정부와 만민공동회에서 채택한 헌의6조를 재가한 후 조직 5조를 반포하며 관민공동회에 대한 결정을 수용하였다. 그 가운데 헌의6조의 6항을 실현을 위해 독립협회에 중추원을 개조하여 관선 및 민선의원 25명을 독립협회에서 선출할 것을 통보하였다.

이에 중추원이 실제 의회의 기능을 갖고 그의 권한을 활용하여 의회로써의 역할을 할 수 있게 되었다. 그러나 11월 4일 중추원 관제가 반포되는 날을 맞아 수구파의 조병식, 민종목 등은 지금까지 황제와 자신들의 권한을 제약할 수 있는 자체가 못마땅하자 고종에게 무고하였다.

독립협회가 중추원을 통해 대통령: 박정양, 부통령: 윤치호 내무대신: 이상재를 선출하고 국체를 공화정으로 바꾸려 한다고 무고하자 마침 중추원 개설이 탐탁하지 않았다. 귀가 얇았던 고종은 위와 같은 무고는 고종에겐 절호의 기회였다.

즉시 만민공동회를 불법집회로 간주하고 독립협회를 해산시켰다. 그런 후 이상재, 정교 등 17명을 체포 구금하였다.

한편 고종은 박정양 내각을 파면하고 수구파 내각을 세워 친정체제를 강화하였다. 이에 윤치호는 도피 중 만민공동회를 이용 서울시내 학생들과 인민을 동원하여 만민공동회를 개최하고 독립협회 회원 17명의 석방을 요구하였다.

만민공동회의 강경투쟁은 결국 구속자 전원 석방과 동시 수구파 정권을 해임시켰다.

만민공동회의 강력한 투쟁이 정부에 노골적인 위협이 되자 고종도 황국협회의 조직을 이용, 만민공동회의 투쟁을 방해하고 위협하며 국내에 주둔하고 있는 미, 영, 러, 일 공사에게 만민공동회에 대한 질의를 하였다. 이들이 탄압에 동조하자 힘을 얻은 고종은 황국협회를 동원하여 해산시키려 하였다.

또한 고종은 중추원 관제 실시 명분 아래 의관 50명 중 독립협회와 만민공동회에 17명을 임명하여 정부 기관에 제출할 것을 요구하였다.

이에 협회는 12월 초 만민공동회를 개최 12월 16일 중추원 회의에서 추천인물 투표결과 박정양, 윤치호, 서재필, 박영효 등 11명을 선출하여 천거하였다.

여기서 박영효의 사면과 소환은 그에 대한 경계심을 갖던 주한 외교사절 및 정부 그리고 민심에 영향을 주면서 12월 23일 고종은 박영효 소환운동을 빌미로 군사와 보부상을 동원 만민공동회를 강제 해산시키고 협회와 만민공동회 지도자를 체포하게 된다.

정부는 12월 25일 만민공동회 불법화와 독립협회 해산을 단행하면서 근대 국민 국가 수립을 위한 개혁운동은 중단되었다.

5. 근대이념 승화시켜-민족정신으로

1) 서재필은 무엇을 남겼나

조선왕조의 기득권층이 변하지 않는 가운데 독립협회 활동은 민중이 역사의 주체로서 할 수 있는 최선의 방법이었다. 서재필의 귀국은

(1) 그가 조국에 돌아와 재야에 머물며 《독립신문》을 창간하고 독립문을 설립하기 위해 독립협회를 조직했을 때 정파를 초월하여 어느 누구도 그의 의견에 반대하지 않았다.

(2) 권력을 일절 탐내지 않고 머물 생각도 없다는 것이 확인되고 독립을 위한 그의 행동에 모두 그를 따랐다.

(3) 그는 《독립신문》을 창간하며 왕조시대에 있었던 신분상 양반, 쌍놈 등 일체의 언어가 사라지고 조선의 모든 민중을 '인민'으로 호칭하며 한 민족으로 단결시켰다.

(4) 신문의 논조는 서구의 천부인권설에 의해 인간의 자유와 평등을 기본 권으로 하여 근대 국민 국가 사상을 확립시켰다.

(5) 주권재민 사상을 보급시켰다.

참으로 절묘한 역사적 만남이었다. 100여 년에 걸쳐 민중의 힘으로 일구 어낸 신분제 혁파와 독립협회의 인권의 만남을 의미했다.

서재필이 주장한 독립문, 《독립신문》, 독립협회 등 독립에 대한 의미는 독립이라는 단어와 독립문이라는 상징성을 통해 그의 사상이 배어 있음을 알 수 있었다.

독립이란 단어는 상대적인 존재 아래 홀로서기로

(1) 지금까지 청국에 치우친 사대 자세에서 벗어남은 물론 일본과 러시아 및 서구제국과의 관계에서의 독립을 의미하고 있다.

(2) 조선의 엄격한 신분제 사회에서 100여 년 끈질긴 투쟁에 의해 선비, 농민, 상공인 및 천민 등이 서로 평등한 가운데 홀로서기를 통한 독립을 의 미한다.

(3) 이와 같은 인권과 독립의 첩경은 민중 모두가 하나로 뭉쳐 홀로서기 를 통한 자강에 있었다.

인간의 평등과 자유를 근본으로 기본권을 갖추고 인민 모두가 강해 질 때 한나라의 독립에 밑거름이 되는 것이다.

(4) 나아가서 독립의 의미는 근대 국민 국가에서 추구하는 주권재민의 사 상으로 임금과 백성과의 종속관계가 아닌 홀로서기에 의한 대등한 입장에 서 독립을 의미하는 것이다. 임금도 백성과 같은 존재이며 한나라의 주권이 백성에 있음을 의미하였다.

2) 민족정신 함양

(1) 《독립신문》을 통해 언론, 집회, 출판 등 민중의 권리의식이 진전되었다.

홀로서기; 독립, 평등(인권), 자립(자강)등 계몽과 교육을 통한 민족의식이 함양되었다.

(2) 근대 국민 국가 이념의 정착과 삼권 분립에 의한 제도 정착, 즉 근대 국민 국가 수립 운동을 만민공동회를 통해 치열하게 전개 시켰다.

(3) 독립협회 취지문에서 독립정신 계발은 앞에서도 지적한 바와 같이 독립은 민족[국민],영토, 주권 등 3대 요소가 현존할 때 가능한 것이다.

당시 독립정신 계발은 이미 근대민족정신이 형성되어 있었다는 사실과 500여 년 내려온 선비정신 등을 합친 하나 된 독립정신을 의미한다고 볼 수 있다.

그의 위와 같은 이념의 정립은 인권[평등과 자유]과 물질을 바탕으로 한 민족정신을 의미하였다.

서재필은 자신이 내세운 독립문, 《독립신문》, 독립협회 등을 통해 한시기 1895년 12월 26일-1898년 5월 14일 출국 때까지 약 2년 5개월간 고국에 머물렀다.

1894년 갑신정변의 주역으로 멸족의 화禍를 입고 10여 년 후 그는 무엇 때문에 돌아왔고 쫓겨나야 했던가.

독립문, 《독립신문》, 독립협회 등의 설립이 자신의 이익을 위함이었던가.

수천 년 왕조 체제 아래 억눌렸던 민족을, 인민이 국가의 주체임을 가르쳐주었고 인민의 삶을 바꾸지 않았던가.

근대사에서 그의 독립협회는 민족의 원형이고 정상이었다.

독립협회의 존재가 이제 근대사의 물줄기 또한 바꾸니, 그가 다시 돌아온 이유가 또 다시 밝혀졌다.

글쓴이는 서재필을 근대사에서 가장 위대한 인물로 받아들이고 평가하고 싶다.

●● 참고문헌

강재언. 『한국근대사』. 한울, 1995.

권오기. 『서재필과 그 시대』. 서재필 기념회, 2003.

김유원. 『100년 뒤에 다시 읽는 독립신문』. 경인문화사, 1999.

독립신문 강독회. 『독립신문, 다시읽기』. 푸른역사, 2004.

박은식. 김승일 옮김. 『한국통사』. 범우사, 1999.

서동만. 『송재, 서재필』. 재단법인 송재 서재필박사 기념재단, 2007.

서재필기념사업회. 『개화, 독립, 민주』. 송재 기념재단, 2001.

신용하. 『한국근대사회사상사 연구』. 일지사, 1987.

윤위영. 『한국신문사설선집』. 방일영 문화 재단, 1995.

윤효정. 박광회 옮김. 『대한제국아, 망해라』. (주)다산북스, 2011

이이화. 『한국사 이야기』. 한길사, 2005.

이정식. 『서재필』. 정음사, 1986.

이황직. 『독립협회, 토론공화국을 꿈꾸다』. (주)웅진씽크빅, 2007.

황현. 허경진 옮김. 『매천야록』. 한양출판, 1996.

제9장

대한제국 성립

1. 국내 정세

당시의 국제 정세는 청일전쟁의 여파와 함께 갑오개혁과 을미사변 및 단발령이 단행되었다. 고종은 왕비의 죽음에 대해 일본에 항의 한 번 하지 못하고 왕궁에 유폐된 가운데 신체적 위협을 느꼈다. 신변에 불안을 느끼자, 고종은 나라를 등지고 러시아 대사관으로 아관파천을 단행한다.

조선의 군주가 제정 러시아의 보호 아래 조선의 정무를 본다는 자체가 정상이 아니었다. 그래도 고종은 약 1년간을 러시아 대사관에 머물며 정무를 보았다. 이에 조선은 서구 열강의 좋은 먹이감이 되어 철도, 전기, 광산, 사금 및 인삼 등 강대국의 이권利權 쟁탈국이 되었지만, 한편 조선에는 천혜의 역사적 공간이 생겼다. 갑신정변의 주역인 서재필이 10여 년 만에 귀국하여 근대국가 이념을 용의주도하게 《독립신문》, 독립문, 독립협회를 통해 조선 민중에게 설파하고 철저히 각성시켰다. 고종은 러시아 대사관에서 정무를 보며 느꼈던 것이 많았다.

서재필의 《독립신문》의 독립이라는 문구가 마음에 들었다. 어서 환궁하여 500년 내 처음으로 독립국을 세우고 싶었다. 그 독립국은 얼마 전부터 갑오개혁시절 개혁파에 의해 주창돼왔던 국왕의 자리가 아닌 황제의 자리였다. 고종이 1897년 2월 21일 환궁하자 일부 수구파 및 황국 협회 등으로

부터 황제가 되어 줄 것을 요구받았다. 고종은 1, 2년 전의 일을 까맣게 잊고 황제가 되기를 원했다. 2년 전 갑오개혁파는 칭제 건원으로 연호를 건양建陽을 썼다. 이때 개혁파는 친일 인사들에 의해 내각이 구성됐지만 갑오개혁은 조선에서 시대의 물결과 함께 변혁의 의미를 담고 있었다.

(1) 동학민중혁명의 폐정개혁안을 받아들이고 지금까지 수백 년 내려온 신분제를 혁파하였다.

(2) 국왕 중심의 전제군주제가 아닌 내각 중심의 근대국가제도의 일부를 적용했다.

당시의 개혁파는 민중의 의식과 제도의 변혁을 통해 조선 자체의 독립된 국가를 원했다. 그 같은 관계로 갑오개혁파는 칭제 건원을 하며 연호를 건양으로 정했던 것이다.

그러나 고종은 갑오개혁파에 겁을 먹고 아관파천을 단행하였다. 환궁 후 여론의 힘을 빌려 황제를 꿈꾸었다.

고종은 이념과 제도의 변혁 없이, 물질적 기초도 없이 구시대 원로들의 추천으로 황제가 되길 원했다.

모래위의 제국이 얼마나 버틸까.

강대국들 사이에도 고종이 황제가 되는 것을 강 건너 불 보듯 했다. 그들이 한일은 고종과 함께 조선에서 자국의 이권을 위해 서재필을 축출하는데 한통속이 되었다.

1897년 5월 승지 및 수구파 원로들과 개신유학자들 그리고 의정부 의정議政에 임명된 심순택 및 정병세, 이용익 등에 의해 칭제 건원이 건의되었다.

그러나 반대 여론도 거세었다. 유림을 대표하는 최익현과 유인석 등 위정척사 계열의 유생들은 주자학의 명분론을 내세워 칭제 건원을 비판하고 나섰다. 또한 인간의 평등과 자유, 독립을 외치는 독립협회 인사들은 고종의 어리석음에 침묵으로 일관했다.

1897년 8월 15일 조칙이 내려졌다.

원구단과 사직단을 지어 건원을 알리는 제際를 지냈다.

1897년 9월 정부 관료와 유생들 및 황국협회 등 여론조성파 726인 연명 상소에 의해 칭제 요청이 있었다.

1897년 10월 11일 심순택, 조병세 등과 원로대신들은 협의 후 국호를 대한제국으로 정했다.

1897년 10월 12일 고종은 황제 즉위식을 거행하였다.

2. 대한제국의 성격과 정부정책

1) 대한제국의 성격

고종은 환궁 후 국가 기강이 서지 않자 교전소敎典所를 설치, 구법과 신법의 절충을 통한 왕권 강화에 뜻을 두었다. 그러나 독립협회의 주도적 개입으로 그 뜻을 이루지 못하였다. 이에 고종은 공식적으로 전제군주제를 선포한 다음 법제엔 관심이 없자 교전소 설치법은 유명무실해졌다. 이 시기 서재필의 독립협회는 조선 민중을 향해 자율적인 운신의 폭을 넓히며 근대의 이념을 계몽, 교육하고 있었다. 또한 《독립신문》과 독립협회를 통해 행정과 공정한 재판의 분리를 주장하였다. 모든 인간의 평등을 천부인권설과 법 앞에 평등함을 통해 추구하였다. 이로써 근대국가 이념과 제도가 정착되어진다.

한편 러시아는 고종이 러시아대사관에서 환궁한 후 대한제국을 수립하자, 러시아 은행 설립과 부산 절영도 조차 등을 강력하게 요구하게 된다. 이에 1898년 3월 10일 독립협회는 서울에서 약 1만 명이 모인 가운데 만민공동회를 개최하고 민중궐기로 대항하였다. 이어 3월 12일 수만 명이 운집, 만민공동회가 또다시 개최되면서 강대국들의 조선에 대한 이권 침투를 제지하였다.

이를 계기로 1898년 4월 의회 설립의 필요성을 역설하고 서재필은 5월 14일 대한제국을 떠난다.

1898년 7월 정식으로 의회제도 설립안건을 정부에 제출하게 되었다.

독립협회와 정부 사이 관민 합동회의를 열어 1898년 10월 12일 관민 합동회의에서 헌의6조를 채택하고 5조칙을 내려 정부정책으로 시행할 것을 제시하였다. 그러나 고종의 우유부단과 대신들의 무고에 의해 우왕좌왕하며 엎치락덮치락하다 결국 헌의6조를 무효화시켰다. 이는 지금까지 고종 자신이 국왕으로서 책임은 물론 권력에 상관없이 '조선=자기 것'에 대한 집착에 있었다.

1898년 12월 독립협회를 폭력으로 해산시켰다. 약 1년 후 1899년 8월 17일 교전소를 통해 9개조를 제정하여 황제로써 선포하였다.

제1조 대한제국은 세계만국의 공인된 자주 독립국임을 천명하고

제2조 대한제국의 정치는 전제정치임을 밝힌 다음 황제는 행정, 입법, 사법 및 군사 외교에 전권을 갖는다.

조선은 갑오개혁과 아관파천으로 몰락하였다. 그러나 고종이 1년 만에 러시아 공사관에서 돌아오자 어느 날 갑자기 제국으로 탈바꿈하고 헌법을 만들어 황제에 의한 군주정을 선포하였다. 시대의 물결을 역행하는 제국에 의한 황제의 호칭은 듣기엔 좋고 보기에도 좋아 보였으나 모든 게 껍데기뿐이었다. 마지막 기회를 놓치니 그가 죽은 다음 대한제국을 돌아본 사람은 아무도 없었다. 독립은 곧 대한민국 임시정부로 이어졌다.

2) 정부의 정책

고종은 독립협회를 폭력으로 해체시키고 1898년 8월 17일 국체를 대한제국으로 한 후 군주정을 선포하였다.

그러나 《독립신문》 독립협회[독립, 민권, 자강]가 펼친 근대 문명의 계몽과 교육 및 산업진흥 등의 물결은 막지 못했다.

이 기간 동안 강대국들의 대한제국에 대한 경제적 침투는 국가의 기간산업인 철도 부설권, 광산 개발 및 상품 수출 등으로 민중과 갈등을 빚고 있었다. 이에 새로운 시대정신인 민족의식이 형성되고 민족정신이 함양되었다.

고종은 정치 국방 면에서 국가의 통수권을 갖고 국내부에 원수부를 창설하고 황제의 신변 안전을 위해 친위대 및 시위대, 그리고 지방의 진위대도 확대 개편하였다

황제의 국방정책은 국가의 방위보다는 황실의 경호 업무에 더욱 밀착되었다. 황제의 권한은 재정확충과 조세의 중요성을 확인하자 양전사업을 위한 토지측량을 전국적으로 2차례 실시하였지만, 전반적 토지개혁에는 미치지 못했으나 근대적 토지 소유 제도를 처음으로 시행하였다.

행정면에선 전국을 13도로 개편하고 235군을 두었다.

사법제도는 재판소 구성법이 제정되어 각 지방에 특별 법원과 순회재판소가 설치되었다.

상공업 진흥을 위해 화폐본위제도를 도입하고 중앙은행을 설립하였으며 1903년 금본위제를 실시하였다.

황실의 재정확보를 위해 전국의 광산, 철도, 홍삼제조 및 둔호 등을 국내부에 두고 황실 증탕금으로 사용하였다.

교육과 근대 기술을 도입하여 사립학교인 숭실, 숭의 등 학교가 설립되고 인쇄소, 우편청 및 미곡 정미소와 마요 제조장 등 또한 설립하였다.

미국, 일본, 프랑스 등 강대국들에 의해 경부, 경인부설권 및 광산 채굴권 등이 외국자본에 잠식되고 선진상품의 대량 수입으로 국내 경제에 악영향을 주며 민중과의 갈등을 빚고 있었다.

3. 독립협회 해산 후 지방으로 확산되는 민중 활동

준비 없는 개화와 문호개방은 한마디로 냄비 속의 콩과 같았다. 예전에는 지배세력이 적당히 불을 때고 냄비 속의 콩[민중]을 볶아댔지만 개방 후에는 외세의 무자비한 힘이 퍼부어져 냄비 속의 콩이 볶이다 튀어나오며 사회 전체로 전이되었다. 그 아우성 소리가 전국적으로 엄청난 파장을 가져왔다.

그동안 누적된 사회적 모순과 정치적 무능력, 외세에 의한 침탈 등이 이어졌다. 그러나 신분제 혁파 등에 의해 자유를 찾은 천민과 노비들 역시 의식주 해결이 어렵게 되자 임노동자로 변신, 광산 및 철도 노동자로 종사하나 노동력만 착취당하고 있었다.

시대적으로 몰락과 혼돈이 공존하는 가운데 왕조가 제 구실을 못하고 민중은 의식주조차 해결하지 못하였다. 이에 동학민중혁명은 근대국가 형태의 평등 사회 실천을 위한 집강소 설치 등 국가의 대변혁 앞에 있었다. 그러나 일본군의 출병은 조선 민중혁명을 물거품으로 만들었다. 갑오개혁과 고종의 아관파천 후 서재필의 독립협회 활동은 각 지방 및 동학 민중에겐 희망의 등불이었다. 서울에서 일고 있는 독립협회의 활동에는 관여하지 않았으나 독립협회[독립, 인권, 자강]의 민중계몽과 교육을 통한 인간의 평등은 민족의식 고취, 나아가 의회 설립 등 근대 국민 국가 설립에 있었다.

이런 민중의 뜻이 전해지자, 1898년 5월 14일 서재필은 고종에 의해 조선에서 축출된다. 이후 만민공동회 개최 등으로 수만 명씩 서울에서 민중들이 모여 집회를 갖는데 고무된 지방의 뜻있는 민중들은 사태를 예의 주시하고 있었다.

그러나 고종과 황국협회의 탄압으로 독립협회가 해체되면서 근대 문명에 희망을 걸었던 민중들의 기대가 무산되자, 동학민중혁명 때 살아남은 접주들은 다시 동학의 이름대신 영학당이란 이름으로 동학 조직을 제 정비하기에 이른다.

1897년 고종은 황제의 칭호를 받게 되자 황실 재정확보를 위해 양전 사업을 실시하였다. 그동안 영세민 및 소작 농민들에 의해 경작되었던 토지들이 양전사업으로 황실의 주위 토지가 궁장토에 편입되었다. 이에 고을 군수, 현감들은 조세 수취에 강압적인 방법을 사용했다. 또한 사회적으로 미곡의 일본 수출은 물가를 급등시켰다. 민중의 삶이 팍팍해지고 앞날에 대한 희망이 무산되자 1898년 12월 영학당의 민중들은 고창과 고부에서 관아를 습격한 후 군수를 내쫓고 민중 집회를 열었다.

모든 인간은 평등하며 토지 또한 민중의 것임을 역설하고, 관아에 쌓여있던 곡식들은 가난한 민중들에게 나누어 주기 시작했다.

위와 같은 행위는 전라도 전 지역으로 확대되면서 민중을 동요시켰다. 다음해인 1899년 민중 수백 명이 또다시 고부 및 무장 등 관청을 습격한 후 만민 평등과 척왜양을 외치며 정부군 및 지방군과 대치하다 곧 해산하고 일부는 지리산으로 숨어든 후 활빈당의 이름으로 활동하게 된다.

이때 중부이남 지방에선 활빈당이란 이름을 갖는 도적들이 각 지방마다 수십 명에서 수백 명씩 무리를 지어 다녔다.

그들은 지배세력 및 부호 그리고 매판자본 등의 집들을 털어 빈민들에게 나누어 준 후 백두대간의 산속으로 몸을 숨기는 일이 전국적으로 자주 일어나고 있었다.

활빈당의 이름을 사용하며 활동한 곳은 옛 천주교들이 득세하였던 충청의 내포지역[홍성, 예산, 보령] 등에서 나타나기 시작했다. 청주와 충주를 거쳐 강원도 등 백두대간과 차령산맥을 옮겨 다니며 집단행동을 하였다.

특히 경상도에선 대구의 팔공산을 근거로 울산과 경남 양산의 통도사 합천 해인사 등에서 활동하고 있었다. 또한 지리산을 통해 전라도와 연결되면서 전국적인 조직망을 형성하였다. 그들은 4, 5년간 활빈이란 이름으로 집단적인 행동을 하고 있는 것을 볼 수 있다.

독립협회의 민족의식 고취는 지방에 뜻있는 젊은이들의 심금을 울리며 국가를 위해 자신이 할 수 있는 일이 무엇인가를 찾게 만들었다. 그들이 할 수 있는 일이란 전통적 부호들 특히 외세와 결탁하여 부를 축적한 매판 자본 가들, 지주 및 지방 유지들의 재산을 털어 빈민에게 나누어 주는 행위였다.

시대적으로 국가[황제]가 제 역할을 하지 못하면서 뜻있는 민중들이 활빈 당을 조직하여 빈민을 구제하는 한편, 균등사회 실천 등을 부르짖으며 근대 국민 국가로 이행되는 과도기 단계의 역할을 전국적으로 하고 있었다.

당시 상황으로 보아 서재필의 고국에 대한 열정 즉 민족의식 고취와 인간 의 평등과 자유 등이 민중에게 전이되었음을 보여주는 생생한 예였다.

4. 국제 정세[러일전쟁]와 을사조약

청일전쟁은 지리적으로 유럽 쪽에 치우쳤던 러시아가 아시아에 손을 뻗 는 계기가 되었다. 그러나 세계 전략상 영국, 미국, 독일, 프랑스 등은 거대 한 영토를 가진 러시아의 남진 정책을 허용하지 않았다.

일본의 조선 점령이 있자, 조선은 미국, 영국, 독일 등에 도움을 요청했으 나 전혀 도움이 되지 않았다.

일본의 강압적인 압박에 견디지 못한 고종은 아관파천을 단행한다. 이에 러, 일간에 세력 균형이 이루어지며 조선엔 역사적 공간이 형성되었다. 서 재필은 귀국과 동시에 역사적 공간을 최대한 활용하였다. 그는 당시 용의주 도하게 실행에 옮겨 근대 국민 국가 이념을 조선 민중에게 계몽과 교육을 통해 정착시켰다.

조선에 근대 문명을 전하는 시대적 인물을 고종은 황권을 제약한다는 의 미에서 세계 각국의 영사들과 함께 서재필을 축출하는 어리석음을 단행하 였다. 조선에서 고종과 함께 서재필을 축출한 각국 공사들은 각자 자국의 이권 찾기에 골몰하고 있었다.

이 시기 러시아와 일본이 조선에서 맞부딪치며 1896년[건양원년], 1897년[광무원년], 1898년[광무2년]등 3회에 걸쳐 러, 일 협상을 통해 서로 조선 내정에 간섭하지 말 것과 일본의 경제적 진출에 제정 러시아는 방해하지 않을 것을 약속한다는 협정을 체결하였다. 이는 조선을 배제한 채 강대국 멋대로 대한제국에 관한 협정을 체결하고 있었다.

반면 위의 협정에 상관없이 러시아가 만주 지역을 점령하고 남진을 위한 부동항 개발에 나서자, 세계 전략상 영국은 러시아의 남진 정책을 허용할 수 없었다. 일본을 움직여 러시아의 남하를 막기 위해 영, 일 동맹[1902]을 체결하였다. 미국 또한 영국과 함께 일본을 앞세워 아시아 지역 방어에 나서 일본의 군비 확장에 막대한 재정 지원을 하였다. 그들은 2년 후 필리핀에서 미국의 이익을 보장받는 대신 조선에서 일본의 선점을 인정하고 있다.

1903[광무7]년 8월 일본은 러시아에 협상을 제기하였다. 1896년 러, 일 협정에서 일본은 38선을 경계로 남북을 점령하자는 제의를 하자, 조선 전체를 지배할 목적이 있었던 러시아가 이를 거절하였다. 그러나 1903년 8월에는 러시아가 조선에 39선을 지점으로 중립지대를 설정하자고 제의하였다. 이때는 일본이 러시아의 제안을 거부하였다. 러시아와 일본이 조선에 대한 분할 점령 등 조선 민족의 의사와는 관계없이 제국주의자들의 야욕이 조선의 머리 위에 미치고 있을 때, 러, 일의 전운이 짙어졌다. 조선 정부는 엄정 중립을 선포하였다.

그러나 협상이 결렬되자 러, 일은 국교를 단절하고 1904[광무8]년 2월 8일 일본은 여순항에 정박해 있던 러시아 함대에 기습 공격을 감행하고 인천 앞바다에 떠 있는 러시아 군함 2척을 격파한 후 2월 10일 러시아에 선전 포고하였다. 같은 날 2월 10일에는 조선 정부에 전쟁 물자의 원활한 공급을 강력하게 요구하며 압력을 가했다. 2월 23일 한일의정서를 강요에 의해 체결하게 된다.

3조. 대한국 정부의 독립과 영토 보전을 보장하며

4조. 전략상 필요한 지역을 수용할 수 있으며

5조. 제3국과 조약 체결을 일본의 승인 없이는 할 수 없게 하였다.

1, 2조는 겉치레 형식에 대한 답례와 이를 통해 조선에 대한 내정 간섭과 군사 요지를 점유하려는 의도는 조선 예속화의 전 단계였다.

1904년 5월 3일 조선의 보호국화 조치로 대한 시설 강령 6개항을 결정하였다. [1904년 5월 31일]

이 문건은 조선에서 일본군의 주둔, 재정 감독 및 교통, 통신시설, 농업, 임업, 광업, 어업등 산업 분야를 장악하고 점차 보호국화의 길을 추구하고 있었다.

6월 들어선 한발 더 나아가 황무지 개척권을 요구하며 조일 수호 조규 부록 제4조에 일본인은 거류지로부터 10리 밖에는 토지 소유 및 임대를 해서는 안 된다는 조항의 삭제를 요구하였다. 일본 민간인에 의한 조선 내 영토 개척권의 요구는 전 민중[개화된 학생, 상인, 유생, 전직 관리 등]이 신문과 상소 등을 통해 격렬히 반대 운동을 펼쳐 그들의 요구를 거절하였다. 그러나 일본이 러시아와 전쟁에서 평양을 거쳐 의주까지 탈환하고 전세가 유리하게 진행되자, 1904년 8월 22일 또 다른 제1차 한일협약을 강요하였다. 이 협약 1.2조: 조선 정부는 일본 정부가 추천하는 재정 및 외교 고문 1명을 초빙, 재무와 외교에 관한 일체의 사항을 관리 감독하기에 이르렀다. 3조: 조선은 타국과 조약 체결 등 주요 외교 안건을 사전에 일본과 협의한다는 것이었다.

그들은 한일의정서 및 제1차 한일협약 때까지 조선의 독립과 영토 보존을 보증한다고 말하고 있지만 5월에 들어와 강령을 통해 일본군 주둔과 재정 및 교통, 통신 및 경제적 각 분야 등을 장악하기를 결정하고 8월 들어 제

1차 한일협약 때는 조선 정부 각 부처에 재정, 외교 고문을 두어 그들의 지시에 의한 정책 결정을 강요하였다.

일본은 1904년 6개월 사이에 갖은 명목으로 협정을 강요하며 조선의 보호국 조치를 나름대로 진행시키고 있었다. 이를 위해 일제 대장성 주세국장 메가타를 재정고문에, 미국인 스티븐스를 외교고문에 임명하였다. 1905년 1월 17일 폐정개혁을 단행, 구화인 백동전과 엽전을 회수하고 일본 화폐를 유통시켰다.

일본은 1905년 정월 러시아 함대가 정박해 있는 여순항을 함락시키고 이어 5월 일본 함대는 러시아 발틱 함대가 대한 해협을 통과하여 동해로 나가는 것을 해협 양쪽에 잠복해 있다 기습 공격을 감행, 러시아 함대를 전멸시켰다. 미국과 영국의 재정지원 하에 치른 러일전쟁은 일본의 일방적 승리였다.

5월, 일본은 러일전쟁에서 승리가 예상되자 조선에 대한 보호국 조치를 내각에서 결정한 후, 이를 위해 미국, 영국 등과 사전 비밀접촉을 갖고 1905년 7월 27일 일본 수상 가쓰라와 미국 육군장관 태프트와 밀약을 추진한다.

[가쓰라-태프트조약]에서 일본은 미국의 필리핀 지배를 인정하고 미국은 일본의 한국 지배를 인정한다는 원칙에 합의한다.

1905년 8월 12일 영국과 제2차 영일동맹을 체결한 후 9월 5일 미국 대통령 루즈벨트의 알선으로 미국 포츠머스에서 러, 일 양국은 포츠머스조약을 체결하고, 이 회담을 통해 러시아는 조선에서 일본의 정치, 경제, 특권을 승인하였다.

1905년 러일전쟁이 끝나자 일본은 조선에서 악마의 손을 뻗치기 시작했다.

9월 27일 미국, 영국, 러시아 등으로부터 조선의 지배권을 넘겨받자 각의를 통해 조선의 보호국화를 결정하고 있다.

1905년 11월 일본 정부는 정권대사 이토 히로부미 공사 하야시 조선주둔 사령관 등 3인에 의해 강압적인 방법에 의해 체결이 시도되었다. 이에 일본 공사 하야시, 하세가요가 11월 2일 조선에 귀임 후 일본 추종세력인 일진회 간부들과 친일 매국대신들을 불러 국제 정세와 일본 정부의 진의를 전달한 후 한일 협정에 찬성하도록 사전에 정지작업을 폈다.

전권대사 이토가 고종을 배알하고 한일협약안을 제안하자 고종은 협약의 중대성을 강조하며 민중의 의향을 물은 다음 결정하겠다고 하자, 이토는 "대한국은 군주제로서 황제의 결정으로 모든 것이 완결됩니다." 하고 고종을 다그쳤을 때 고종은 그제야 깨닫는다. 모든 것이 자신의 탐욕이었음을, 그리고 서재필을 각국 공사와 공모하여 축출하였던 것이 한스러웠다.

1905년 11월 17일 일본은 을사조약 심의를 위한 각료회의를 열면서 궁성 주위에 일본 헌병들로 에워싼 후 위협적인 공포 분위기를 조성하였다. 또한 시내 곳곳에 무장한 일본군을 배치하였다.

조약에 대한 심의가 늦어지자 한사람씩 불러 위협과 협박을 통한 심문 형식을 취하며 강권으로 협박했다.

그 결과 참정대신 한규설, 법무대신 이하영, 탁지부대신 민영기 등이 반대했고 학부대신 이완용, 외무대신 박제순, 내무대신 이지용, 군부대신 이근택, 농상공부대신 권중현 등 5명은 찬성하였다. 이때 찬성한 5명을 을사5적이라 불렀다.

이때 강압적으로 체결된 조약을 을사늑약 또는 제2차 한일협약이라 한다.

을사늑약의 내용

(1) 일본 정부는 대한국에 대한 외교업무 일체를 감리, 지휘한다.

(2) 대한국 정부는 일본 정부의 중개 없이 어떤 국가와도 조약을 체결할 수 없다.

(3) 대한국 황제 밑에 1명의 통감을 두어 황제를 언제든 내알할 수 있으며 한국의 각 개항장 및 일본 정부가 필요한 곳에 이사관을 둘 권리를 가진다.

(4) 일본과 한국 사이 현존하는 조약과 약속은 본 협약에 저촉되지 않는 한 유효하며

(5) 일본 정부는 대한국의 황실의 안녕과 존엄을 유지시켜 줄 것을 보증한다.

한편 조약 체결 10일 후 11월 26일 고종은 내전에서 일제의 감시를 피해 미국인 헐버트에게 친서를 주어 조약이 무효임을 미국에 호소하려 했으나 실패했다.

1905년 12월 14일 외교관 및 영사관제 폐지를 공표 후 미국, 영국, 독일, 프랑스, 청국에 주재하는 한국 공사들을 철수시키고 한인의 외국여행을 통제하였다. 강압적인 체결은 황제의 승인 없이 힘의 논리에 의해 집행되면서 합법성을 갖지 못한 제국주의자들의 무자비한 탈취행위였다.

1905년 12월 20일 고종은 을사늑약으로 인해 나라와 민족이 절단남을 의식하고 황제로써 끝까지 인준하지 않았다.

그러나 일본은 을사늑약에 따라 1905년 12월 20일 '통감부 및 이사청 관제'를 공포한 후 서울에 통감부를 설치하고 주요 도시와 개항장 부산, 인천, 대구, 군산, 마산, 원산, 목포 등 13개소에 이사청을, 기타 11개 도시에 이사지청을 설치하였다.

초대 통감은 을사늑약을 강권에 의해 억지로 각의에서 서명을 받아낸 이토, 히로부미가 임명되었다. 그는 자신의 권한이 외교업무에 국한되었지만 황제 바로 아래 통감으로 국정 전반에 관해 실질적인 권한을 행사하며 황제를 허수아비로 만들었다.

1905년 12월 25일 통감부 통신 관제를 공포하여 국내외로 나가는 통신 업무를 장악하여 국내 문제가 외국으로 유출되는 것을 막았다. 일제는 을사늑약을 체결하며 대한국을 타 외국과의 고립상태인 절영도를 만들기 위해 외국에 주둔하는 외교관 철수와 국내외 민중의 출입과 통신관계를 단절하

고 국제적 절영도를 만들어 놓았다. 통감부는 1906년 1월 들어 대한국 민중의 저항에 대비 경찰 관제를 대폭 손질하였다.

서울 각 경찰서에 경찰 본부를 두고 도 관찰 소재지 및 전국 30개소에 16개 지부를 두고 지방에는 122개의 분견소와 분파소를 두었다. 이는 조선시대 오가작통법과 같은 조직을 전국에 설치, 그물망 체제를 갖추었다.

1906년 10월 1일 지방행정 체제를 변경, 행정구역을 13도 11부 332군으로 확정하여 정리하고 행정기관을 감독하기 위해 일본인을 참여시키고 감시하기에 이르렀다.

5. 고종의 저항과 군대 해산

을사늑약이 체결되자 고종은 1905년 11월 26일 미국에 있는 헐버트에게 을사늑약이 무효임을 미국 루즈벨트 대통령에게 호소하려 했지만 강대국의 이익 앞엔 아무 의미가 없었다.

의병들의 활동에 밀지를 보내 격려했으나 큰 힘이 되지 못했다. 마지막으로 1907년 6월 네델란드 헤이그에서 제2회 만국평화 회의가 열리게 되자, 일제의 만행을 세계에 알리기 위해 비밀리에 의정부 참찬 이상설, 이준, 이위종 등 3인에게 밀서와 위임장을 주었다. 만국평화회의 공식 대표로 신임장을 갖고 6월 20일 헤이그에 도착 신임장을 보이고 회의 참석을 요청했으나 외교권이 없다는 이유로 거절당했다. 이에 이위종이 헤이그에서 신문사를 찾아 대한국의 호소문을 전달하고 일제의 만행을 전 세계에 폭로하며 자신의 임무를 수행한다. 한편 같이 동행했던 이준은 국제회의에서 어느 나라도 받아주지 않자, 격분한 나머지 망국의 한을 품고 자결하였다. 일제는 7월 1일 헤이그밀사 사건이 발표되자, 일본 각의는 7월 12일 고종을 퇴위시킬 것을 결정하고 이토 통감에게 통고한다.

이에 이토는 친일 이완용 내각대신들을 대동하고 고종을 알현한 다음 황제 자리에서 퇴위할 것을 강요하였다. 주위에 우군이 없는 황제는 버틸 수 있는데 한계가 있었다. 마침내 1907년 7월 18일 양위 조치를 내리고 7월 20일 경운궁에서 순종은 즉위식을 갖는다. 연호를 융희라 정했다.

일제는 고종의 퇴위에 관계없이 한, 일신협약 즉 정미 7조약을 7월 24일에 이완용과 이토 사이에 체결하였다.

정미7조약

2조 대한국 정부는 법령제정과 행정상의 제 문제는 통감의 지도를 받을 것

3조 사법업무와 행정업무를 구별할 것

4조 대한국 고위관리는 통감 동의를 받을 것

5조 통감이 추천하는 일본인을 한국 관리로 임명할 것

6조 대한국 정부는 통감의 동의 없이 외국인 관리를 초빙하지 못한다.

7조 1904년 8월 27일 한일협약 제1항 폐지할 것

한일협약 제1장은 고문정치를 없앤다.

1907년 7월 24일 정미조약은 각 부서에 일본인 고문을 두었던 것을 대신하여 차관을 두어 직접 정치에 관여하는 차관정치가 시행되었고 사법권과 관리 임명 등을 통감부가 장악한 후 7월 24일 일제는 군대 해산을 위한 준비에 들어갔다.

군대 해산에 관한 순종의 칙어를 내리기에 앞서 경찰을 앞세워 무기고와 화약고를 접수하였다.

이후 일본은 육군 보병을 증파하여 서울 및 각도에 배치하고 비상사태에 대비하였다.

7월 31일 순종에게 군대해산 조칙을 강요한 후 친위대, 시위대, 포병대를 포함하여 대한국군 약 8,000명을 8월 1일 훈련원에서 해산시켰다. 이는 실질적으로 대한제국의 멸망과 같았다.

통감부는 1907년 5월 친일정부 내각의 참정대신 이완용 및 그 외 대신들과 매국단체인 일진회의 송병준이 참석하는 매국내각을 구성하였다. 한편 1908년 군부 주도하에 이루어진 일본 가쓰라 내각은 1909년 6월 이토 통감을 경질하고 7월 6일 '한국 병합에 관한 건'을 결정하였다. 1909년 7월 12일 융희3년 대한국 사법 및 감옥 위탁업무에 관한 기유각서를 체결하여 사법 및 감옥 업무를 장악했다.

1909년 10월 26일 만주 하얼빈에서 이토가 안중근의사에게 저격당하여 피살되자 일본 제국주의자들은 한국 병합에 관한 구실을 찾는데 이를 이용하기로 하고 일진회의 이용구, 송병준과 함께 일본과의 병합이 불가피하다는 성명서를 발표케 하였다.

1910년 5월 30일 육군대장 데라우치를 통감으로 임명 후 1910년 6월 3일 '한국에 관한 시정 방침'을 결정하였다. 총독은 천황의 직속에 속하며 일체의 정무를 총괄한다. 고 발표하였다.

6월 24일에는 경찰권을 탈취하고, 7월 23일 데라우치가 부임하면서 8월 16일 이완용, 조중은과 병합조약을 밀의한 후, 8월 18일 이완용 각의에서 합의를 갖고 8월 22일 형식만의 어전회의를 가졌다. 이완용과 데라우치가 병합조약에 조인하고 8월 29일 공포하면서 대한제국은 식민지화되었다.

8개조의 병합조약을 체결[경술국치]하였다.

●● 참고문헌

강재언. 『한국근대사』. 한울, 1995.

김정환 『근대로 가는 길』. 푸른숲, 1997.

박은식. 김승일 옮김. 『한국통사』. 범우사, 1999.

변태섭. 『한국사 통론』. 삼영사, 2008.

에밀 브르다레. 정진국 옮김. 『대한제국, 최후의 숨결』. (주)글항아리, 2009.

윤내현·박성수·이현희. 『새로운 한국사』. 집문당, 2005.

윤효정. 박광희 옮김. 『대한제국아, 망해라』. (주)다산북스, 2011.

이기백. 『한국사 신론』. (주)일조각, 2012.

이덕일. 『교양 한국사』. 휴머니스트, 2005.

이성무. 『조선 왕조사』. 동방미디어(주), 1998.

이이화. 『한국사 이야기』. 한길사, 2005.

한국근현대사 연구회. 『한국근대사강의』. 한울, 1998.

황현. 허경진 옮김. 『매천야록』. 한양출판, 1996.

제10장

민족정신 발현

1. 서론

그동안 잠잠하게 있던 민중은 일제가 나라의 주권을 빼앗자, 이에 저항하며 민족정신이 발현된다.

민족정신[의義 정신]의 발현은 두 줄기로 나타난다.

1) 500년간 지켜온 조선의 민족정신[선비정신,의義 정신]

2) 1800년대부터 근대를 향해 신분제 혁파를 외치며 인간의 평등과 자유를 추구한 근대민족정신[의義 정신] 등이다.

조선은 중세 동아시아의 보편적인 사상인 성리학[유교]을 국교로 받아들였다. 성리학[유교]은 性과 理의 철학적 규명과 사회규범으로는 삼강오륜 즉 충효사상을 이념으로 한 사회였다.

조선 초기 우주의 이치와 인간 본성의 탐구는 형이상학적이고 참신했다. 사회규범으로써 삼강오륜 즉 충효사상은 조선 선비들에겐 불변의 진리로, 선비들의 이상적인 행위규범으로 선비정신을 형성하며 의義 정신으로 승화시켰다. 그러나 위 이념의 논리가 조선 중기에 들어오면 한계에 부딪치고 국가의 대 재난을 거치면서 찬란했던 문화가 현실을 직시하게 됐다.

농경사회에서 유림[선비, 양반]들은 신분제에 의한 계급사회를 형성하며 기득권을 유지하였다.

또한 산업의 발전 없이 세월의 흐름은 인구의 증가를 가져오자, 유림들은 가문을 중요시했다. 출세와 의식주 해결의 열쇠를 벼슬에서 찾았다. 그들은 사회적 기득권과 가문의 영광을 위해 과거에 합격한 후 벼슬을 하고 역사에 그 이름을 남기는 것을 영광으로 생각했다. 그런 연유로 국가의 위기 때 살신성인의 자세 또한 당당했다. 이런 시대를 맞이하여 그들의 사회규범인 충효사상은 변질되기 시작했다.

忠孝충효사상의 忠충은 권력을 탐하게 되고 孝효는 가문의 부모만을 염두에 두었다. 유림들은 일상생활에 있어 불효에 대해서는 엄정한 잣대를 사용, 사회를 경직화, 형식화시켰다.

충효사상의 종적인 사고방식은 다양하지 못하고 외곳으로 치우치며 부정적인 측면을 강하게 내포하고 있다.

반면 물질을 멀리하였다. 물질이 풍요로워지면 성리학 자체가 흔들렸다. 그들은 물질의 풍요로움보다 도덕적인 충효사상에 인생의 모든 것을 조명했다.

1800년대 서구의 사상과 물질이 동양으로 밀려왔다. 서구의 물질문명에 의한 신무기의 발달은 조선이 감당할 입장이 못 되었다. 조선에 외세의 침입이 시작되었다. 시대의 변화에 둔감한 조선의 유림들은 자기의 이념을 고집하나 결국 나라가 망하고 있었다. 나라가 망하는데 지키지 못할 선비정신이 무엇이 필요한가. 그 행위를 의병항쟁이라 불렀다.

한편 이 나라의 선각자들은 1780년대 서구의 천주교를 자체적으로 받아들여 신앙을 갖기 시작하며 새로운 사상이 움트기 시작하였다. 천주교는 천주님 아래 모든 인간의 평등을 강조하며 기존 성리학에 도전하였다. 천주교의 영향은 동학의 창건을 가져왔다.

이제 인간의 평등은 동학의 '인내천'과 함께 신앙에서 현실로, 갑신정변에 의해 대두되었고 동학민중혁명에 의해 100여 년 만에 조선의 몰락과 함께 신분제가 혁파되었다. 신분제 혁파는 '모든 인간은 평등하다'는 가치를 확인시켜 주었다.

조선 개항 후 개화파 인물들은 갑오개혁을 거치면서, 또 다른 그룹은 그동안 국내 개신교 수용으로 서구 교육을 받고 활약하던 중 서재필이 창설한 독립협회에 참여하게 된다. 이들이 참여한 독립협회는 독립, 민권[인권], 자강[물질] 등 정강을 제시하며 민중의 계몽과 교육에 헌신하였다.

독립협회의 정강에서 인권은 100여 년 동안 이 나라 민중이 추구했던 인간의 기본권이었고 근대 국민 국가 이념이었다.

이는 선각자들에 의해 근대 이념이 민족사상으로 정착된 후 민족정신으로 승화되었기 때문이다. 여기서 근대민족정신은 인권과 물질[자강]을 근본으로 한 의義 정신을 의미하였다. 이때 의義 개념은 '올곧음'이 아니라 '옳은 행위'다. 또한 인권과 물질 사이 상반된 관계에는 '극복의 의지'가 존재하며 조화롭게 화합을 이루고 있다.

1896년 독립협회의 설립을 전, 후하여 조선엔 (1) 선비정신 (2) 근대민족정신 등 두 갈래의 민족정신이 쌍벽을 이루면서 상존하고 있었다.

1896년 12월 독립협회는 독립협회보를 발간하였다.

이때 회장 안경수는 독립정신의 계발을 촉구하고 나섰다. 당시 독립정신의 계발은 조선의 선비정신과 근대민족정신을 아우르는 하나 된 독립정신 계발을 의미한다고 볼 수 있다.

20세기 국제사회는 정글시대로 힘이 약한 자는 바로 제국주의자들에게 먹히는 시대였다.

1905년 을사늑약 때, 조선은 이미 노쇠화되었다. 이를 기회로 일제는 힘에 의해 강제로 주권을 빼앗고 조약을 체결했다. 국가의 주권이 일제에 빼앗기자 민족정신이 발현되면서 민중들에 의해 의병항쟁과 애국계몽운동이 일어났다.

우리 역사는 지금까지 의병항쟁과 애국계몽운동이 분명 사상적으로 다르다는 것을 알고 있었기에 이를 결합하여 민족정신이란 의미를 부여하지 못하고 의병항쟁과 애국계몽운동 자체로 서술하였다. 그러나 앞에서 보듯 근대민족정신의 계발은 조선의 민족정신인 의병항쟁과 근대민족정신인 애국계몽운동을 의義 정신으로 표현했다. 또한 조선의 민족정신[선비정신]은 부정적 측면으로, 근대민족정신은 긍정적 측면으로 해석하면서 중세[조선]와 근대민족정신을 구분하고 있다.

을사늑약이 체결되자 민족정신이 두 갈래로 발현된다.

(1) 고종의 저항과 전직 관료 및 유림세력의 의병항쟁과

(2) 근대국가 이념에 바탕을 둔 민족정신인 극일항전이었다.

조선의 충효사상에 의한 의義 정신은 유교문화의 쇠퇴, 대한제국의 멸망, 그리고 국내 의병항쟁이 진압된 후 일부는 만주 및 연해주 지역으로 옮겨가나 고종의 죽음과 함께, 3·1 운동을 전, 후하여 근대국가 이념에 바탕에 둔 민족정신인 의義 정신에 흡수되면서 대단원의 막을 내리고 자연 소멸된다.

반면 근대국가 이념에 바탕을 둔 민족정신인 의義 정신은 극복의 의지를 갖고 광복의 그날까지, 최후의 1인까지 극일항전에 도전하는 정신을 볼 수 있다. 이는 그 옛날 고구려의 장수 대조영이 고구려의 유민들과 함께 대당 결사 항전을 통한 발해의 건국을 도모한 것과 같은 민족정신인 것이다.

을사늑약이 체결되자 제일 먼저 일제에 저항한 사람이 곧 고종이었다.

그는 국내 의병들에게 밀서를 보내 투쟁할 것을 종용하고 있다. 고종의 밀서 행위는 조약 체결 10일 후 1905년 11월 26일 일제의 눈을 피해 미국에 머물고 있는 헐버트에게 친서를 보내 미국에 호소하려 했으나 뜻을 이루지 못했다. 을사늑약은 대한제국의 수구 보수파 및 유림들의 저항을 가져왔다. 11월 19일 국내부 특진 이근명, 11월 20일 의정부 참정 이상설, 11월 26일 전직 관료 조병세, 28일 시종무관 민영환, 29일 전 참판 최익현 등이 을사늑

약 무효화와 을사오적 처벌을 요구하며 상소를 올렸다. 일제의 철저한 통제와 감시 하에 있던 고종이 묵묵부답으로 일관하자 30일 시종무관 민영환이 고종과 2,000만 동포에게 알리는 유서를 써놓고 순국 자결하였다.

이어 12월 1일 전임대신 조병세 또한 순국대열에 참여하였다. 뒤를 잇는 참여자 인물 중 이명재, 이상철, 홍만식, 송병선 등도 순국하였다. 그러나 이들의 순국은 찻잔 속의 태풍이었던가. 이렇듯 대한제국 말기 조선의 선비정신은 자결에 의한 순국으로 선비정신이 발현되나 그 저항은 미약했으며 좀 더 과감한 무력항쟁을 통한 선비정신이 나타나게 된다.

2. 유림 세력들의 의병항쟁

을미의병 후 10여 년이 지나 1905년 11월 17일 을사늑약이 체결되자, 각 지역에 자리 잡고 있던 유림들의 학파와 고종의 밀지를 받은 전직 관료들에 의해 의병항쟁이 주도된다. 또한 조선군 해산으로 전국적으로 민중들도 참여하게 되는 것을 볼 수 있다.

1) 강원, 충북지역의 의병항쟁

(1) 원주의 원용팔 의병

조선 말기의 유학자이며 화서 이항로의 제자인 유중교의 문화에서 수학하였다. 그의 투철한 선비정신은 위정척사에 밝아 불의를 보면 참지 못하는 성격이었다.

을미의병 때 제천의병의 중군장을 지낸 그는 나라가 망하기 일보직전 원주에서 의병을 일으켰다. 일제의 침략행위를 격렬하게 성토하고 국권회복을 위해 총궐기할 것을 격문과 성명서를 통해 발표하였다.

1906년 원주에서 옛 선비 박수창의 도움을 받아 의병 모집에 나서며 영월을 거쳐 단양의 영춘에서 정운경과 이규현, 장익환 등 동지들과 회합하였다. 또한 제천의 을미의병들과 회동하여 지원을 약속받고 정선 등을 다니며 의병들을 모집 후 궐기할 것을 준비 중에 있었다, 그러나 정보 누설로 정부의 원주 진위대에 의해 와해되었다. 이 시기 양평, 여주, 충주, 안성과 괴산의 박석여 의병들이 일어나면서 의병활동의 불쏘시기가 되었다.

(2) 제천의 이강년 의병

1907년 5월 충북 제천 이강년, 안성해, 백남규와 의병을 일으켰다. 무관 출신으로 군사와 경전에 밝았다. 춘추대의에 밝은 고고한 선비였다. 그는 한민족이 자주적 역량을 갖고 민족 주체성을 견지할 것을 강조하며 자주적 국권수호를 천명하고 있다.

이강년 또한 고종의 밀지를 받고 1907년 봄 제천, 충주, 원주, 횡성 등을 돌며 재기를 위한 항전 준비를 한 후 단양 영춘에서 격전을 벌였으나 영춘 순검과 일제 헌병들의 야습으로 패하였다. 이후 1908년 7월 청풍 까치성 전투를 비롯 충청, 강원, 경상 등 중부지방 도처에서 일군과 치열한 전투를 벌였다.

(3) 황간의 노응규 의병

을미의병 때 진주의병을 이끈 노응규는 그의 충정으로 정부에 발탁돼 중추원 의관을 지내다 고종의 암행어사 밀지를 받자 태인에 내려와 의병에 참여하나 최익현 의병이 해산되자 경남 창녕에서 여러 지사를 규합한 후 1907년 1월 20일 충청 ,전라, 경상도의 분기점인 충북 황간에서 봉기하다 와해되었다.

2) 호서(충남)지역의 의병항쟁
(1) 홍주의 민종식 의병

을사늑약이 체결되면서 의병들의 활동이 원주와 경기도지역으로 이어졌다. 충남 홍주[홍성]에선 그 지역 일대에 덕망 있는 선비로 이름나있던 전참판 민종식이 청양의 정산에 낙향해 있었다. 충남에서 을미의병 때 활동했던 이설, 안병찬, 임승주 등이 찾아와 국망을 당해 선비로써 의병을 모집할 것을 제의하자 항일 의병대열에 참여하게 된다.

1906년 3월 15일 청양 광시 장터에서 일제에 맞선 의병들의 궐기와 항쟁을 선언하고 약 500-600명의 의병을 규합하였다. 창의대장 민종식, 군사 안병찬, 참모 박창모 등으로 편제한 후 그 지역 유생인 채광묵, 이세영, 민정식 등이 참여하였다.

홍주의병은 궐기 후 홍주성 점령을 시도하나 굳게 닫힌 성문을 보자 공주로 향해 나아갔다. 청양의 화성면에 도착했을 때 서울에 알려졌다. 급파된 일제의 헌병과 경찰 약 200명으로부터 일제히 공격을 받고 안병찬, 박창모 등 수십 명이 체포되자 뿔뿔이 흩어져 와해되었다. 일제는 고삐를 늦추지 않고 탄압을 가했으나 의병장 민종식이 살아 있어 다시 재기를 모색하였다.

의병장 민종식은 청양 탈출 후 처남 이용구의 활약으로 또다시 의병을 모집하였다. 부여군 홍산에서 500여 명의 의병과 청양, 보령, 서천 등에서 온 이상구, 이용규, 문덕환과 함께 서천 관아를 습격한 후 공주로 나아가던 중 웅천의 남포에서 공주관군과 치열한 전투를 벌였다.

4-5일간의 치열한 전투 끝에 남포성을 점령하자, 보령의 유림 유준근이 합류하였다. 5월 19일 홍주성을 공략하여 점거하게 되자, 지역의 인물들인 이식, 윤석봉, 채광묵 등이 합류하였다. 남포성과 홍주성에서 승리는 의병들의 사기를 높여 그 숫자가 수천 명에 달했다. 다시 항일 투쟁에 나섰다.

이에 일제는 당황하여 공주, 천안, 수원의 진위대와 서울의 일개 중대 헌병, 경찰을 출동시켜 홍주성을 공격한 후 함락시켰다. 의병장 민종식, 이용규가 피신하였다. 그러나 대관 출신 이남규를 만나 다시 의병을 규합하기에 이르렀다.

1906년 6월 10일 예산 관아 공격을 모의하다 일진회의 밀고로 이남규가 체포되었다. 일경의 귀순 강요에 이남규은 "선비를 죽일 수는 있어도 욕보일 수는 없다."며 강인한 선비정신을 보이며 완강히 거부하자 무참히 죽임을 당했다. 1906년 11월 20일 민종식도 체포돼 진도로 유배되었다.

3) 전기 호남지역의 의병항쟁

(1) 태인의 최익현 의병

한말 대표적 유림인 화서 이항로 계열의 위정척사파로 상징되는 인물이었다. 그의 죽음은 500년 조선의 몰락과 유교 문화의 쇠퇴를 의미하였다.

격동의 시대 두려움 없이 시대와 같이 한 인물로 젊어선 대원군을 탄압하는데 앞장섰고 늙어선 강대국에 맞섰으나 늙은 이빨 빠진 호랑이에 불과했다.

그의 생애 전 기간이 선비정신[의義 정신]으로 무장한 투사였다. 이념에선 단호했으나 삶의 질을 위한 물질적인 면에선 문장만 있고 실제가 없었다.

최익현은 당시 호서 민종식과 함께 정산에 있었다. 민종식이 홍주 의병을 일으키자 최익현은 크게 느낀 바 있어 호남으로 내려온다.

1906년 그는 호남에서 의병을 일으킨 후 호서 및 영남과 함께 공동 전선을 구축하고자 했다. 최익현은 태인의 임병찬을 만나 자신의 뜻을 전하고 호남에서의 의병에 관한 모든 일을 위임하였다. 이에 임병찬은 의병모집, 군수물자, 통문작성 등 심혈을 기울이는 한편 포수들을 포섭하고 총검을 수리하며 물자를 비축하기 시작했다.

반면 최익현은 호서학파의 동문인 유인석에게 의병항쟁을 위해 공동전선을 펴 서로 호응할 것을 권유하고 영남의 문인 조재학과 호서의 민종식에게도 사람을 보내 거의擧義에 같이 참여할 것을 권유하였다.

한편 호남의 유림 기우만을 찾아 전남 담양 용추사에서 항일 거사에 대해 숙의하고 의병활동에 동참하기로 합의하였다.

용추사 회합 후 태인의 무성서원으로 돌아온 최익현은 일제를 성토하는 글을 남기고 6월 5일 정읍을 출발한다. 순창을 거치면서 행군 중 주변 지역의 의병들을 규합한 인원이 약 6,000명이 되자 6월 8일 남원 방면으로 진출하였다.

남원성 방비가 견고한 것을 알고 다시 순창을 향하였다. 이에 일제 또한 촉각을 곤두세우며 지켜보던 그들은 광주 방면의 진출에 대비하여 한국 주차군 1개 중대 및 광주, 목포, 군산진위대를 선발하여 순창에서 의병 진출을 봉쇄하기에 이르렀다.

6월 11일 광주 관찰사 이도재는 해산을 종용하고 진위대 군사들에게 결전에 대비할 것을 지시하였다. 최익현 또한 결사 항전의지로 대열을 갖추고 준비하던 중, 진위대 군사들이 동족임을 확인하게 되었다.

그는 "동족끼리의 싸움은 무의미하니 즉시 의병의 해산을 종용하였다." 이에 끝까지 남은 인원이 100여 명 정도였다.

6월 11일 전주, 남원 진위대의 공격에 최익현은 "여기가 내가 죽을 자리다." 하며 물러서지 않고 끝까지 버티면서 남은 자가 22명이었다. 이들 중엔 최익현, 임병찬, 고석진, 최제학, 나기덕 등 핵심인물 13인이 포함되어 있었다.

이들은 체포되어 14일 전주로 이송된 후 1906년 8월 14일 최익현 3년 임병찬 2년 선고받고 대마도에 유폐되었다. 1907년 1월 대마도 유폐 시 옥고를 견디지 못하고 순국하였다.

[새옹의 변]

태인 의병은 격전 한 번 없이 10여 일 유지하다 해산되는 것을 보면 너무나 소리만 요란하고 실천 없는 조선 선비들의 대표적 행동 철학을 볼 수 있다. 최익현은 노구를 이끌고 처음부터 명분만 내세웠지 싸울 의사는 없었던 것 같다.

그는 서울로 올라가 적장과 담판할 것을 명분으로 내세웠고 가는 곳마다 격문과 통문만 남발한 후 조선 선비의 올곧은 모습만 보였지 실제 아무 영향력이 없었다. 조선이 망한 모습을 여기서 찾아야 할 것이다. 500년 동안 이념에 사로 잡혀 명분만 내세웠던 선비들의 상징성이었다.

(2) 능주의 양회일 의병

전남 능주에서 의병장 양회일이 일으킨 의병으로 1906년 10월-1907년 4월까지 활동하였다.

능주의 양회일, 창평 고광순, 장성 기삼년 등 조선 대대로 내려오는 유학자 집안으로 국난을 당해 절개를 지킨 고고한 선비들의 집안이었다. 양회일은 화개 이광년, 남원 노현재, 보성 임창모, 동향 임노복과 임낙균 등이 모여 편성된 의병들로 1907년 7월 4일 능주와 화순 공격 후 광주 공격에 실패하자 해산하였다.

(3) 담양의 고광순 의병

고광순은 명분보다 실천을 우선시하는 강직한 선비로 고종의 밀지를 받고 활동한 대쪽 같은 선비였다.

1906년 태인 의병에 참여하나 해산되자 11월 광양 백낙구, 장성 기우만 등과 구례에 모여 의병을 일으켰다. 1907년 1월 담양에서 500명과 함께 궐기하였다. 4월 25일 화순 점령 후 광주 진위대에 해산됨에 고광순은 1907년 8월 해산의병을 규합하자 1,000명에 달했다. 지리산으로 들어가 활동하다 1907년 10월 연곡전투에서 전사하였다.

4) 영남지역의 의병항쟁

(1) 영천의 정용기 의병

을사늑약 후 정환직, 정용기 부자가 주동이 된 의병으로 정환직은 중추원 의관으로 고종의 측근이었으며 밀명을 받고 아들 정용기에게 의병에 나설 것을 당부하였다. 경상도 영천을 중심으로 영덕, 청송, 포항, 경주일대에서 활약했으며 1906년 3월-1908년 7월까지 항일전을 지속하였다.

아들 정용기는 영천지역 이한구, 송영각 및 정순기 등과 거사 계획을 세우고 동지 규합에 나섰다.

약간의 여유 있는 군자금으로 총기 및 무기류를 수집하여 1906년 3월경에는 의병이 약 1,000여 명에 달했다. 4월 8일 경주관내에 들어오자 경주 진위대의 간계에 의해 정용기가 체포되었다. 그 후 중군장 이한구의 지휘 아래 항일전을 벌이며 신돌석 의병과 연합한 후 영해, 영덕일대에서 종횡무진 일제를 괴롭혔다.

(2) 영해의 신돌석 의병

을사늑약 후 1906년 전반기 영남지역에서 활동하였고 1906년4월 영해서 약 200-300명의 의병을 규합하여 영해 및 영덕일대에서 활약한 평민의병장으로 탁월한 기동성을 갖고 산악지역을 근거로 유격전을 구사하였다. 1907년 8월 군대 해산 때까지 일제를 괴롭혔다. 그의 병력은 평민과 농민이 대다수였다.

5) 의병항쟁의 확산

(1) 조선군 해산

고종은 조선이 몰락하자 아관파천 단행 후 1년이 지나 대한제국을 성립시키며 황제가 되었다. 세상일이 다 새옹지마였던가. 그러나 그것도 잠시였다. 러일전쟁에서 승리한 일본은 1905년 11월 17일 강압적인 방법에 의해 을사늑약의 체결을 강요하였다. 그제야 고종은 황제자리와 국가 및 백성 모두를 잃은 것을 알게 되었다.

나라를 찾겠다는 결심에 미국 정부에 호소도 하려 했지만 실패하자, 국내 유림들에게 밀지를 내려 의병항쟁을 격려하나 큰 성과가 없었다.

고종은 1907년 6월 20일 네델란드 헤이그에서 열리는 제2회 만국평화회의가 개최되자 정부 관리 출신인 이상설, 이준, 이위종 등 3인에게 신임장과 밀서를 주어 참석케 하였다. 당시 밀사 3인 중 이준이 참석치 못하고 자결을 통해 순국하였다.

이 모든 것이 세상에 알려지면서 일제는 이 사건의 책임론을 들고 나와 고종을 강압적인 방법으로 압박해 퇴위시켰다.

1907년 7월 20일 순종이 즉위 후 24일 일제는 정미7조약을 일방적으로 강요한 후 체결하였다. 1907년 7월 24일 정미7조약을 통해 통감정치를 강화할 수 있는 법령 제정 및 사법업무, 관리 임명 등에 일본인 추천등 대한국 내정에 깊이 간여하며 조약 외 부속 각서를 별도로 두었다.

이 부속 각서에는

(1) 일본인 차관 정치제도

(2) 사법권과 경찰권의 귀속문제

(3) 군대 해산문제 등이 들어 있었다.

일제는 러일전쟁 직후 1904년 6월 14일 한국군 병제개혁이란 이름 아래 대한국군 15,000명 중 8,000명을 감축시키고 1907년까지 약 7,000명으로 서울시위대 2개 연대[총 6개 대대] 5,000명과 지방 8개 진위대 약 2,000명 등 합 7,000명 정도였다. 이토 통감은 대한국군의 해산에 앞서 일제는 소요사태에 대비하여 일본 정부에 육군병력을 요청하였다. 그는 1개 여단을 지원 받아 서울 및 각 지방 파견대에 경찰과 헌병을 나눠 배치하였다.

1907년 8월 1일 오전 8시 일제는 용의주도하게 서울의 연대 병력을 해산시키기 위해 조용히 중대장과 대대장을 불러 사병들로부터 무기를 반납 받고 훈련원에 모집한 다음 해산할 예정이었다. 이를 눈치 챈 일부군인들인 제1연대 제1대대, 제2연대에서 항일 투쟁이 일어나게 됐다.

제1연대 1대대장 참령 박승환이 "군인으로 나라를 잃고 임금에게 충성할 수 없으니 죽는 게 마땅하다."는 유서를 남기고 자결하였다.

이 소식에 2연대 1대대 중대장 오의선 정위도 분에 못 이겨 자결하자 제2연대 1대대 남상덕 참위가 "우리 모두 박 참령과 함께 합시다."라고 큰 소리로 외치자, 주위 모든 장병들이 호응하며 "일제를 박멸하자."고 하였다.

이에 남상덕을 비롯한 모든 장병들이 무기고를 점령하고 무기와 탄약을 지급받고 일제에 대항하였다.

남대문에서 시작된 전투는 백병전을 방불케 하며 서대문으로 오후 늦게까지 치열한 공방은 계속되었다. 일제의 장교 및 사병 수십 명에게 막대한 인명 피해를 입혔다. 대한국군 또한 50-60명의 사상자와 100여 명에 가까운 부상자를 내고 해산군의 지휘자인 남상덕이 전사하자 밤을 이용하여 모두 시외로 흩어지기 시작했다

(2) 원주의 민긍호 의병

서울 군대의 해산 소식이 지방 진위대에 전해지자 장병들이 동요하며 흥분하기 시작했다. 8월 2일 원주 진위대 대대장 홍유형이 서울로 상경하자 특무정교 민긍호와 대리 김덕제는 장병들에게 봉기할 것을 선동하였다.

장병들은 무기고를 습격하여 소총 1,500정과 탄약 45,000발을 확보하고 지역 경찰, 헌병 분견소를 습격하여 원주 지역을 장악하였다. 원주 지역을 장악한 김덕제는 강원도를 중심으로 평창, 강릉, 양양, 삼척 등으로 이동하였다.

민긍호는 충주, 제천, 여주로 진출하여 일제의 여주 분견소를 습격하여

무기를 노획한 후 일죽과 장호원을 거쳐 충주에 돌아왔을 때는 의병이 1,000여 명에 달했다. 민긍호 의병부대는 제천을 공략하기 위해 주천에서 이강년 부대와 연합전선을 구축하고 공격하여 제천을 점령하였다.

중부 내륙에서 의병들의 항쟁은 일제에 경각심을 주어 서울에서 일개 대대 병력이 동원되었다. 이에 일군과 치열한 공방을 벌린 뒤 유유히 사라지자 일제는 제천지역의 시가 및 촌락을 무차별공격 초토화시켜 민간인까지 피해를 입히는 참상을 저질렀다.

민긍호, 이강년 의진은 강원 북부로 이동하며 1907년 10월 영월, 고성, 강릉, 춘천, 양구 등으로 활동 영역을 넓히면서 11월 13도 창의 대진소에 참여하게 되었다.

그러나 관동창 의군을 전국적 규모로 확대하기 위해 원주에서 제천, 양구, 지평, 양주로 의진을 옮기면서 일본군과 수차례 전투를 하였다.

(3) 강화의 연기우 의병

8월 9일 강화분견소 전 찬교 유명규, 부교 연기우, 지홍윤의 주도로 100여 명이 모여 무기고를 점령한 후 의병활동에 동조한 강화 주민과 함께 강화 읍성을 공격하였다.

일제의 수원 진위대가 출동하면서 갑곶 돈대 부근에서 치열한 전투를 벌렸다. 이후 연기우 의병은 지안으로 지홍윤 의병부대는 해서 쪽으로 이동했다.

(4) 경기의 허위 의병

1907년 10월, 김진묵과 왕희종에 의해 전 참판 허위가 의병장에 추대되면서 경기도 북부 지방인 적성, 안협, 토산 등에서 약 500여 명의 의병들이 모였다. 이때 강화에서 내려온 연기우, 지홍윤과 함께 연합전선을 형성한 후 경기 북부지역에서 활발한 의병항쟁을 전개하였다.

(5) 13도 창의군 연합의병

1907년 8월 말, 원주에서 의병활동 중이던 이구채와 이은찬이 여주 출신 옛 의병장 이인영을 문경으로 찾아갔다. 이구채와 이은찬은 전국 규모의 의병 연합체 구성을 제의하며 이인영과 함께 원주에 의병 원수부를 차리고 원주출신 민긍호의 지지를 얻은 후 전국 단위의 격문과 통문을 보내 13도 관동 창의군 설치를 제의하였다.

인근에 있던 경기 북부의 허위부대와 제천의 이강년 부대가 협력하면서 관동 창의군이 창설되고, 양주에서는 각도의 대표적 의병과 연합의진이 결집되면서 전국각지의 16개 의진이 합세하며 10,000여 명의 의병이 모집되었다.

13도 창의군이 형성되자 전국적인 의병부대를 편성하였으나 전라도와 경상도 의병이 도착하지 않으므로 1908년 1월경 재정비하였다.

13도 창의 대진소 총대장	이인영
군사장	허위
관동 창의대장[강원도]	민긍호
호서 창의대장[충청도]	이강년
교남 창의대장[경상도]	신돌석·박정빈
진동 창의대장[황해도]	권중회
관서 창의대장[평안도]	방인관
관북 창의대장[함경도]	정봉준

등으로 정해지면서 강원도를 기반으로 한 이인영 계와 경기도의 허위 계열의 의병부대에 충청도의 이강년의 의병부대가 포함된 중부지방 최대의 연합 의병부대라고 할 수 있다.

13도 연합 의병부대는 서울을 목표로 진격하였다. 군사장 허위가 선발대 300명을 이끌고 동대문 밖 30리 지점에 진을 치고 연합 의병부대를 기다리던 중 일본군의 공격을 받고 격렬하게 격전이 벌어졌지만 후속 부대가 도착하지 않자 결국 퇴각하였다. 이 와중에 총대장 이인영이 부친상을 당하였다. 총대장 이인영은 '불효는 곧 불충이라.'며 지휘권을 군사장 허위에게 맡기고 귀향하는 어처구니없는 일이 벌어졌다.

총대장이 연합의병에서 떠나자 13도 창의 대진소는 와해되고 각각 의병부대는 본래 활동 근거지로 떠나야 했다.

서울 진공 계획의 실패 후 경기지역 의병장 허위는 제2차 서울 진공계획을 준비하였으나 일제의 월등한 화력과 정보 미비로 인해 준비 단계에 머물렀다. 1908년 2월 민긍호는 연합의진이 해체되면서 약 1,200명의 의병을 이끌고 귀대 중 일본군의 습격을 받고 치열한 전투를 벌였으나 70여 명의 사상자를 내고 뿔뿔이 흩어졌다.

그중 100여 명의 의병은 원주의 치악산 아래 강림촌 근처에 도착하였을 때, 쫓아오는 일제와 격렬하게 싸웠으나 중과부적으로 민긍호는 일본군에 체포되고, 허위 역시 같은 해 6월 10일 경기도 양평군 서면에서 체포되었다. 이강년 또한 9월 1일 제천 인근 적성에서 일본군과 치열한 접전 후 왼편 발목에 부상을 입고 체포되었다.

이인영 역시 1909년 6월 체포되자, 13도 창의군 의병대장 등 중요 인물들이 모두 체포되면서 중부 내륙지방의 거대 연합의병 활동은 위축되었다. 그러나 이들의 의병부대는 군사장 혹은 인근 의병부대장 등에 의해 의병활동이 이어지고 있음을 볼 수 있다.

(6) 포천의 이은찬 의병

1908년 허위가 체포된 후 10월 포천에서 이은찬이 허위 의병부대를 계승하여 창의 원수부를 창설하였다. 좌군장 윤인순과 함께 의병 활동을 하나 민폐가 되지 않게 주의 깊게 행동하였다. 지역에서 멀리 떨어진 일본 경찰 분소를 습격하고 일진회 및 밀정 등을 찾아내 처단하는가 하면 납세 거부

투쟁을 통해 주민들의 지지를 획득하였다.

이은찬, 윤인순 의병부대에 의병들이 증가하면서 소부대 별로 나누어 활동하며 신출귀몰하게 경기도 북쪽인 파주지역부터 포천, 양주, 여주 등에서 일제와 군경에 막대한 피해를 주었다. 1909년 3월 윤인순이 경기도 적성 전투에서 전사하고 이은찬 역시 3월 말 서울 용산에서 체포되었다.

이에 윤인순의 참모장 홍원유와 이한경이 의병부대를 양분하여 홍원유는 적성, 파주 등에서 의병활동을 하였다. 유인순의 부장 정용대가 독립하여 교하, 강화, 김포에서 활동하다 1909년 9월 체포되자 적성 출신 전성서가 계승하였다. 전성서는 강기동 부대 좌군장이 되었다.

한편 이은찬이 1909년 체포되자 부장으로 있던 강기동이 남학서와 함께 계승한 후 강화 의병장 연기우와 연합 전선을 형성하며 항일 투쟁을 벌였다. 강기동은 일제의 집요한 추적에 결국 의병부대를 1910년 12월 해산하고 북간도로 망명을 위해 원산으로 갔다 1911년 2월 체포되었다.

(7) 제천의 이강년 의병, 영해의 신돌석 의병, 안동의 정환직 의병

위의 의병은 을사늑약 후 계속적으로 활동하고 있는 의병들이었다.

1907년 9월 이강년 의병은 일본군에 대처하며 중부지방에서 기세를 올리며 원주의 민긍호 의병 및 신돌석 의병과 연합 전선을 펴고 있었다.

그는 1908년 8월 영월 주천에서 의병 대장으로 선임되었다.

이후 원주의 민긍호 의병과 연합하여 충북 제천 천남전투에서 승리하였다. 이 전투는 약 2,000명의 의병이 참여하여 4-5시간 혈전을 벌인 후 일본군을 격퇴시키면서 당시 일본군에 커다란 충격을 주었고 이어 일본의 대대 병력이 증강되어 제천 지역을 초토화시켰다.

이때 이강년 부대는 제천-청풍-충주로, 민긍호 의병부대는 제천-주포-충주로 이동 중이었다. 충주성 공격에는 민긍호 의병부대가 도착이 늦어 충주성 점령에 실패하고 이강년 의병부대는 단양을 거쳐 죽령을 넘어 경북의 문경, 풍기 쪽으로 진출하고 있었다.

다시 단양 영춘으로 돌아와 영춘에서 일본군과 교전 후 11월 죽령에서 치열한 전투를 벌이며 소백산을 넘어 영주로 진출하였다. 영주의 전투에 울진, 영해 일대의 신돌석 의병부대도 동참하게 되었다. 이들은 영주의 헌병분견소를 파괴 후 퇴각하였다.

11월엔 이강년 의병부대는 13도 창의대진소로 연합을 위해 강원도로 북상 중이었다. 그러나 일본군의 계속된 추격과 추위로 북상을 단념하고 다시 남하하였다. 충북 북부, 경북 북부, 강원 남부 등에서 신출귀몰하게 일제의 군경과 격전을 벌이던 중 1908년 9월 1일 제천 인근 적성에서 일본군과 혈전 후 체포되었다.

신돌석 의병부대는 1906년 4월에 창의하여 1908년 12월까지 활동하였다. 경북 영해출신 평민의병장으로 유명했다.

그는 영해, 울진, 삼척 등지에서 이강년 의병 및 민긍호 의병과 연합전선에 동참하는가 하면 태백산맥을 넘어 청송, 청도, 영양 등에서 활동하였다. 그는 풍기, 영주, 안동 등 영남 일대와 강원도 남부, 충북 북부에서 활약하며 일본군 분견소를 습격하여 피해를 주고 울진 삼척에서는 어장 침탈에 공격 목표를 삼고 일진회원들을 습격, 한동안 그들이 두려워할 정도였다.

일제는 1개 대대를 동원한 후 6개 소대로 편성하여 산간벽지를 찾아다니며 진압작전을 폈으나 안동 의병 유시연과 연합하여 일제의 군경을 따돌렸다. 일월산을 근거지 삼아 눈부신 투쟁을 하였다. 1908년 10월 이탈자가 생기면서 12월 의병부대는 와해되었다.

정환직 의병은 고종의 측근으로 밀지를 받고 1906년 3월 아들 정용기가 의병을 일으키나 7월 입암 전투에서 패배 후 정환직이 직접 안동에 내려와 의병을 조직하였다.

경북 남동부와 청송 보현산 일대에서 활약하였고 1907년 9월 영덕, 청송, 경주 등지에서 활동 중 12월 일본군 수비대에 체포되자 최세운이 전열을 정비 계승하며 1908년 2월까지 일제의 군경과 격전을 벌이나 세의 부족으로 1908년 7월 체포되어 의병조직이 와해되었다.

6) 그 밖의 의병

(1) 당진의 정주원 의병과 청주의 한복수 의병

그밖에 당진의 정주원 의병, 1907년 8월 경기도 죽산에서 의병을 일으킨 후 안성, 수원을 거쳐 서산, 당진 등에서 의병활동 중 1908년 7월 충남 해미에서 체포되었다.

청주의 한복수 의병은 1907년 9월 청주 진위대 소속의 김규환 의병부대에서 활동 중이었다. 1908년 7월 청주의 세교 전투에서 일군과 교전 후 김규환 의병부대와 결별하고 독자적 의병활동을 하다 1910년 5월 체포되었다.

그 외에도 여러 지역에서 의병항쟁이 일어났다.

7) 후기 호남 지역의 의병항쟁

후기 호남지역의 의병항쟁은 조선 500년 역사의 마지막을 장식하는, 선비들이 대의를 위해 목숨도 아끼지 않는 당당한 모습을 보여 주고 있다.

성리학에 뿌리를 둔 학맥과 전통 유학자 자손들에 의해 초기 의병활동이 주도되면서 호남 전체로 확대되고 이들의 항일 항전을 통해 강인한 민족의식을 나타내고 있다.

1906년 6월 최익현에 의해 태인 의병이 일어난 후 1907년 10월 전남 장성에서 노사 기정진 계열의 기삼연에 의해 장성 수연산 석수 앞에서 호남창의 회맹소가 결의되었다.

그 후 장성 문수사 전투에서 승리하며 약 400여 명의 의병들이 장성, 담양, 영광 무장, 고창 등에서 활동하게 되었다. 이와 때를 같이하여 전북에선 이석용에 의해 1907년 10월경 진안 마이산에서 호남창의소를 결성하며 약 300명 정도가 활동하고 있었다.

이때 김동신이 기우만과 구례에 와있던 고광순과 연합을 모색하며 정읍 내장산 사찰에서 의병을 일으켜 삼남창의소를 결성하였다. 삼남창의소는 충청, 전라, 경상도 등 3도 출신의 의병부대를 의미하였다.

이들은 10월 수안읍의 분파소를 공격하고 지리산으로 이동하여 구례의 고광순과 함께 지리산을 거점으로 항일전선을 형성하였다. 호남지역인 남원, 곡성에서 경상도 하동, 함양까지 활동 영역을 넓혔다.

이석용과 김동신은 연합전선을 모색하지만 서로 의견의 차이를 좁히지 못하고 각자 분진하여 활동하기로 하였다.

김동신 의병부대의 적극적인 항전은 일제의 군사 작전을 불러와 진해만과 진주주둔 경찰, 헌병중대 병력이 투입되면서 하동군 탑촌에서 기습 공격하는 일본군과 격전을 벌이다 고광순 이하 25명이 전사하고 많은 부상자가 속출하였다.

이때 일제는 김동신 의병의 근거지였던 지리산 문수암을 공격하여 불태워 버렸다. 끈질긴 지리산에서의 유격전술로 인해 피해를 본 일본군은 전주 및 광주 지역의 헌병중대를 동원, 전라도 전 지역에 대한 공격을 감행했다. 담양과 광주진위대인 합동 토벌대에 의해 금성산성 전투에서 격전을 벌렸으나 패배하였다. 전북의 경우 이석용, 김동신 의병부대는 큰 타격은 입지 않았으나 계속되는 공격에 일시 의병부대를 해산하였다.

이에 전남의 호남창의소 의병장 기삼연이 1908년 2월 2일 전북에서 체포되자 호남창의 회맹은 재빨리 나주의 김태원, 영광의 김용구, 함평의 이남규 등에 의해 분진되었다.

문태서 : 경남 함양 출신으로 1907년 10월 덕유산에서 의병부대 결성. 신

명선 의병부대와 연합전선을 형성한 후 산악지대 및 유격전술로 60여 차례 혁혁한 전과를 세웠다.

1907년 10월 의병 300명으로 장수사에서 일군 30여 명을 전멸시켰다. 1908년 4월 10일 장수, 무주 습격 후 13일 신명선부대가 무주 칠연계곡에서 기습을 받아 의병장이하 42명이 전사하며 거의 전멸 상태였다.

1908년 6월 전북에서 항일전이 격감하게 되자, 1909년 1월 의병진을 재건한 다음 덕유산 일대에서 격전을 벌렸고 1911년 8월 체포되었다.

전남에선 기삼연의 회맹에서 분진한 김태원 의병이 활약하였다.

1908년 1월 24일 일제의 광주 수비대가 진압작전에 돌입하였다.

담양 무등촌 전투에서 기습 공격하는 일본군을 산등성이 바위 밑에 매복한 다음 반격하여 일본 헌병 10여 명을 사상케 하였다.

1908년 1월 30일 기삼연 의병장이 담양 금성산성에 머물 때 일군의 습격을 받아 전투 중 기삼연이 체포되었다. 일본군의 1908년 1월 말 호남지방의 대대적인 진압작전은 전남에 큰 피해를 주지 못했다.

이에 김태원은 1908년 3-4월 장성 토천 전투에서 일본군을 격파하며 일군 수십 명의 사상자와 의병 10여 명의 전사자를 냈다. 4월 들어 일본군은 또다시 광주 수비대와 특수 수사대등 8개 부대를 편성하였다. 대대적인 의병 소탕작전에 1,000여 명을 동원하여 공격하며 어등산에 들어왔다. 이때 김태원, 김율 형제가 같이 전사하였다.

이들의 반일 투쟁은 심남일, 전해산, 조경환 등으로 이어졌다.

전남에서 기삼연, 김태원, 김율 형제의 뒤를 이어 김율의 부장이었던 심남일에 의해 독자적인 의병부대가 조직되었다.

심남일은 함평 유생 출신으로 1908년 4월-1909년 9월까지 반일 투쟁을 전개하며 함평, 나주, 화순, 보성, 장흥, 해남 등 전남 남부지방에서 활동하였다.

전해산은 전북 임실출신으로 1907년 후반 이석용부대의 창맹단에서 활동 중 남쪽으로 내려와 광주와 나주에서 활동 중인 오성술과 조경환을 만나 흩어진 의병들을 수습하여 재편한 후 조경환과 분진, 독자적인 대동창의단을 결성하였다.

전해산은 서부 곡창지대인 나주, 무안, 함평, 광주, 고창 등에서 약 300명의 규모로 활동하며 심남일, 조경환 등과 연합전선을 펴 일본군에 심각한 타격을 주었다.

조경환은 광주, 영광, 장성, 담양등지에서 활동하며 1909년 1월 광주 어등산 주둔 중 일본 헌병대의 급습으로 전사하였다.

전해산 역시 1909년 4월 일본군과 격전 후 패하였다.

김원국, 김원범은 1908년 9월 조경환 부대서 활약하였다. 1909년 2월 독립하여 호남의소를 결성하고 나주, 광주에서 활동하였다.

강진원은 전남 순천 출신으로 1908년 7월 순천에서 거병, 인근에 활동 중인 조규하 의병장과 연합 투쟁할 때 나주 의병을 합류, 1908년 9월 곡성 평전촌 전투에서 일본군 수비대 및 헌병대와 격전을 벌이다 조규하 의병과 다수 의병이 전사하였다.

안규홍은 머슴으로 1908년 4월 동소산에서 봉기, 1908년 4월-1909년 4월까지 활동하였다.

황병학은 광양 출신으로 1908년 8월 하순 백운산에서 궐기한 후 전남 동부에서 활약하였다. 그 외 황준성, 이기손, 양진여 부자 등 다수의 의병들이 항일 투쟁에 나섰다.

당시 호남의병의 격렬한 항전에 맞서 일본군은 1909년 9월부터 약 2개월간 남한 대토벌 작전을 전개한다. 의병의 진압은 물론 일반 인민들까지 학살하고 민가에 방화도 서슴지 않는 초토화 작전으로 호남 의병은 거의 자취를 감추게 되었다.

8) 중, 북부지역의 의병

(1) 평산의 박정빈 의병

황해도는 서울과 인접한 지역으로 을사늑약 후 유림출신 우동선이 구월산에서 의병을 일으켜 재령, 신천, 안악 등에서 활약하다 1908년 10월 체포되었다.

전 목천군수 박정빈은 유인석의 문인으로 유학자들에 의해 주도되었다.

한편 유인석 계열의 전 목천군수 박정빈에 의해 해산 군인을 비롯, 농민, 포수를 합해 약 2,000명을 규합하였다. 평산 의병은 황해도, 강원도, 경기도를 넘나들며 산악지대를 근거지로 유격활동을 하였다. 그들은 강화의 연기우, 경기도의 허위 의병장과 연합전선을 모색하여 장수산과 멸악산을 근거지로 활동하며 일제에 치명적인 타격을 주었다.

일제는 4개 토벌대를 편성하여 무차별 진압작전을 펼치면서 많은 사상자가 났다. 이에 책임을 느껴 의병장 박정빈은 '평산 의병' 조직을 우병열에게 맡기고 고향으로 돌아가자, 우병열은 사위 유격장 이진용과 함께 일제에 대항하며 평산 온정리 대룡전투에서 격전을 벌였다.

또한 1908년 4월 유격대장 이진용에 의해 무장투쟁이 전개되었다. 이들의 무장투쟁은 철로폭파, 일제분견소 등을 습격하였다. 이에 일본 수비대 및 헌병경찰대가 무자비한 진압작전으로 의병 약 300명이 체포되자 이진용은 서간도로 망명, 한정만이 1914년 체포되면서 와해되었다.

(2) 평안과 함경지역의 홍범도 의병

서울과 인접한 황해도지역이 유교적 이념인 충효사상에 의해 의병투쟁이 계속되고 있지, 평안도, 함경도 등 유교적 의식이 희석된 지역에선 조선의 외교권 및 고종의 퇴위보다는 1907년 9월 총포 및 화약류 단속법에 의한 생존권 투쟁이 현실적이었다.

평안도 성천출신 채응언은 해산군인으로 신출귀몰한 작전을 펴 황해도 곡산, 평안, 강원, 한남 등에서 활약하였다.

또한 함남의 홍범도는 평양 출신으로 1907년 9월 일제의 총포 및 화약류 단속법에 따라 10월 일제의 무기 회수반이 도착하여 각 지역의 무기류 회수에 나섰다. 그러나 산악지대에서 생활하는 포수들에겐 총은 생명과 같았다. 수렵은 생활의 수단이며 총기는 그들의 생명과 같았다. 홍범도는 일제의 무기 회수에 반발해 50-60명의 의병을 조직하였다.

1907년 11월 15일 함남의 임창근은 후지령을 기습, 북청, 해산 등지에서 승리한 후 또다시 25일 후지령에서 일제와 격전을 벌렸으나 양측 모두 많은 사상자를 내었다. 이때 임창근이 전사하고 홍범도가 의병활동을 계속하게 되었다. 홍범도는 차도선과 함께 광산 노동자, 해산군인, 화전민 등 약 1,000여 명을 모아 삼수갑산, 북청, 단청 등지에서 일군과 싸워 승리했다. 그러나 일제의 끈질긴 추격에 1910년 3월 서간도로 망명한 후 독립운동에 투신하였다.

함북의 경성의병은 최경희, 임봉송에 의해 주도되었다. 한남, 북청, 산포수 등은 연해주 의병 등에 의해 영향을 받았다.

1908년 10월 이남기에 의해 주도되다 쇠퇴하고 북간도 러시아령으로 망명하게 된다.

이로써 대한제국 내에서의 의병활동은 종지부를 찍고 연해주, 간도지방으로 이동하여 독립투사로 헌신하고 있다.

[새옹의 변]

을사늑약 후 의병투쟁은 전직 관료나 유림들에 의해 의병투쟁이 이루어지나 1907년 군대해산을 계기로 의병투쟁은 시간이 지날수록 평민들에 의해 주도되고 있음을 볼 수 있다.

을사늑약이 체결됐는데 백성들의 반응은 별로 없었다.

(1) 이는 이미 대한제국은 망했다는 인식이 백성들 사이에 존재하고 있었다.

(2) 조선의 선비정신인 의義 정신이 국가의 위기에도 나타나지 않고 있다.

(3) 그만큼 선비정신이 낡고 녹슬었다는 의미였다. 이에 고종이 미국인 헐버트에게 직접 편지를 보내고

(4) 전직 관료로서 향리에 있는 유림들에게 밀지를 주어 봉기할 것을 촉구하였다.

(5) 제2차 만국평화회의가 헤이그에서 열리자 3인의 밀사를 보냈다. 그러나 위의 사건들이 별로 국가를 구하는데 힘이 되지 못했다.

전직 관료 출신 및 유림들의 활동을 보면 이미 대한제국이 몰락할 수밖에 없는 이유를 확인할 수 있다.

(1) 이석용   (2) 최익현   (3) 이인영

(1) 이석용

의병투쟁을 하다 일경에 체포되자 그들의 신문에 "대의를 만천하에 펴기 원하며 성공하고 못하고는 예측할 바가 아니다."라고 말하고 있다.

(2) 최익현

의병을 일으키기 위해 70세가 넘은 노구를 이끌고 태인으로 내려가 임병찬의 협조를 얻어 태인 의병을 일으켰다.

전라도 각지를 다니며 의병을 모집하고 거사하는 과정에서 일제의 광주 진위대와 마주치자 같은 민족과 싸울 수 없다하여 의병을 해산시켰다. 참으로 어처구니없는 일이 일어났다.

최익현은 처음부터 전투할 마음이 없었다. 의병을 이끌고 서울로 가 일제

와 담판을 하겠다고 하였다. 일제와 담판할 일이 있으면 도끼를 들고 혼자 갈 일이지 10-15일씩 의병을 모집 후 이리 저리 끌고 다닌 이유는 무엇인가. 이미 최익현도 조선과 마찬가지로 늙어 있었다.

(3) 창의 대장 이인영

(ㄱ) 적을 앞에 두고 대장은 엄정한 위치에 있어야 했다.

(ㄴ) 전국 의병을 소집한 창의대장으로 부친의 부음을 듣고 자리를 떠났다.

(ㄷ) 이미 나라는 망하고 임금도 없는 나라를 찾는 것보다 그는 부모에 대한 효孝가 더 중요했다.

(ㄹ) 충忠보다 효孝를 우선하는 조선의 전통적 선비정신을 보게 된다.

(ㅁ) 국가가 망하면 자신도 망한다는 의식을 못하는 처사로 자신만 의義로우면 된다는 생각이며

(ㅂ) 이는 조선 500년간의 선비정신의 한계를 보여 주고 있다. 나라가 망하는데도 부모상이 먼저였다.

적을 앞에 두고 위의 의병장들의 행위를 보면 조선을 위해 나아가 싸운 인물은 하나도 없었다.

이석용은 자신의 의義를 천하에 나타내려 했다. 최익현 또한 늙어 그의 절개를 돋보이기 위해, 이인영 또한 창의 회맹에 걸맞지 않게 나라보다는 부모상이 먼저였다. 조선의 선비정신인 의義 정신이 500년 후 이들의 행위를 보면 늙고 낡았다고 밖에 볼 수 없다.

이는 이미 대한제국의 멸망을 예고하였다. 이 당시 1907년도에는 근대이념을 가진 사상의 대두로 인민의 의식이 많이 변화되어 있음을 알 수 있다.

3. 애국계몽운동

1898년 고종에 의해 독립협회가 해산된 뒤 근대국가이념에 바탕을 둔 민족정신은 1904년 7월 보안회가 조직되면서 계몽운동의 활로를 찾기 시작하였다. 을사조약 직전 1904년 러일전쟁의 전운이 짙어지며 전쟁이 일자 1904년 6월 6일 일본은 조선에 황무지 개척권을 요구하였다. 이에 7월 보안회가 조직되어 격렬하게 저항하자 일본은 그들의 요구를 철회하였다. 그 후 대한제국에 압력을 가해 보안회를 해산시켰다. 1905년 헌정연구회가 이준, 윤효정, 양한묵 등에 의해 조직된 후 독립협회 등에서 제시한 내용 등을 연구하며 많은 진전을 보았다. 그러나 을사조약 직후 해산되었다.

1906년 4월 대한자강회가 장지연, 윤효정, 임진수, 심의성 등에 의해 결성되었다. 대한자강회는 독립협회 운동을 이어 받으면서 당시 독립협회 운동에 참여했던 인물들 대부분이 참여했다. 윤치호, 이상재, 장지연, 양기탁, 박은식 등이 참여하여 활기를 띠었다. 이들은 자강회 취지문에서 자강은 교육과 산업진흥에 있으며 이를 두 개의 지주로 삼아 실력을 배양할 것을 강조하였다. 이를 통해 우리 민족정신을 강화하여 독립 쟁취 후 근대 국민 국가 수립에 있음을 분명히 하고 있다.

대한자강회는 전국적인 지회를 두고 《대한자강회보》를 발행하였으며 정기적으로 연설회를 갖는 등 활동을 넓혀갔다.

1907년 6월 헤이그에서 열린 제2차 만국평화 회의에 고종이 밀사를 파견한 것이 알려지자 일본은 고종을 강제 퇴위시키고 1907년 7월 4일 정미조약 체결 후 군대를 해산하였다. 일본의 침략이 고종의 퇴위와 보호국화로 치닫자 반일운동이 전개되었다. 이완용 정부는 7월 신문지법과 보안법을 공포한 후 대한자강회를 해산시켰다. 1907년 11월 대한자강회 회원들은 천도교 측과 교섭한 후 다시 대한협회를 조직하였다.

대한협회는 교육과 산업진흥을 통한 국권회복에 두고 일본 침략 만행이 점차 식민지화의 길로 좁혀오자, 학생, 지식인, 전직 관료, 종교인, 유생 출신 등의 절대적 지지를 받으며 전국 군 단위까지 70여 개의 지소를 두고 수만 명의 회원을 확보하였다. 그러나 대한협회의 조직이 대단위가 되고 당시 일진회 회원들과 보부상들이 가입하였다. 이는 대한협회의 기본 취지에서 벗어나 현실 정치에 참여하는 등 조직의 난맥상으로 항일 주도세력이 탈퇴하고 신민회로 이동함을 볼 수 있다.

1907년 4월 미국에서 돌아온 안창호는 민족정신을 내세우며 국권회복과 자주독립을 위해 활동했던 자강회 인물들인 윤치호, 양기탁, 윤효정, 이동휘, 이동녕과 함께 비밀결사단체인 신민회를 조직하였다. 신민회는 비밀결사로서 회원의 입회에 엄격한 규정을 적용하여 민족의식 고취와 국권 회복에 헌신할 수 있는 자로 제한하였다.

신민회의 조직은 중앙에서 지방, 군 지역까지 조직되어 5명에 1명의 반장을 두고 점조직 형태로 종적으로 구성되었다. 자신의 앞 사람만 알고 있을 정도였지 횡적인 관계는 고려치 않았다. 그러나 회원들의 이름을 보면 독립협회 회원 약 40-50명을 포함해 자강회 회원이 대부분이었다. 신민회 취지문도 민족정신 발현을 위해 독립정신을 고취하고 교육과 산업 진흥을 통해 자강에 힘쓰면서 결정적인 시기에 독립을 위해 실력 양성을 목표로 하였다.

신민회는 이를 행동으로 옮겨 평양에 대성학원과 정주에 오산학교를 설립하였고 태극서관과 자기 회사도 운영하였다. 1910년경엔 회원 수가 약 500명에 달했다.

신민회는 1910년 8월 한일병합 후 활동 방법을 두 계통으로 크게 나누었다.

(1) 안창호 계열: 애국계몽과 실력 배양을 갖춰 민족정신 함양과 독립의 기회가 올 땐 민족정신 발현을 목표로 국내에 잔류하였다.

(2) 이동휘 계열은 무장 극일항쟁을 주장하였다.

이에 안창호는 미국으로 건너가 흥사단을 조직하여 독립운동을 펼쳤고, 이동휘 계열은 만주와 연해주로 망명하여 무장 독립운동을 펼쳤다. 나머지 국내에 머문 신민회 회원들은 1911년 9월 일제는 총독 암살사건을 조작하여 국내에 있던 신민회 회원 및 지식인 600여 명을 검거한 후 105명을 기소하면서 105인 사건으로 알려졌다.

이들의 일부는 복역 후 해외로 망명하여 10여 년 후에 일어난 3·1운동에 주동세력으로 활약하는 것을 볼 수 있다.

이 나라 민중은 100여 년 인권을 중심으로 끈질기게 투쟁하였다. 천주교와 동학민중혁명은 조선의 몰락과 유교문화의 쇠퇴를 가져오며 신분제를 혁파시키고 인권이란 가치를 세웠다.

서재필은 독립협회를 통해 인권과 자강을 제시하였다. 여기에 우리 민족이 그동안 100여 년 쌓아올린 인권의 가치가 근대국가 이념으로 자리 잡게되고 이를 승화시켜 민족정신을 형성하게 되었다.

그 후 헌정회, 대한자강회, 신민회을 거치며 확고한 민족정신이 함양되었다. 이는 극일항전으로 이어져 한민족의 독립을 향한 장엄한 항전을 전개하였다. 10여 년 후 3·1운동을 거쳐 상해에 임시정부를 수립하게 된다.

4. 근대 이념에 의한 극일항전

1) 시일야방성대곡是日也放聲大哭

일제의 엄격한 통제하의 언론이었으나 황성신문의 주필 장지연은 을사늑약에 비분강개하여 시일야방성대곡이란 사설을 통해 조선 전 인민에게 백성으로써 비통함을 알리고 2천만이 힘 모아 다시 일어설 것을 맹세한다는 사설을 쓰고 있다.

2) 정명운, 장인환의 저격

이 당시 민족 운동과 병행하여 1908년 3월 미국 샌프란시스코에서 대한제국의 외교고문으로 일제에 협력한 스티븐슨이 도착한 후, 한국에 대한 보호국화를 찬양하는 기자 회견을 하자 전명운, 장인환에 의해 저격당했다.

3) 안중근, 이토 처단

1909년 10월 26일 중국 하얼빈에서 한국의 안중근에 의해 당시 가장 힘있던 이토 히로부미가 암살되었다.

이토는 조선의 개화 시기인 1880년대부터 극동에서 일본의 패권을 노리고 활동하던 인물이었다. 약 30년이 지난 현재 일제의 막강한 군사력을 배경으로 아시아의 제국주의자로 성장하는데 한축을 담당한 인물이었다. 안중근은 1905년 을사늑약과 1907년 헤이그밀사사건을 계기로 일제가 고종을 퇴위시키자 대한제국의 몰락을 예감하고 국내에서 의병항쟁보다는 민족의 독립을 위해 연해주로 이동하였다.

그의 민중교육은 민족의식 고취와 독립투쟁에 있었다. 그가 대한제국에 대한 진공계획을 세우던 중 이토가 하얼빈에 도착할 것을 알게 되자 동지들과 함께 이토 처단 계획을 세운다.

저격 장소로 체가 구역과 하얼빈 두 곳을 정한 후 체가 구역은 우덕순과 조도선이 책임지고 하얼빈은 안중근이 담당하였다.

1909년 10월 26일 이토가 삼엄한 경비 속에 하얼빈에 도착하자, 안중근의 노련한 솜씨는 삼엄한 경비를 뚫고 정면으로 다가가 10보 거리에서 권총을 발사 이토를 그 자리에서 처단하였다. 안중근의 이토 처단 소식은 세계를 경악시켰다. 승승장구하던 일본의 머리채를 자른 격이었다.

중국정부와 약소국들이 크게 고무되는 한편 이토의 처단을 대대적으로 환영하였다. 안중근은 자신을 의병대장으로 소개하였다.

죽는 그날까지 대한제국 국민으로 의연함을 잃지 않았다.

앞서 전명운, 장인환의 스티븐스 저격사건과 1909년 10월 26일 안중근의 이토 암살사건은 근대 문명을 이념으로 한 민족의 극일항전으로 계몽운동과 같은 서열에 서게 되었다.

4) 계몽운동의 확장

앞에서 본 바와 같이 우리민족은 정신문화인 이념엔 강했다.

1896년 《독립신문》 창간과 독립협회 활동은 근대 문명에 몽롱했던 민중을 자각시켰다.

독립협회는 근대이념인 인권과 물질을 계발하여 새로운 민족정신으로 승화시켜 민중의 교육과 계몽에 적용했다.

또한 1898년엔 만민공동회에 의한 3권 분립론도 제시했다. 그러나 고종에 의해 독립협회가 해체되고 《독립신문》이 폐간되었다. 국제 사회는 제국주의자들에 의해 약소국가 침탈이 계속되었다. 근대 문명에 접했던 조선은 현실적으로 민족교육에 힘썼다.

1905-1910년 사이 사립학교가 이틀에 한 곳 설립될 정도로 열정적이었다. 대개 전직 관료나 개신 유학자에 의해 서당이나 서원 등 규모 있는 학교는 아니었다. 이들의 교육 목적 또한 국가의 존망을 떠나 민족정신을 고취하고 독립 및 산업진흥과 인권에 뜻을 둔 근대 교육의 확산이었다.

근대교육은 민족교육으로 이어져 국문학과 역사학에 대한 실질적 연구로 관심을 증폭시켰다. 이는 잠재된 민족의식을 고취하고 역사를 재조명하여 독립된 국가상을 제시하고 민족의 영웅 『이순신전』, 『을지문덕전』, 『강감찬전』, 『최영전』 등 자서전을 발행하여 애국심을 고취시키고 있다.

또한 민족의 독립정신을 고취시키기 위한 박은식의 한국 통사와 한국 지혈사를 보면 당시의 상황을 직접 경험하고 그에 대한 견해와 비판을 역사와 함께 정리하였다. 그는 나라를 형形이고 역사歷史는 정신이다. 형은 망해도 역사는 망하지 않는다 하여 민족정신을 강조하였지만 극일의 역사서는 제시하지 못했다.

이는 당시 시대의 분위기를 대변하듯 왕조 체제가 몰락하면서 민족으로 대체되는 현실이었다.

이제 역사 서술의 전 기간을 민중을 주체로 삼아 한반도에선 1800년 초부터 왕조 체제와 근대국가 이념으로 분화되는 시기임을 역사는 제시하고 있다. 이는 근대사의 핵심문제로 민족의 역사를 주체적으로 서술하면서 조선이 동도서기론에 얽매어 1874년 개화에서 1905년 을사늑약까지 등 떠밀린 조선의 피동적, 방어적, 소극적 개화정책이 인물의 빈곤함과 함께 결국 조선의 멸망을 가져왔다.

1800년대 시대정신과 사명감을 갖고 주도적으로 이루어진 천주교의 도입은 왕조 체제 아래 많은 희생을 냈으나 100여 년 후 오뚜기처럼 되살아남을 볼 수 있다. 시대의 변천은 인간의 근본을 변혁시켰으며 이제 국가가 일개 영웅에 의한 왕조 체제가 아닌 국민이 주권을 가진 즉 인권[자유와 평등]을 기본으로 한 근대 국민 국가 체제로 발전하고 있었다.

5) 언론과 출판

언론과 출판도 우리 민족의 강점으로 1896년 《독립신문》 창간을 시작으로 약 40-50종의 언론과 출판에 의한 종류의 출판물이 발행되었으나 당시 뚜렷한 독자층을 갖고 발행한 것은 일간신문이었다. 이들 신문 중 대한 《매일신보》는 영국 신문 기자출신 베델이 신문 발행인이 되면서 을사늑약 후 일본의 강압적인 통제에도 불구하고 민족의식을 고취하며 독립의지를 뚜렷하게 제시 할 수 있는 유일한 신문이었다. 국한문을 혼용하여 사용하였지만 민족지로써 역할을 충분히 하였다.

《황성신문》은 장지연이 발행인으로 시일야방성대곡是日也放聲大哭이란 논제를 실어 세상을 깜짝 놀라게 하고 당시 상황을 정확히 대변하며 그 명성을 유지했다. 《제국신문》은 국문으로 제작되어 일반인은 물론 부녀자, 학생 등에 의해 널리 읽혀졌다.

1904-1905년을 전후하여 신문의 논조도 바뀌고 있음을 볼 수 있다. 1905년 전까지는 문명개화, 부국강병에 맞춰 계몽적 논조를 펼쳤으나 1905년 11월 을사늑약 후엔 민족정신을 통한 극일에 최우선 목표를 두고 있었다.

이때 각 신문사의 편집인으로 장지연, 신채호, 박은식, 오세창 및 양기탁 등이 활동하였다.

이들은 개신유학자들로 한학에 능통하고 잠시 관리직에도 머물렀으나 근대 언론 활동에 참여하게 되었다.

이들은 교육과 산업을 통해 민족정신 배양에 있었다. 또한 독립운동과 인권을 바탕으로 한 삼권분립 등 완전 근대 사상의 계몽은 저수지의 둑이 터지듯 새로운 학문을 소개하고 역사물을 개제하는 등 극일항전의 한 방편으로 적극적으로 활동하였다.

6) 국채보상운동

1907년 1월 대구 광문사특별회에서 서상돈, 김광재에 의해 발기되었다. 1880년대 조선의 개화를 위해 김옥균 등이 일본 차관 도입을 시도했지만 실패했다. 조선의 개화가 지지부진했다. 1904년 러일전쟁이 시작되며 한일협약에 의해 차관도입이 성사되었다. 그러나 이때 차관 도입은 일제의 한국 침략에 대한 소요 경비로 사용됐다. 이러한 빚이 1907년에 가면 약 1,300만 원에 이르렀다. 이는 대한제국 1년 예산과 거의 같았다.

1905년 을사늑약이 체결되고 전국적으로 의병 항쟁과 계몽운동이 벌어지는 상황에서 서상돈이 제의했다.

2,000만 동포가 1년간 금연을 통해 모금을 하면 국채보상액을 갚을 수 있다고 제의한 후 이에 단체를 결성하여 《매일신보》에 게재하기 이르렀다.

2월 말경 대구에서 시작한 이 운동은 서울을 비롯해 전국적으로 지방조직이 확대되었다. 이 국채보상운동에 사회 모든 계층이 참여하였다. 지식인, 전직 관료, 개신유학자, 학생, 상인, 기생, 승려, 노동자, 농민 등이 참여하였고 여성들은 반찬값을 절약하였고 기생 등은 가락지와 비녀로 보상금을 내 놓았다. 모금 시작 3개월 뒤 모금액이 약 20만 원에 달했다.

이에 한민족이 국채 보상을 위해 하나 됨을 의식한 일제는 《대한매일신보》를 탄압하고 발행인 베델을 추방하고자 공작을 전개하였다. 1908년 양기탁 등을 국채보상 횡령혐의로 구속하나 후에 무죄 석방하였다. 우여곡절을 겪으며 1910년 모금액 일부를 교육 사업에 투자하기로 결정하였지만 몇 달 후 한일 병합으로 경무 총감부에 빼앗겼다.

이미 국채보상운동에 국민 모두가 참여하였다는 것은 한민족의 민족정신이 새로이 형성되어 있음을 증명하고 있다.

교육과 산업 진흥을 통한 의식 혁명과 또 한줄기 무역에 의한 극일항전을 도모하며 만주와 연해주로 이동하는 상황을 맞았다.

5. 무단정치

1910년 10월 1일 조선총독부를 개설하면서 초대 총독에 데라우치가 임명되었다.

일제는 합병 전부터 단계적인 절차를 밟아왔다. 통감 통치하에서 행정과 사법에 빗장을 채우고 한국민을 조이기 시작했다. 한국 내 기간산업인 철도 부설권과 통신시설 등 법령을 공포하여 통제하고 광산 채굴권과 산림 자원 개발 등을 침탈한 후였다.

지방제도를 다시 전국 13도 12부 317군으로 나누었다.

무단통치의 핵심은 헌병경찰제도였다. 1907년 한국 주차헌병에 관한 법률에서 헌병과 경찰을 통합한 후 국내 치안을 장악하고 헌병 경찰제도를 시작하였다.

1910년 경찰관서 관제로 개정 후 헌병사령관이 경무 총감을 겸임, 각도에 경찰관서 설치 후 농촌지방 말단, 면단위 까지 헌병분소와 파출소를 설치하여 헌병과 순사를 배치하였다. 이들 또한 법의 근거 없이 항일반대, 거부, 집회 등을 철저히 탄압했다.

전국적으로 약 1,800개소에 전국헌병 11,000명, 순사 6,000명 등 약 17,000명을 동원하고 헌병 보조와 탐정, 순사보, 밀정 등은 한국인을 채용하였다.

1910년 칙령10호 발표, 범죄 즉결 규정을 두어 범죄자에 대한 즉결 처분권을 가졌다. 1910년 8월 '집회 취체령' 공포한 후 허위사실과 총독암살미수 사건을 날조, 105인 사건을 만들어 저명인사 등을 체포하였다.

1912년 약 500명을 투옥한 후 1915년에는 14만 명을 투옥시켰다. 위와 같은 일제의 탄압과 보호조치 및 합병으로 이어지는 시기 한국민에게 주목해야할 사회 현상을 볼 수 있는 것은 한국민들의 계몽과 교육에 대한 열기였다.

위의 열기가 10여 년 후 3·1운동과 상해 임시정부를 탄생시키는 계기가 되었다. 이에 일제는 1908년 사립학교령을 공포 사립학교설립을 엄격 통제하고 근대 문명에 대한 교육 열기를 철저히 탄압하면서 민족 역사서 및 영웅전 등의 판매를 금지 시켰다.

서재필의 독립협회로부터 시작된 근대 문명의 계몽과 교육은 10년을 거치면서 공립학교 및 사립학교의 출현을 가져왔다. 1910년 7월 현재 약1,400개 교에 달했다. 기독교 830교는 일 년에 240개 교, 거의 2일에 1개 학교씩 설립되었다. 한국민의 놀라운 교육열로 민족 스스로 극일항전을 통해 일제의 침략에 맞서는 독립정신 내지 민족정신을 내포하고 있다. 이것은 극일항전으로 나타나고 있다.

일제가 러일전쟁에서 승기를 잡자, 1904년 대한제국을 병합하기 위한 절차에서 1910년 병합 후 무단통치를 위한 그들의 준비 작업을 보면

1904년 1월	대한제국 영세 중립국 선언
1904년 2월 23일	한일의정서 체결
	대한국에 군대 주둔권을 갖는다.
	2개 사단[약 16,000명] 병력 대한국에 상주
1904년 6월 6일	황무지 개척권 요구
	일본 민간인을 통해 조선 황무지 개척을 원함.
	대한국보안회[7월 3일] 적극 저지
1904년 8월 22일	제1차 한일협약 체결
	외교와 재정 부문에 고문 채용할 것 규정함.
1905년 1월 18일	화폐 조례 공포
	일본 화폐 조선에서 통용함.
1905년 5월 8일	일본 각의. 러일전쟁 승리 예상
	대한국 보호국화 추진, 외교권 장악
	내정 간섭 실현
1905년 7월 27일	미 육군장관 태프트 밀약추진
	[태프트-가쓰라조약]:
	미국은 일본의 대한국 지배 인정
	일본은 필리핀에서 미국지배 인정
1905년 8월 12일	영일 동맹 체결
1905년 9월 5일	러시아, 포츠머스 강화 회의에서 조약 조인

일본: 대한국 지배권 인정받음.

1905년 11월 17일	한일협약 체결[을사늑약]
	대한국 일제에 외교권 탈취당하고
	자주 외교 불가능해짐.
1905년 12월 20일	통감부 및 이사청 관제 공포
	통감: 대한국 외교 업무 및 국정 전반 간섭
	고문 경찰제도 대폭 확장
1906년 6월 3일	통감부 설치
1906년 6월	통감부: 철도관리국 관제 공포
	기반 시설침투 공작
1906년 10월	산림 개발 협정 체결
	두만, 압록강 및 백두산 지역 산림자원 착취
1907년 7월	헤이그밀사 사건 발생
1907년 7월	신문지 법 공포
	광업법 공포: 모든 광업종 신규 허가 제시
1907년 7월	보안법공포: 각종 단체 탄압 해산
1907년 7월 24일	정미조약 체결
	비밀 각서: 1.차관 정치 제도
	2. 사법권과 경찰권 장악 3. 군대 해산
1907년 7월 31일	군대 해산 조칙 재강요
1908년 4월	신문지 규칙 공포-각종 신문 폐간
	어용 신문 허용: 경성신보, 매일신보
1908년	사립 학교령 반포
1908년 8월	동양척식주식회사법 제정
	대한국 토지 헐값 취득

1909년 7월	일제: 한국 병합 관한 방침 각의 통과
1909년 9월-11월[2개월]	남한 대토벌 작전
	보병 2개 연대+해군 함정 동원:
	의병 활동 철저 탄압
1910년 6월 3일	대한국에 대한 시정 방침 결정
1910년 6월 24일	각서 형식으로 한국 경찰권 탈취
1910년 8월	집회 취체령 공포
1910년 8월 12일	한일병합 발표[대한제국 멸망]
	무단 통치, 조선총독부 설치
1910년 9월-1919년 8월	총독부에 의한 무단 통치 시기
1910년 10월	경찰관 서제 공포. 일본 헌병 사령관
	경무총감 겸임. 헌병 경찰 전국 배치
	헌병 분대, 분견소, 파견소 등 약 1,200개소 넘음.
	경찰 분서, 주재소, 파출소 약 800개소 헌병+경찰 합:
	약 2,000개소
	헌병: 14,000명 순사: 6,000명 합: 20,000명 말단 보조:
	한국인 활동
	*전국 면 단위까지 헌병+경찰 및 한국 보조 배치: 한국인 쥐 잡듯 함.
1910년 3월-1918년 11월	토지 조사 사업. 토지 소유권 확정.
	총독부 예산 확보 차원
1910년 12월	회사령 공포
	회사 설립 허가, 금지, 폐쇄, 해산 등
	권한 총독부 부여
1911년 8월	제1차 교육령 공포. 보통실업,
	전문교육으로 나누고 대학 교육 금지

| 1911년 | 사립학교령 개정 등 |

위에서 보듯

(1) 자주권을 빼앗다.(국제, 통신, 외교 업무 등)

(2) 국내 행정체계 관장(행정, 사법, 중추원등 귀속)

(3) 국내 기간산업 국가 귀속(광산, 철도, 산림)

(4) 토지 (5) 회사령 (6) 사립학교법 제정

실질적 세부지침 이용, 사회 곳곳 장악함.

(7) 문화정책(민족 문화 말살) 국어, 국사, 관습 조작

(8) 계급의식 조장하여 피지배계급 전락

(9) 이모든 행위: 헌병과 경찰 무력 통제 아래 실행에 옮기다.

(10) 위의 사항이 일제가 100여 년 전 대한국에서 실시한 무단통치다.

그러나 한민족은 그 옛날 고구려의 대조영이 유민들과 함께 끈질긴 승당 작전으로 발해를 건국하듯 민족은 슬기로웠다. 일제에 대한 극일항전을 통해 10여 년 후 3·1운동과 함께 상해에 대한민국 임시정부를 수립하게 된다.

6. 무단 통치 시기 극일항전[1910년대]

1) 대한 독립 의군부

고종과 대한제국을 옹위하던 의병항쟁이 1909년 9월부터 11월 사이 2개월간 일제의 남한 대토벌 작전으로 의병항쟁은 거의 궤멸되었다.

1910년 8월 12일 한일병합이 이루어지자 폐위된 고종은 자기를 도울 인물을 찾았다.

조선의 마지막 선비 임병찬에게 밀지를 두 번이나 내리나, 받지 않자, 격을 높여 전남북 의병 사령관에 임명하였다.

임병찬은 마지못해 조직 활동에 참여하게 되고 1914년 2월 이인순과 함

께 대한 의군부를 편제 작성한 후 각도 대표들도 임명하였다. 그의 활동 목표는 일본군의 철군과 태극기 게양을 통한 국권 회복에 있었다.

그러나 1914년 5월 김창식이 체포되면서 독립의군부의 조직이 노출되고 1914년 6월 3일 임병찬은 경시청에 체포되었다.

1916년 5월 23일 거문도에서 순국하였다.

고종은 조선의 마지막 선비 임병찬에게 국권회복을 부탁하였다. 그의 의병 항쟁이 힘없이 주저앉으면서 500여 년 지탱했던 조선과 대한제국의 왕조 체제는 유교문화와 함께 쇠퇴하며 소멸하게 되었다. 민족정신은 한 순간도 공간이 비어있을 수 없다.

근대 이념을 가진 민족정신으로 자연스럽게 이어졌다.

2) 대한광복회

조선의 선비 임병찬의 의병항쟁이 힘없이 무너지자, 극일항전은 왕조 체제[군주제]에서 벗어나 근대 이념[공화제]으로 변화하고 있음을 볼 수 있다. 대한광복회는 1915년 7월 15일 풍기광복단과 조선국권회복단이 합쳐 결성되었다. 풍기광복단은 대한제국을 옹위하며 왕조 체제에 충성하였던 의병 단체의 잔여 조직이었다. 여기엔 채기중, 우재룡, 권영만, 양제안, 이복우, 이근우, 최명찬 등이 참여하고 있었다.

반면 조선국권회복단은 근대 문명의 이념과 문물을 받아들여 교육받은 인물로 구성되었다. 서상일, 남형우, 이시영, 박상진, 정운일, 최준 등이 참여하였다. 이 두 단체가 통합하여 대한광복회로 출범하였다. 여기엔 박상진이란 인물이 있었다.

그는 경주 대지주의 아들로서 당시 의병항쟁에 참여하였던 허위를 스승으로 모셨고 20세 때는 간도와 연해주등 만주 지역을 여행하며 근대 교육과 독립을 위한 항전에 전념하는 청년들과 회합하며 국권회복의지를 가다듬었다.

서울에 올라와 1905년 양정의숙에 입학, 1908년 제1회 법학부를 졸업할 정도로 근대 문명 이념과 문물을 섭렵하였다.

그의 재력과 선각 지식인으로 활동은 경상도, 대구로 내려와 1912년 곡물상 광덕 상덕태 상회를 설립한 후 독립 항전을 위해 주도적인 활동을 하게 되었다. 그는 의병 투쟁의 잔여 세력인 풍기광복단과 자신이 소속된 조선국권회복단을 통합, 대한광복회를 결성한 후 회장에 선임되었다. 조직은 경상도 지역을 넘어 전국 각도에 담당자를 두고 연해주와 간도 지역까지 확대하였고 단원을 약 60명 정도로 구성하였다.

또한 4대 강령을 제시 1. 비밀 2. 폭동 3. 암살 4. 명령 등이다. 그들의 활동 목표는 국권회복과 공화정의 실현으로 조선 국경 밖에서 군자금 조달, 독립군 양성 및 무기 구입, 친일 부호 처단 등이었다.

이들의 활동에는

(ㄱ) 1915년 7월 독립운동 자금을 마련위해 의연금에 협조하지 않는 서우순을 이시영, 김재열, 최준명 등이 협박한 대구 권총사건,

(ㄴ) 1916년 6월 조선총독 암살계획을 성낙규, 이관구, 권성욱 등이 세웠다 실패함.

(ㄷ) 1918년 직산 금광, 상호광산, 습격 기도 실패.

(ㄹ) 자산가 주소, 성명, 재산 파악 및 명단 작성 후 할당액을 우송하였다. 이 계획에 따라 칠곡, 장승원, 아산 도고 면장 박용하, 보성 양재학, 벌교 서도현 등이 해당되며 칠곡 장승원은 1916년 권성욱이 실패한 후 1917년11월 채기중, 유창순이 단행하였다. 도고 면장 박용하는 군자금 요구에 현금 배낭을 일제에 신고하면서 김경태와 임세규에 의해 처단되었다. 사건 후 1918년 1월 장두한, 김경태. 임세규 등이 체포되면서 광복회 전모가 노출되었다. 박상진은 안동에 은신 중 국외 탈출을 도모하나 2월 1일 체포되면서 대한광복회는 와해되었다. 여기서 조선 민족이 충효사상에 얼마나 투철하였

던가를 보여주는 예가 있다. 조선의 국왕과 지배계급의 탐욕이 무능과 부패로 한 세기 이어지면서 조선을 멸망케 하였는데도 백성들은 조선 국왕에 충성하였다는 사실이다. 일제의 대한광복회 단원 신문에서 그들은 "공화국을 건설하려면 국왕이 없는 기회를 활용해야 한다."고 적고 있으며 근대국가 이념으로 공화주의를 표방하고 있었다.

이와 같은 민중들의 사고는 3·1운동 후 곧바로 공화제에 의한 상해 임시정부가 수립되었다.

3) 대동청년단

무단 통치 시기 모든 민중의 활동이 지하로 잠적하면서 국외에서 무장투쟁지역이 간도, 연해주 및 미주지역으로 확대되었다. 이들에겐 실질적인 자금의 필요에 따라 국내 지하조직 단체에서 무기 자금 조달을 목표로 하고 있다. 이들 지역의 경제력 있고 신학문을 수용한 젊은 학도들이 참가하였다.

특히 조선 3대 시장의 하나였던 대구 약령시장 등이 존재했던 지역의 대지주 부호, 중산층 및 무역상의 집안에서 대부분 상회를 통해 군자금을 모금하였다.

1909년 10월 대동청년단은 안희제의 제의로 남형우, 서상일, 박중화, 이원식 등이 참여하여 조직한 비밀결사단체였다.

신학문을 수용한 젊은 청년지사로 구성되었으며 나이는 20-30세였다. 단원은 약 60명 정도 참여했다.

여기엔 대한자강회, 신민회, 교남학우회에서 활동한 인물들로 그들의 활동 목표는 근대 이념인 공화제[삼권분립]에 있었으며 군자금 조달과 인재육성과 항일 항전을 위한 국내외 연락망 조직 등에 두었다.

1913년 달성 친목회가 대구상회 설립과 1914년 안희제의 별산상회 설립 등 두 상회를 연결 고리로 군자금과 교육 시설자금 등을 조달케 하였다.

이들은 세계 제1차 대전이 일어나고 일제가 여기에 참여하자 때가 왔을 때 독립을 위한 인재들의 활동을 위해 각자 고향에서 학교를 설립하며 근대 교육에 매진할 것도 서약하였다. 대동청년단은 1910년대 국내 활동을 하면서도 비밀이 폭로되지 않았고 3·1운동의 경상도 지역 확산에 기여하였으며 일부는 국외로 탈출한 후 상해 대한민국 임시정부에 참여하고 또한 만주 독립운동 단체에서 활약하였다.

4) 조선국민회

대동청년단이나 조선국민회 역시 일제 무단통치 아래 근대이념을 목표로 한 학교에서 수업을 받은 젊은 지사들로 암흑 같은 현실에서도 굴하지 않고 극일항전을 위해 국내에서 비밀결사단체를 조직하였다.

조선국민회 역시 1917년 3월 기독교 계통의 평양 숭실학교 졸업생과 재학생에 의해 조직된 항일 비밀결사단체였다.

1914년 9월 장일환이 미국으로 건너가 하와이의 한인 사회를 배경으로 항일 독립운동을 펼치고 있던 박용만을 만났다.

하와이 지역 국민회의 지도자였던 그는 무력투쟁을 위한 군사학교를 설립하는 등 활동하고 있었다.

장일환은 박용만과 국내 청년단체를 조직하여 국내외 상호 협력 체계를 구축한 후 국권 회복을 위한 무력 활동을 전개하기로 약속했다.

1917년 3월 장일환은 백세민, 배민수, 서강조 등과 평양 숭실학교 청년학생 및 졸업생을 중심으로 항일 비밀결사단체를 조직하고 각 지역 책임자도 임명하였다.

그들의 활동 목적은 조국 독립을 위해 해외 조직인 대한국민회 나아가 국내 및 국외, 간도 그리고 연해주 지역과 연계하여 계몽과 독립전쟁을 함께 추구하며 근대이념인 공화주의를 목표로 하였다.

그러나 1918년 2월 조직이 노출되었으나 1919년 3·1운동 때까지 조직기반이 이어져 독립의지를 관철시키기 위해 투쟁을 계속하였다. 그 후 일부는 상해 임시정부에 합류하였다.

●● 참고문헌

권대웅. 『1900년대 국내 독립운동』. 한국독립운동사 연구소, 2009.

문치언. 『한민족과 항일 독립운동사』. 3.1동지회, 1985.

박은식. 김승일 옮김. 『한국통사』. 범우사, 1999.

박민영. 『한국독립운동의 역사』, 『한말 중기 의병』. 한국독립운동사 연구소, 2009.

변태섭. 『한국사 통론』. 삼영사, 2008.

오영섭. 『한말,순국 의열투쟁』. 한국독립운동사 연구소, 2009.

유영렬 『애국계몽운동 1』. 한국 독립운동사 연구소, 2009.

유정수. 『한국 근대사의 새로운 이해』 국학자료원 1997.

윤병석. 『1900년대 국외항쟁운동』. 한국독립운동사 연구소, 2009.

윤진현. 『한국독립운동사』. 세종출판사, 2005.

윤택중. 『독립운동총서』. (주)민문고 1995.

윤효정. 박광회 옮김. 『대한제국아, 망해라』. (주)다산북스, 2011.

이수광. 『안중근, 불멸의 기억』. 추수밭, 2009.

이이화. 『한국사 이야기』. 한길사, 2005.

이현희. 『대한민국 임시정부사』. 한국학술정보(주), 2003.

최기영. 『애국계몽운동 2』. 한국독립운동사 연구소, 2009.

한우근. 『한국통사』. 한국학술정보, 2003.

홍영기. 『한말 후기 의병』. 한국독립운동사연구소, 2009.

황현. 허경진 옮김. 『매천야록』. 한양출판, 1996.

제11장

대한민국 임시정부 수립

1. 3·1독립운동[극일항전]의 배경

을사늑약은 대한제국의 외교권을 박탈하였다. 이는 곧 민족정신의 발현을 가져왔다.

민족정신은 의병항쟁과 애국계몽운동 등 두 갈래로 나뉘어 나타났다. 의병항쟁은 왕조세력을 옹위하는 세력이고, 애국계몽운동은 근대국가 이념을 기반으로 한 세력이었다.

유림들의 의병항쟁은 일제의 1907년 정미 조약[군대 해산] 과 1909년 남한 대토벌작전으로 거의 자취를 감추게 되었고 1910년 한일병합으로 대한제국은 완전 멸망하게 되었다. 일본의 잔혹한 무단통치는 1911년 총독암살음모사건을 날조한 후 계몽운동에 참여한 인사 약 600명을 체포하였다. 그중 105인을 기소하면서 국내에서의 민족운동을 말살시켰다.

독립지사들은 국내의 독립운동이 어려워지자 국경을 넘어 연해주와 간도로, 일부는 상해, 미주 등으로 분산되어 극일 독립투쟁을 계속하게 되었다.

연해주와 간도지역엔 을사늑약 전부터 이주한 주민이 당시 약 20만 명 정도가 생활하고 있었다. 이 지역에서 1910년 한일병합 후 유림세력과 애국계몽지사 계열이 대동단결하여 약 8,600명이 참여하는 성명회를 조직하고 선언서를 발표하였다. 그 규모가 커지자, 일본은 러시아에 압력을 행사하여 성명회는 해체되었다.

1914년 제1차 대전이 발발하자, 연해주와 간도에 있던 민족세력은 상해로 옮겨왔다. 이들은 1915년 이상설, 박은식, 조성환, 신규식, 유동렬 등에 의해 신한혁명당이 결성되었다. 조직 면에선 의병계열과 계몽운동계열 및 국내, 국외지역 독립운동 단체들이 참여하고 있었다.

그러나 국제 정세가 독립운동 세력에 결코 유리하지 않았다.

그 사이 왕조 체제 옹위자인 의병장 유인석이 1915년에, 전 관료 출신인 이상설이 1917년 죽자, 신한혁명당은 계몽계열 인사들에 의해 해체되었다.

시대 흐름에 민감한 계몽계열의 인사들은 고종의 폐위와 대한제국이 멸망한 상태에서 전제 군주국을 옹위할 의사가 전혀 없었다.

조선의 독립운동[극일항전]도 이젠 근대국가를 이념으로 한 독립국가 건설과 민족정신 고취에 있었다.

이들은 신한혁명당의 해체와 동시에 1917년 7월 대동단결 선언을 발표하고 복벽주의와 결별을 선언하였다.

대한제국[군주정]이 망한지 7년만의 근대국가 건설을 위한 결의였다. 이와 같이 대동 단결선언은 인민 주권에 대한 강력한 의지를 천명하고 있다.

(1) 한반도 안에서 주권은 민족 고유한 것이며 융희황제의 주권 포기는 민족사의 종결이 아니라 인민에게 양여한 것으로 보아야 한다.

(2) 주권 행사의 권리와 의무는 인민에게 있다.

위의 글은 한반도 안에서 민족정신 또한 소멸되거나 정지된 것이 아니라 근대국가 이념을 바탕으로 한 민족정신이 형성되어 있음을 확인시켜 주는 선언이었다. 행동강령으로 헌법제정과 법치를 시행할 것과 독립 및 평등 권리를 주장하였다.

발기인은 신규식, 조소앙, 신석우, 박용만, 박은식, 신채호, 윤세복, 박기준, 김규식, 조욱, 한진, 홍명회, 이용혁, 신빈 등 14인으로 독립운동[극일항전] 세력의 대동단결을 촉구하였다.

1917년 러시아 혁명이 일어나자 약소국들이 동요하기 시작했다. 1918년 1월 제1차 세계대전이 끝나가면서 미국의 윌슨 대통령의 민족 자결주의가 선언되고 1919년 파리 강화 회의가 열리게 되었다.

동구권의 폴란드, 항가리 등이 독립을 선언하고 북아프리카의 리비아, 모로코, 튀니지 등에서 독립운동이 일어나자 윌슨 대통령의 민족자결주의가 우리 민족엔 해당되지 않지만 우리 민족도 이 기회에 독립을 위한 투쟁을 선언하기 위해 1918년 11월 신한청년당을 결성하였다.

발기인: 서병호, 조소앙, 장덕수, 여운형, 선우혁, 김구, 이광수, 한진교, 김규식, 안정근, 박용만 등이었다. 독립운동 세력의 주도적 역할과 함께 임시정부 수립 또한 촉구하고 나섰다.

이들은 독립운동을 촉구하기 위해, 국내에 서병호와 선우혁을, 간도와 연해주엔 여운형을, 동경엔 장덕수와 이광수를, 프랑스 파리엔 김규식을, 미주지역엔 박용만 등을 보냈다.

각 지역마다 독립운동을 위한 모임을 갖고 필요시 여론을 환기시켜 대대적인 궐기대회를 갖기로 하였다.

한편 미주지역 대한인국민회에선 파리강화 회의에 이승만과 정한경을 선발하고 독립운동 자금으로 30만원을 모금했다는 기사가 영자지 신문을 통해 동경 유학생들에게 알려졌다. 이들은 동요하기 시작했다. 이에 동경 유학생들은 1919년 1월 6일 조선 YMCA 회관에서 웅변대회를 개최하였다. 이종근, 서춘 등이 등단하여 제1차 대전이 끝날 무렵, 동유럽 약소국가들의 독립운동이 활발한 이때 나라를 잃고 공부만 하고 있을 때가 아님을 역설하였다. 구체적인 실천 방안으로 독립선언서를 작성한 후 일본 정부 및 각국 대사에게 한민족의 독립 의지를 보여 줄 것을 결의하고 임시대책위원을 선출했다.

서춘, 백관수, 이광수, 송계백, 최팔용, 이종근, 김상덕, 김도연, 최근우, 윤창석, 김철우 등 14명을 선출한 후 조선청년독립단을 조직하고 이광수에게 선언문을 작성케 하였다.

2월 8일 오전 10시 동경 YMCA에서 독립선언서 및 결의문을 각국 대사관, 일본 정부, 조선총독부 등에 발송한 후 오후 2시 약 400명이 모여 최팔용의 사회로 독립선언서와 결의문을 낭독하였다. 장내, 외에 조선독립만세 소리가 우렁찬 가운데 결의문이 만장일치로 채택되었다.

2·8독립선언대회가 끝나자 이들은 시가행진을 계획하였다. 그러나 밖에는 일본경찰이 총, 칼을 들고 대기하고 있었다.

모두들 체포되었으나 송계백이 빠져나와 독립선언서를 휴대하고 서울로 갔다. 그는 서울에서 송진우, 현상윤, 최린, 최남선 등을 만나 독립선언서를 전달하였다. 얼마 후 최남선은 3·1독립선언서를 작성할 때 이광수의 2·8독립선언서를 참고로 하였다.

2월 9일자 데일리 뉴스와 중국 신문에 상세히 보도되면서 세상에 알려졌다. 선언서 내용에는 조선은 4,300여 년 유구한 역사를 가진 나라로 일제의 제국주의적 세력들에 의해 강제 점령당했으며 그들이 계속 병합을 고집한다면 혈전[극일항전]을 통해 독립을 쟁취하겠다는 의지를 천명하였다. 우리 민족은 정당한 방법에 의해 자유를 추구할 것이며 생존권, 주권, 인류의 평등을 위해 극일항전을 최후의 일인까지 지속될 것이라 선언하고 있다.

선언서의 결의문.

일제는 병합이란 이름으로 민족의 생존을 위협하니 이는 동양 평화를 위해서도 우리의 독립을 주장하는 바이다.

또한 조선 민족의 민족자결주의를 수용하여 스스로 운명을 결정하게 해야 할 것이며 이를 허용치 않고 무단통치로 일관한다면 영원히 혈전[극일항전]을 선포하노라. 비장한 각오를 밝히고 있다.

2. 3·1독립선언서

3.1 민족정신은 그 구성원으로 볼 때 전국적 학생 조직과 천도교, 기독교, 불교 등 종교 단체들이 참여하고 있다. 여기엔 유교가 빠져 있다. 이는 3·1운동 역시 새로운 민족정신이 형성되어 있음을 입증하는 것으로 그 원천은 1896년 독립협회의 시기까지 올라가야 한다.

상해 신한청년당은 동경에 이광수와 장덕수를 보내 동경 유학생들의 2.8 독립선언서를 이끌어 냈다.

한편 국내에서는 서병호와 선우혁을 보냈다. 서병호는 국내에 들어와 천도교의 권동진을 만나 연해주, 간도, 미주 등 해외 독립운동 단체들이 모여 상해 신한청년당을 창당한 후 공화주의를 표방하고 임시정부 수립까지 검토하고 있음을 알리고 독립운동에 대해 천도교 측 협조를 구하였다.

신한청년당으로 부터 독립운동 권유를 받은 천도교 측은 그렇지 않아도 세계 정세 변화에 적극 대응할 것을 검토하였던 시기였다.

동경에서 보낸 유학생 송계백이 2·8독립선언서를 최린에게 전하자, 천도교 측의 손병희는 권동진, 오세창, 최린과 함께 독립운동을 전개할 것을 협의하고 3개 원칙을 제시하였다.

(1) 독립운동의 대중화　　　(2) 일원화　　　(3) 비폭력

천도교 측 교주 손병희가 독립운동을 허락하자, 최린은 최남선, 현상윤, 송진우와 함께 구체적인 방법에 대해 숙의하기 시작했다.

또 한편으로 선우혁은 기독교 측 인사인 정주의 이승훈, 선천의 양전백, 평양의 길선주, 안세환 등과 독립운동에 대해 협의하였다. 2월 21일에는 최남선, 최린과 만나 구체적 계획을 세우게 되었다.

이 무렵 2월 20일경 학생들 또한 독립운동을 논의하였으며 그들은 미주 지역에서 이승만, 정한경과 상해에서 김규식 등이 파리 강화회의에 참석하

기 위해 보낸다는 보도와 함께 동경 유학생들의 2.8 독립선언서가 도착하자, 국내 학생운동 단체도 독립운동에 대한 움직임이 활발해지기 시작했다.

강기덕, 김원벽, 전성득, 박치도, 윤자영, 김형기 등 전문학교 대표회의를 열고 전성득 등 5명을 대표로 뽑았다. 그들은 천도교와 기독교 연합회의에 참석하여 회의를 가진 결과 학생들도 시위에 참가하며 가능한 한 전위에서 서 열정적으로 시위를 선도할 것을 요청받았다.

불교계에선 한용운이 독립투사로 알려져 활약하고 손병희에게도 독립운동을 제의한 바 있다.

이에 불교 측에선 한용운과 백용성이 가담하게 되었다.

이때 독립선언서에 서명한 민족대표는 교단별로 선정하였다.

천도교 측에선 교주 손병희, 최린, 권동진, 오세창, 이종일, 양한묵, 홍기조, 김완규, 권병덕, 임예환, 홍병기, 나용환, 박준승, 나인협, 이종훈 등 15명이 서명하였다.

기독교 측에선 이승훈, 이갑성, 신석구, 박희도, 김창준, 이필주, 오화영, 최석모, 박동완, 신홍식, 양전백, 길선주, 김병조, 이명룡, 정춘수, 유여대 등 16명과 불교 측에선 한용운, 백용성 등 2명이 서명하여 민족대표로 모두 33인이 서명하였다.

독립선언서 작성은 천도교 측이 담당하였으며 최린이 최남선에게 선언서 작성을 의뢰하였고, 최남선은 동경 2.8 독립선언서를 참작하여 독립선언서를 작성하였다.

그들은 손병희, 이승훈, 함태영의 동의를 받은 후 곧 바로 인쇄에 들어갔다.

약 3만 부를 제작한 후 천도교, 기독교, 불교, 학생 등으로 분담. 2월 27일까지 서울, 개경, 사리원, 해주, 평양, 선천, 원산, 전주, 광주, 대구 ,마산 등으로 독립선언서를 배포하였다.

거사일을 3월 1일로 잡은 데는 고종의 국장일이 3월 3일로 정해져 있었다. 3월 2일은 일요일로 기독교의 안식일을 피하여 3월 1일로 결정했다.

드디어 3월 1일 오후 2시 민족대표 33인이 파고다 공원에 모여 독립선언식을 가질 예정이었으나 학생들의 피해를 줄이기 위해 급히 태화관으로 변경하였다. 태화관에 모인 민족 대표들은 독립선언서를 낭독하고 한용운의 선창으로 대한 독립만세를 3창하였다. 이 사실을 총독에게 알리고 거리로 나오다 일경에 의해 체포되었다.

한편 파고다 공원엔 학생들과 시민들이 모여들기 시작하여 오후 2시가 되었는데도 민족대표들의 소식이 없자 한 학생이 연단에 올라가 독립선언서를 낭독하고 대한독립만세를 외치며 거리로 뛰쳐나왔다. 시가행진에 들어갔다. 같은 시각 전국 주요도시에서도 독립선언과 만세 시위가 벌어지며 3·1운동은 이제 불을 지피기 시작했다.

1) 독립선언서

오등吾等은 자玆에 아我 조선의 독립국임과 조선인의 자유민임을 선언하노라. 차此로써 세계만방에 고告하야 인류평등의 대의大義를 극명克明하며, 차此로써 자손만대에 고告하여 민족자존의 정권正權을 영유케 하노라.

반만년 역사의 권위를 장仗하여 차此를 선언함이며 2천만 민중의 성충誠忠을 합하야 차를 포명함이며, 민족의 항구여일恒久如一한 자유 발전을 위하야 차此를 주장함이며, 인류적 양심에 기인한 세계 개조의 대 기운에 순응 병진하기 위하야 차를 제기함이니, 시천是天의 명명이며 시대의 대세며, 전 인류 공존공생권의 정당한 발동이라 천하 하물何物이던지 차를 저지 억제치 못할지니라. 구시대의 유물인 침략주의 강권주의의 희생을 작作하야 유사 이래 누累천년에 처음으로 이민족 겸제箝制의 통고를 상嘗한지 금수에 10년을 과過한지라, 아我 생존권의 박상剝喪됨이 무릇 기하幾何며, 심령 상 발전의 장애됨에 무릇 기하幾何며, 민족적 존영의 훼손됨이 무릇 기하며 신예와 독창으로써 세계문화의 대 조류에 기여 보비補裨할 기연機緣을 유실함이 무릇 기하뇨.

…(생략)…

병자수호조규丙子修護條規 이래 시시종종時時種種의 금석맹약金石盟約 을 식食하였다 하야 일본의 무신無信을 죄하려 아니하노라.

…(생략)…

아아 신천지가 안전眼前에 전개되도다. 위력의 시대가 거去하고 , 도의의 시대가 래來하도다. 과거 전세기에 연마장양鍊磨長養된 인도적 정신이 바야흐로 신문명의 서광을 인류역사에 투사하기 시始하도다. 신춘이 세계에 래來하야 만물의 회소回蘇를 최촉催促하난도다. 동빙한설凍氷寒雪에 호흡을 폐칩閉蟄한 것이 피일彼日시時 세勢라 하면 화풍난양和風暖陽에 기맥을 진서振舒함은 차此일시의 세勢니 , 천지의 복운復運에 제際하고 세계의 변조變潮를 승乘한 오인吾人은 아모 주저할 것 없으며 아모 기탄할 것 없도다.

아我의 고유한 자유권을 호전護全하야 생왕生旺의 낙樂을 포향飽享할 것이며, 아我의 독창력을 발휘하야 춘만春滿한 대계에 민족적 정화精華를 결유結維할지로다. 오등吾等이 자玆에 분기하도다. 양심이 이와 동존하며 진리가 아와 병진하도다. 남녀노소 없이 울분한 고소苦巢로써 활발히 기래起來하야 만휘군상萬彙群象으로 더불어 흔쾌한 부활을 성축成逐하게 되도다. 천백세千百世 조령祖靈이 오등을 음우陰佑하며 전 세계 기운이 오동을 외호外護하나니 착수가 곧 성공이라 다만 전두前頭의 광명으로 맥진驀進할 따름인뎌.

공약삼장

- 금일今日 오인吾人의 차거此擧는 정의, 인도, 생존을 위하는 민족적 요구니 오직 자유적 정신을 발휘할 것이요, 결코 배타적 감정으로 일주逸走하지 말라.

- 최후의 1인까지 최후의 일각까지 민족의 정당한 의사를 쾌快히 발표하라.

- 일체의 행동은 가장 질서를 존중하야 오인의 주장과 태도로 하야금 어데까지던지 광명정대光明正大하게 하라.

1919. 3. 1.

조선민족대표 33인

[새옹의 변]

우리 헌법 전문에 "3·1운동으로 건립된 대한민국 임시정부의 법통을 계승하고"로 돼있지만 그 맥을 거슬러 올라가면 1919년 3·1독립운동 - 1918년 신한청년당 - 1917년 대동단결 선언 - 1907년 신민회 - 1906년 자강회 - 1905년 헌정연구회 - 1896년 독립협회로 이어짐을 볼 수 있다.

1896년 독립협회의 독립, 민권[인권], 자강[물질]은 1884년 갑신정변 때 제시한 정강에서도 찾아 볼 수 있다.

1800년대 조선에서 민중의 화두는 단연 인권이었다. 인권은 양반사회 체제의 근간인 신분제 혁파에 있었다. 그러나 지배계층인 양반들의 기득권이었던 신분제에 그들은 많은 미련이 있었다.

동학민중혁명에 의해 신분제는 조선의 몰락과 함께 혁파되었다. 민중의 인권은 동학민중혁명에 의해 스스로 얻은 귀중한 자산이었다.

여기에 갑오개혁에 참여한 개혁파와 개신교 수용으로 근대 교육을 받은 개화파 인사들이 모여 서재필을 구심점으로 만든 단체가 독립협회였다. 역사적으로 독립협회의 정강인 독립, 민권[인권], 자강[물질]에서 인권과 물질을 통한 근대국가 이념이 정립되었고 나아가 민족정신이 형성되었다.

당시 근대민족정신의 형성 시기는

(1) 고종의 문호 개방 후 개혁인사들과 유학생들,

(2) 1885년 개신교 수용 후 근대교육을 위한 학교 설립,

(3) 동학민중혁명에 의한 신분제 혁파,

(4) 독립협회에 의한 독립, 민권[인권], 자강[물질] 등으로 볼 때 1896년 독립협회의 창립을 정점으로 1885년 개신교수용에 의한 학교 설립으로 근대교육이 실시된 시기부터 시작해서 1905년 을사늑약 시기 직전까지 약 20년 간으로 볼 수 있다.

1894년 실제 유림들 사이에선 일제의 왕궁 침입과 온건 개혁파의 등장을 기점으로 국가와 민족의 위기의식을 느끼며 민족정신이 미약하게나마 발현되는 계기를 볼 수 있다.

1905년 을사늑약시기 때는 민족정신[의義 정신] 즉 성리학의 선비정신과 근대 이념으로 한 민족정신이 쌍벽을 이루며 발현되고 있었다. 이중 선비정신은 대한제국의 멸망과 유교문화의 쇠퇴 그리고 고종의 죽음으로 자연스럽게 소멸되고 근대민족정신에 흡수된다.

결과적으로 대한민국의 헌법 전문에 나오는 3·1독립운동의 기원은 독립협회의 창립이 되어야 했다.

3. 3·1운동의 전국적 시위와 봉기

(1) 3·1운동의 민족 주체는 천도교와 기독교 및 학생이었다.

1894년 동학민중혁명을 계기로 동학 교주 손병희는 남부 지역에서 북부로 천도교의 중심지를 옮겨와 포교하고 있었다. 기독교 또한 중국 대륙과 가까운 중부 이북 지방 도시에서 성행하였다.

이 두 종교는 지역적으로 소외되고 유교 색채가 다른 지역보다 엷은 중부 이북지역이 선교에 편리하였다. 1905년 계몽주의 확산은 사립학교 설립의 모태가 되었고 북부지역에 많은 사립학교가 설립되었다.

위와 같은 연고로 상해 신한청년당과 독립 투쟁에 대한 긴밀한 연락이 천도교 및 기독교 계통으로 이루어지며 발전하였고 독립선언서에 서명한 33인이 중부이북의 천도교 및 기독교계통의 인물이었다. 이들은 시위에 앞서 국민이 주체가 되는 공화국의 선포였다.

이는 10년 전과는 너무나 다른 국가에 대한 국민의 자각이었다.

여기에 천도교와 기독교 및 학생 등이 동의하고 일제로부터 벗어나기 위한 독립운동의 뚜렷한 목표가 있었다.

근대 국민 국가의 독립을 바라는 지도자들의 열의는 3월 1일 서울 파고다 공원에서의 독립선언과 운동에 맞춰 각 지역 책임자를 통해 독립선언서가 전달되고 태극기가 제작되었다.

3·1독립선언에 참가한 민족 대표 33인은 각자 자신이 활동하던 지역에 내려갔다. 3월 1일을 기해 독립선언과 태극기를 들고 같은 시각 시위에 나설 것을 기독교 및 천도교 그리고 학생들과 사전에 협의했다.

3월 1일 서울에서 독립만세운동에 맞춰, 평양, 진남포, 선천, 의주, 원산, 용강, 해주, 맹산 등지에서 일제히 봉기한 반면 그 외 지역은 사전에 시위 계획이 발각되면서 3월 2일-3월 9일까지 도시에선 기독교 계통의 시민과 학생들이 약 200-500명이 모여 집회를 갖고 독립선언서를 낭독한 다음 태극기를 들고 거리를 돌며 독립만세를 힘차게 외치며 거리를 누볐다.

중부 이북에선 거의 시위에 참가하였다. 시위 장소는 천도교 및 기독교 측의 각자 맡은 소임에 따라 교당이나 교회 혹은 장날을 이용하여 시위에 참여하였으며 최소 수백에서 수천 명, 옹진 같은 경우 약 25,000명이 참여하기도 했다. 이들의 시위 참여는 중소 도시에서 농촌으로 전파되었다.

전국적으로 독립만세운동은 3월 2일-3월 9일까지 도시에서 농촌으로 읍면을 거쳐 산간벽지로 번져가기 시작했다.

3월 말부터 4월 초까지 충청도 지역에선 밤중에 마을 뒷산이나 산꼭대기에 올라가 횃불 만세운동을 전개하며 봉화를 점화하여 전 지역으로 확산시켰다. 일제의 헌병 경찰들이 처음엔 어리둥절하다 시위 자체가 독립운동이란 것을 알자 가혹한 탄압이 시작되었다.

한 예를 들면 4월 1일 천안 아우내 장터에서 극일항쟁의 상징인 유관순열사는 17세의 여성으로 이화학당에 다니다 고향에 내려와 3·1독립운동에 참여한다. 그녀는 군중들과 함께 태극기만 들고 무저항으로 임했으나, 일제는 잔인하게 총탄을 발사, 많은 희생자와 함께 순국하면서 민족 독립을 위한 극일 의지를 보여준 신여성으로 기록되고 있다.

이들이 잔인하게 진압한 지역을 본다면

(2) 황해도 수안에선 3월 3일 천도교인 수백 명이 독립선언과 함께 헌병 분견소로가 "우리는 독립했으니 너희는 물러가라 하자." 헌병 대장은 어리둥절하다 서울로 전화 후 해산하지 않은 자에게 발포하여 이날 9명이 죽고 18명이 중상을 입었다. 그들은 천도교구장까지 총질을 하며 점령했다.

(3) 3월 4일 평양 성천읍에선 군민 약 400-500명이 모여 독립선언 후 태극기를 휘날리며 헌병 분견소에 도착하자, 일본 헌병 대장은 선두에선 군민 1명을 체포하고 가두자 이에 항의며 돌진하다 헌병 대원의 무차별적 난사로 인해 이날 28명이 죽고 80명이 다쳤다. 군중들이 분에 못 이겨 괭이와 가래를 들고 나와 헌병대장을 난타하여 죽인 사건이 벌어졌다. 이날 체포된 자가 600명이 넘었다.

(4) 3월 6일 평남 맹산 에선 천도교 및 기독교 간부들이 주동이 되어 독립선언 후 수백 명이 만세 시위에 들어가자 헌병 분견소 대장이 나와 주동자 1명을 색출하여 체포, 구금하고 고문을 가했다. 이에 시위 군중들이 격분하여 체포된 자의 석방을 요구하였다. 헌병 분견소 대장은 평화적으로 해결하자며 군중들을 분견소 안으로 들어오라고 했다. 군중들은 호의에 감사하여 안으로 들어가자, 헌병대장은 군중을 분견소 안에 그대로 둔 채 열쇠로 문

을 잠근 후 일시에 발포하여 54명이 학살되는 참극이 벌어졌다. 이 사이 2명이 탈출하여 외국인 선교사에게 알려 세상에 알려졌다.

이에 굴하지 않고 맹산 주민들은 매일 밤 산에 올라 횃불을 밝히며 맹산 주위 지역과 연계하여 독립만세를 외치자 일제 헌병과 경찰들을 두려움에 떨게 하고 괴롭혔다. 3·1운동 당시 맹산에서 죽은 사람이 250명에 부상자가 280명에 달했다.

(5) 함남 단천은 산지로 쌓여 교통이 불편하였다. 오는 길이 멀다보니 독립선언서가 며칠 늦게 도착하였다. 이 지역은 천도교의 교세가 강했던 지역이었다.

독립선언서가 도착하자 교인들은 모임을 갖고 교조 최제우의 순도일을 독립선언일로 잡고 3월 10일 기념식을 거행 후 교인 약 500명이 모여 독립선언서를 낭독했다.

이들은 천도교 교당을 떠나 태극기를 흔들면서 조선 독립만세를 외쳐 부르자 주위 민중들이 대거 참석하여 약 1,000여 명이 되었다. 이들은 일본 헌병대가 있는 분진소로 몰려갔다.

헌병대장이 이들의 시위를 보자 앞줄에 서있던 군중을 향해 군도를 휘둘러 1명을 찔러 숨지게 했다. 이에 군중들은 흥분을 감추지 못해 헌병대를 습격하였다. 일제 헌병들은 군중을 향해 일제히 발포하니 7명이 죽고 10명 부상 15명이 체포되었다. 3월 10일 단천의 참상이 전해지자 주민들이 다시 모여 분노하며 통곡하였다. 11일 오전 11시 태극기를 흔들며 단천읍내로 향했다. 1,000여 명의 군중 속에서 또다시 독립선언서와 태극기가 돌려졌다. "일본 헌병놈은 물러가라, 조선은 독립을 했다."고 외쳤다. 일제 헌병들은 성난 군중을 보자 일제히 발포하기 시작했다. 18명이 즉사하고 20명이 중경상을 입고 체포된 자가 150명에 이르렀다.

그러나 조선 민중은 끈질겼다. 3월 22일 대신리 일대에서 시위 군중이 집합한 후 독립만세를 외치며 단천읍내로 돌진하여 헌병대를 습격하였다. 일제 헌병들의 발포로 8명이 죽고 5명이 중경상을 입었다. 단천지역에서 3·1운동은 한 달 동안 3회에 걸쳐 33명이 희생된 큰 사건이었다.

(6) 수원 제암리 학살 사건

경기도 수원군 제암리 사건은 3·1운동 당시 우정면과 장안면 일대에서 일어난 사건이었다.

4월 3일 천도교인과 기독교인들의 주동으로 만세 시위가 벌어졌으며 이 때 이를 진압하던 화주리의 천단순사가 교인들의 곡갱이와 삽 등으로 참살되었다. 일본군 20사단 39여단 78연대 소속 유전 중위가 일개 소대 병력을 소집하여 제암리 화주리 일대를 완전 고립시키고 집집마다 수색 후 방화하고 총질을 난사하였다. 제암리에서 37명이 죽고 화수리와 원안리에선 주민 40-50명을 끌고 가 고문과 폭행을 일삼았다.

유전중위의 만행은 이웃 고을에 까지 미쳐 조암리, 장안리, 덕정리 등을 돌아다니며 민가 100여 채에 불을 지르고 약 500명의 주민을 고문 폭행하는 등 4-5일간 장안면과 우정면 일대를 쑥대밭을 만들면서 세계 언론에 일본의 악질적인 만행이 보도되어 알려지게 되었다.

4. 상해 대한민국 임시정부 수립

1910년 일제의 한일병합과 무단 통치로 독립지사들은 국경을 넘어 연해주와 간도 그리고 상해 등으로 이동하여 독립운동을 하게 되었다.

1918년 세계 제1차 대전이 끝날 무렵 미국의 월슨 대통령은 14개조의 협상안을 발표했다. 약소국의 민족 자결주의를 선언하고 11월 파리에서 강화회의를 제의하였다.

실제 민족자결주의는 우리 민족과는 직접적으로 상관은 없었다. 그러나 독립지사들은 이를 기회삼아 민족의 역량을 보여주기 위해 1918년 11월 신한청년당을 결성하였다.

이들은 국내, 연해주와 간도, 동경 및 미주 등에 사람을 보내 독립운동의 시작을 알렸다. 이에 1919년 동경 유학생들의 2·8독립선언서가 발표되었다. 이 선언서가 각 지역으로 전달, 배포되면서 독립운동의 열기가 지피기 시작했다.

이때 신한청년당에서 간도 및 연해주로 파견된 여운형은 러시아령 지도자들에게 신한청년당의 취지와 독립의지를 설명하고 협조를 구했다.

그러나 간도 및 연해주 지역엔 이전부터 많은 한인들이 모여 살면서 몇몇 조직체가 결성되어 있었다.

이 지역의 대표적 인물인 원세훈, 문창범, 김하식 등은 신한청년당의 취지와 2·8독립선언서를 보았다. 그들은 러시아령 한인들도 임시정부 수립 후 무장투쟁을 통한 독립의지를 내외에 알려 조선 독립의지를 확고히 할 것을 주장하며 러시아령에서의 임시정부 수립을 원했다.

1919년 2월 23일 연해주지역에 있던 김진은 간도의 훈춘, 장백, 연길 및 연해주 각 지역에 있는 인사들에게 회의 소집을 통고했다. 이 지역 인사 약 120명이 모여 회의를 갖고 논의를 시작한 후 2월 25일 대한국민회의를 조직한다는 결의안을 통과시켰다.

이들의 독자적인 회의에 독립인사들 즉, 상해에서 찾아와 외교활동을 통한 임시정부 안을 제시했던 여운형과 연해주의 이동녕, 조영진, 조성환, 북간도의 조소앙, 이시영, 김동삼 등은 연해주의 대한국민회의를 뒤로하고 상해로 출발하였다.

반면 연해주 지역의 인사들은 2월 25일 대한국민회의 안을 통과시킨 후 임시정부 수립을 위해 러시아 정부와 협상을 벌이지만 여의치 않고 차일피일 지체되자 3월 15일 대한국민회의를 조직하기 위한 발기인 대회를 개최하였다.

여기에 참석한 주요인물로는 전로 한국중앙회장 문창범 외 장기영, 김진, 원세훈, 김하식 및 몇몇 국내 인사들이 참여하여 대한국민회의를 조직하였다.

대한국민회의 의장 문창범은 3월 17일 국민의회 주체로 블라디보스토크에서 약 20,000명이 참가한 가운데 독립선언식을 갖고 시위운동을 주도하였다.

이들은 독립선언서를 일본 정부 및 각국 공사에게 전달한 후 임시정부를 조직해 외교부, 선전부, 재무부 등 집행부서를 구성하고 선전부엔 이동휘를 임명하였다. 군사 조직으론 서로군정서의 홍범도가 있었다.

또한 한성정부는 국내에서 3·1운동이 전국적으로 일어나고 국민들의 독립의지가 확고해 지자 한쪽에선 임시정부 수립을 위한 준비가 활발하게 이루어졌다.

이규갑, 홍진, 한남수, 김사국 등과 천도교 인물인 안상덕, 신숙 등이 참여하여 임시정부 수립과 국민대표회의에 대해 수차례 논의한 후 전국 13도를 대표할 국민대회를 개최할 것과 정부형태는 민주공화정을 전제로 하였다.

이들은 상해 임시정부의 총무였던 현순과 긴밀한 연락을 갖고 협의를 했으나 여의치 않자 독자적인 정부 수립 안을 갖게 되었다.

1919년 3월 17일 정부수립에 대해 논의한 후 4월 2일 인천 만국 공원에서 13도 대표자 회의를 열고 임시정부 수립을 국민에게 공포하였다. 그러나 위와 같은 절차상의 문제가 일제 통치하에서 순조롭게 진행될 수 없었다. 그들은 특수상황을 감안하여 국민대회 취지서와 임시정부 법안 그리고 각원[각료]들의 파리 강화회의에 파견할 국민대표 명단을 결정하였다.

4월 23일 정오 서린동 춘추관에서 국내 13도 대표가 모여 임시정부를 선포하고 종로 보신각을 중심으로 시위와 함께 정부 문서를 배포하였다. 이들은 임시정부 안에서 집정관 총재, 대통령 이승만, 국무총리 이동휘를 지명하였다.

한편 신한청년당의 활약은 동경의 2·8독립선언과 국내 3·1운동을 이끌어냈다.

일제의 무단통치하 10여 년 만에 거족적인 민족의 무저항 항전이 일어났다. 세계가 놀랐다. 상해 신한청년당의 독립지사들은 임시정부 수립에 박차를 가했다. 국내 3·1운동 소식은 각 지역에서 상해로 독립투사들이 모여들기 시작했다.

이들과 한민족 독립을 논의할 장소가 필요했고 임시 독립사무소가 문을 열게 되었다.

임시 독립사무소엔 신한청년당의 주역인 현순, 최창식, 미국에서 온 여운홍, 동경 2·8독립운동 단체에선 신익희, 최근우, 윤현진, 간도 및 연해주 지역의 이동녕, 이시영, 조소앙, 김동삼, 조성환 등 30여 명이 모여 회의에 참석했다.

독립 임시사무소 총무에 현순이 맡았다. 그는 국내 33인의 대표 역할과 함께 독립 임시사무소 설치 및 운영 자금까지 갖고 있었다. 3월 27일 상해 프랑스 조계에 있는 한 교회 건물에서 독립운동을 이끌어 갈 '최고 기관'을 논의했다.

이들은 8인 위원회를 구성하여 회의를 논의한 결과 4월 초 임시의회 설립을 제시했고 1919년 4월 10일 오후 10시 프랑스의 김 신부의 집에서 임시의정원을 구성하고 그 결과 이튿날 4월 11일 임시정부가 수립되었다.

1919년 4월 11일 제1회 회의에서 대한민국 임시 의정원을 정하고 초대의장에 이동녕, 부의장 손정도, 서기 이광수 등을 뽑았다. 여기서

(1) 국호를 대한민국으로 정하고

(2) 임시헌장은 국체와 정체 및 기본권 등에 관한 규정을 정한다.

제1조: 대한민국은 민주 공화제이다.

제2조: 임시정부는 임시 의정원의 결의에 의해 통치한다.

3, 4, 5조는 평등권, 자유권, 참정권 등 인민의 기본권을 6조에선 교육, 납세, 병역 등 의무를 규정하였다.

독립협회로부터 21년 전 추진했던 의회 설립운동이 이제야 결실을 맺게 되었다.

상해 임시정부가 수립되면서 임시정부 형태가 3형태로 분리되어 있었다.

1. 상해 임시정부 2. 한성정부 3. 러시아령 대한 국민의회 등이다.

상해 임시정부 수립 측과 러시아 지역 대한 국민의회 측과 통합을 위한 협상이 시작되었다.

5월 25일 미국에서 상해에 도착ㅎ한 내무총장 안창호와 대한 국민의회 대표 원세훈과 통합을 위한 논의가 시작되었지만 토의 내용엔 장단점이 있었다. 교통의 편의성과 인구 규모 등을 볼 때 서로의 안에 문제가 있자 안창호는 상해 안과 대한 국민의회 안을 배제하고 정통성을 갖춘 한성 정부 안을 제시한 후 이규갑, 원세훈, 홍면회 등의 동의를 얻어 5가지 원칙에 합의했다.

(1) 상해와 러시아령에서 설립한 정부는 일체 해소하고 국내 13도 대표가 창설한 한성 정부를 계승한다.

(2) 정부의 위치는 교통이 편리한 상해에 둔다.

(3) 상해에서 정부수립 이래 실시한 행정은 그대로 유효함을 인정한다.

(4) 정부의 명칭은 대한민국 임시정부로 한다.

(5) 현재 정부 각원[각료]은 일체 사퇴하고 한성 정부가 선임한 각원들에게 정부를 인계할 것 등 5개항에 합의했다.

이로써 상해 임시정부엔 임시 의정원과 행정부가 설립되었다.

9월 11일 새 헌법이 공포되면서 통일 정부엔 대통령 이승만, 국무총리 이동휘, 내무총장 이동녕, 외무총장 박용만, 군무총장 노백린, 재무총장 이시영, 법무총장 신규식, 학무총장 김규식, 교통총장 문창범, 노동국 총판 안창호 등이 임명되었다.

그러나 상해 임시정부는 그 후에도 많은 우여곡절을 견디어야 했다. 1920년대 말경 임시정부 주석 김구는 하루 끼니를 걱정할 정도로 고난을 겪었다. 대한민국의 근대 정부는 하등의 물질적 기초 없이 국민의 의지에 의해 자생적으로 탄생한 정부라 할 수 있다.

[새옹의 변]
근대사, 일부 학자들과 글쓴이의 역사관

1) 일부 학자들의 역사관
(1) 1905년 을사조약 후 민족정신에 대한 일관된 대안을 제시하지 못한 상황에서 아직까지 의병항쟁과 애국계몽운동으로 서술하고 있다.

(2) 1897년 대한제국 성립과 1919년 대한민국 임시정부 수립을 역사적 맥락에서 동일한 시각으로 보는 것은 전형적인 식민사관의 지름길이다.

(3) 이는 역사의 오류이며 역사의 왜곡인 것이다.

2) 글쓴이의 견해
(1) 1905년 을사조약 후 의병항쟁과 애국계몽운동을 아우르는 민족정신을 계발하여 제시하고 있다.

(2) 1897년 대한제국과 1919년 대한민국 임시정부는 그 구성 인물, 사상, 체제 자체가 서로 이질적으로 다르다.

(3) 1919년 대한민국 임시정부의 연원은 1896년 독립협회를 정점으로 1801년 신유박해까지 연관되어 있다.

(4) 이로써 이 나라의 근대사가 주체적 역사관을 갖게 된다.

(5) 또한 대한제국[조선왕조]은 고종의 죽음과 함께 임시정부 수립 후 흡수, 통합, 소멸된다.

5. 극일항전의 표상
[봉오동 전투와 청산리 대첩]

1) 봉오동 전투

3·1독립운동이 있은 후 상해 대한민국 임시정부가 출범하였다.

대한민국 임시정부의 출범은 연해주와 간도에 거주하며 독립운동을 하였던 독립투사들에게 희망과 용기를 주었다.

그들은 독립군단을 조성한 후 국내 진공을 계획하며 일군에 위협적인 독립 군단이 되었다. 이들의 극일항전은 1920년 6월초 신민단의 박승길이 약 30명의 병력을 인솔하고 두만강을 건너 함북 종성으로 침입하였다. 국경수비를 담당하던 일본군에 총격전을 벌여 다수의 사상자가 나자, 일본군 남양수비대 신미 중위가 중대 병력을 이끌고 두만강을 넘어 삼둔자 마을로 들이닥쳤다. 날이 어두운 뒤였다. 독립구는 유리한 위치에서 그들을 맞아 총격전을 벌려 일본군에 심대한 타격을 입혔다. 이를 삼둔자 전투라 하였다.

삼둔자 전투의 패전 소식에 일본군은 19사단 37연대 10중대 신곡 대위 이하 80명과 자산 준위 40명 등 150명과 74연대 3중대 및 헌병중대 와 경찰 포함 150명 등 약 300명을 이끌고 온성 지역에 집결하여 독립군 토벌에 나섰다.

6월 6일 저녁 무렵 일본군은 해란강을 건너 골방령을 거쳐 후안산으로 들어 왔다. 첩보를 통해 이들의 통로를 입수한 대한 독립군의 홍범도 부대는 봉오동의 넓은 분지에서 이들과 결전하기로 하고 부대 배치를 서둘렀다. 봉오동은 넓은 분지로 상촌, 중촌, 하촌으로 나뉘어 있었다.

상촌 지역엔 험준한 산악 지역으로 이어졌다. 독립군 대장 홍범도는 4개 중대에서 3개 중대를 상촌의 협곡에 매복시킨 후 1개 중대는 일본군을 유인하기 시작했다. 6월 7일 아침 하촌 입구에서 일본군을 맞아 교전 속에 후퇴하기 시작했다. 일본군은 이들을 쫓아 상촌까지 추격하였다. 일본군이 자연스럽게 본진이 있는 상촌으로 들어오게 되었다.

오후가 되자 나무가 우거진 숲속에서 홍범도의 공격 명령에 의해 총성이 불을 뿜기 시작했다. 독안에 든 쥐와 같아 몇 시간 동안 콩 볶는 총성의 소리에 막대한 피해를 입자 일본군이 퇴각하기 시작했다. 홍범도의 부대는 다음 기회를 기다리고 봉오동 전투에서 대승한 후 철수하기 시작했다.

임시정부의 《독립신문》은 적의 사상자 160명, 중상자 200명 ,경상자 100명이고 아군 피해 사망자 1명, 중상자 3명으로 발표하고 있다.

임시정부 수립 후 극일항전으론 첫 봉오동 전투의 승전보였다.

2) 청산리 대첩

조선은 옛날의 조선이 아니었다. 상해에 임시정부가 수립되자 독립군 스스로 전력을 보강하는 한편 국경을 향한 공격이 잦아졌다. 일본군 또한 긴장하지 않을 수 없었다. 여기에 얼마 전 봉오동전투에서 패배는 더 이상 독립군의 출몰을 좌시할 수 없었다. 일본은 중국 측에 협조를 구하나 별로 진척되지 못했다. 이에 일본군은 직접 독립군을 토벌할 생각에 3개 사단을 국경지역에 증파하여 배치한 후 간도 전 지역에 대한 총 공세를 위해 4개 지역으로 나누어 독립군 소탕작전에 나섰다.

1대 병력은 경원에서 두만강을 건너 훈춘으로 진출, 2대 병력은 회령에서 용정으로 진출, 3대 병력은 온성에서 화룡으로 진출, 4대 병력은 압록강을 건너 집안, 환인, 통화 , 무송 등으로 진출한 후 독립군의 씨를 말리기 위해 중국 측에 2개월 기한으로 토벌군을 파견한다고 통보했다.

임시정부의 독립군 병력은 북로군정서; 김좌진 병력 700-800명과 대한독립군; 홍범도 휘하 300-400명+의군단, 신민단, 최진동부대 등 병력 약 1,600명 등을 합쳐 약 2,400명 정도가 청산리 독립전쟁에 참여하였다.

일제의 독립군 소탕작전이 속속 알려지자 독립군도 일본군을 피해 갈 수만은 없었다. 서로 연합전선을 형성하여 일본군의 소탕작전에 극일항전으로 대응하였다.

(1) 백운평 전투

청산리 대첩은 1920년 10월 21일-10월 24일까지 4일간 청산리의 여러 협곡에서 일본군과 치열한 전투를 벌이고 얻은 성과를 합쳐 청산리 대첩이라 하였다. 일본군은 1연대는 회령에서 용정으로 움직이고 있었으며 2연대는 온성에서 화룡으로 진출하였고 3대는 경원에서 훈춘을 거쳐 삼둔자로 진출하고 있었다. 일본군 1, 2연대가 삼도구 용정으로 진출하면서 부대 규모가 산악지대를 지나며 계속 늘어져 움직이고 있었다. 한편 독립군은 북로군정서의 김좌진과 독립연대 홍범도 부대가 서로 연합하여 일본군의 공격에 신속히 대처하기로 합의했다.

일본군 2대가 용정촌 근처 삼도구에 이르렀을 때 북로군정서의 김좌진 부대는 청산리에 머물고 있었다. 김좌진은 일본군과의 격전을 예감하고 청산리의 골짜기에 있던 백운평 지역을 택했다.

이 지역은 좁은 소로를 한참 지나 넓은 들판이 나오는 계곡이었다.

김좌진 부대는 2대로 나눠 2대를 이범석의 지휘아래 산기슭의 한쪽은 절벽과 같은 곳에 100여 명을 매복시키고 건너 쪽 산 정상에는 약 200명의 병력을 배치하였다. 이 골짜기를 빠져 나갈 때 넓은 들판이 나오며 격전을 벌일 수 있는 전투 지역이었다. 1대는 직접 일본군을 맞아 전투 준비 하에 유인 전술로 김좌진이 직접 지휘하였다. 일본군 산전연대의 일부병력이 삼도구에 도착하자 김좌진의 병력과 만났다. 독립군을 소탕하기 위해 출동한 후 첫 만남이었다. 일본군은 서둘렀다. 서로의 공격은 치열했다. 30여 분이 지나 김좌진 부대가 후퇴하자 일본군 병력이 좁은 골짜기의 매복지점을 통과하기 시작했다.

이때 김좌진 장군의 총성이 울리자 계곡 양쪽의 매복조의 공격이 시작됐다. 일본군이 당황하자 이리저리 몰리면서 독립군의 공격에 쓰러져갔다. 200명 이상이 죽었다. 산전 연대 병력이 도착하여 뒤를 받쳐주고 공격했으나 200-300명의 전사자만 내고 후퇴하였다. 북로군정서의 완전한 승리였다. 이를 백운평 전투라 했다.

(2) 완로구와 천수평 전투

일본군이 백운평 전투에서 패퇴하고 물러나는 시각에, 반야대대는 이도구에서 삼도구로 진출하고 있었다. 이때 홍범도의 대한 독립군은 삼도구에서 이도구로 향하는 중간 지점에서 휴식을 취하다, 전쟁의 긴박감을 느끼고 직감적으로 산 정상에 올라 숙영을 준비하고 있었다.

독립군이 진지를 옮긴 후 일본군이 들어와 마을 전체를 초토화시켰다. 이에 산 정상에 있던 독립군의 공격을 받자 근 400명의 사상자를 내고 패퇴했다.

하루가 지나 북로군정서군이 이도구 갑상촌에 도착하자 주민들의 제보가 들어왔다. 천수평 마을에 일본군 기병대가 휴식을 취하고 있는 것을 알자 김좌진은 천수평의 퇴로를 차단하고 1개 중대는 남방고지를 점령한 다음 이범석이 정면 공격을 시도하였다. 일본군의 도전중대는 새벽녘에 독립군을 발견하고 사격을 가하자 독립군 병력이 사방에서 공격해왔다. 잠이 들깬 기병들이 허둥대다 거의 전멸하였다. 천수평 전투였다.

(3) 어랑촌 전투

   북로군정서와 대한독립군이 서로 협조하여 이룬 전쟁의 승리였다. 이도구 어랑촌에 일본군 주력이 머물고 있다는 정보를 입수하자, 김좌진은 어랑촌 남단고지를 점령한 다음 공격하자 기병대가 쓸모가 없었다. 또한 홍범도 부대가 완로구 전투 후 안도현 방면으로 진출하다, 북로군정서군이 일본군과 격렬한 전투소식에 연합작전을 시작했다. 일본군 배후에서 기습공격을 감행하며 일본군에 심각한 타격을 입혔으며 주민들의 도움이 컸다. 이때 일본군 전사자가 부상자 포함 약 1,600명에 달했다.

●● 참고문헌

강재언. 『한국근대사』. 한울, 1995.

김희곤. 『한국 독립운동의 역사』, 『대한민국의 임시정부』. 한국독립운동사 연구소, 2009

문치언 『한민족과 항일 독립운동사』. 3.1동지회, 1995.

박은식. 김승일 옮김. 『한국통사』. 범우사, 1999.

박환. 『김좌진 평전』. 선인, 2010.

변태섭. 『한국사 통론』. 삼영사, 2008.

유정수. 『한국근대사의 새로운 이해』. 국학자료원, 1997.

윤병석. 『독립군사』. (주)지식산업사, 1990.

윤진현. 『한국독립운동사』. 세종출판사, 2005.

윤치호. 김상태 옮김. 『윤치호 일기』. 역사비평사, 2001.

윤택중. 『독립운동 총서』. (주)민문고, 1995.

윤효정. 박광희 옮김. 『대한제국아, 망해라』. (주)다산북스, 2011.

이기백. 『한국사 신론』. (주)일조각, 2012.

이윤상. 『3·1운동의 배경과 독립선언』. 한국독립운동사 연구소, 2009.

이이화. 『한국사 이야기』. 한길사, 2005.

이정은·김정인. 『3·1운동의 배경과 독립선언』. 한국독립운동사 연구소, 2009.

이태복. 『도산 안창호 평전』. 동녘, 2006.

이현희. 『대한민국 임시정부사』. 한국학술정보, 2003.

조영진 외. 『항일 무장독립투쟁사』. 일원, 2000.

황현. 허경진 옮김. 『매천야록』. 한양출판, 1996.

찾아보기

ㅊ